妈妈禅

——成为一个真正的母亲

金 辰 著

华夏出版社

图书在版编目（CIP）数据

妈妈禅：成为一个真正的母亲/金辰著．—北京：华夏出版社，2016.1
ISBN 978-7-5080-8597-5

Ⅰ.①妈… Ⅱ.①金… Ⅲ.①胎教-基本知识②早期教育-基本知识 Ⅳ.①G61

中国版本图书馆 CIP 数据核字（2015）第 224990 号

妈妈禅——成为一个真正的母亲

著　　者	金　辰
责任编辑	贾洪宝　霍本科
封面设计	侯开江
出版发行	华夏出版社
经　　销	新 华 书 店
印　　装	三河市少明印务有限公司
版　　次	2016 年 1 月北京第 1 版　2016 年 1 月北京第 1 次印刷
开　　本	720×1030　1/16 开本
印　　张	14.5
字　　数	238 千字
定　　价	36.00 元

华夏出版社　社址：北京市东直门外香河园北里 4 号　邮编：100028
网址：www.hxph.com.cn　电话：010-64663331（转）
投稿合作：010-64672903；hxkwyd@aliyun.com
若发现本版图书有印装质量问题，请与我社营销中心联系调换。

楔　子

你大概可以活三万天，或多一点，或少一点。但有些事情你也许没注意过，一只蜉蝣的生命只有几个小时，而乌龟可以活一千多年。若是有一只乌龟能开口说话，你认为它会对你说些什么？

如果，在你发出第一声啼哭的时候，给你纸和笔，让你画出自己的人生，你将会如何下笔？假设你现在还是个小婴儿，无疑这个世界于你充满了太多的未知，你会对这世间所有的一切都充满热情，会睁着无邪的眸子好奇地环视周围，一切都让你着迷，你满怀欢喜，就好像中奖了似的。确实，生命中的每一天都是奖品！

你不会怕蛇，会和它一起嬉戏！就算是凶猛的老虎，也很有可能不会伤害你。如果你伸出柔软的小手，只是带着好奇和友爱去抚摸它的话，它必然不会伤害你。你会愿意与任何存在的东西拥抱，给予它们悦耳的笑声和毫无保留的信任。你看起来弱小，但内在的能量无可匹敌。

你那么美！

但是有一天，你会害怕。你不知道这害怕从何而来，但它却控制了你。你看不见它，但是内在的感受比眼前的书本还要真实。你还会继续拥抱这个世界吗？我不知道，连你自己也没有把握……事实上，没有谁是微不足道的，每一个人都在影响着这个世界。若能在生活中拥有禅的心态，即便是一个仆从，也会拥有公主般的气质。成长的过程充满惊喜，而蜕变之后能够拥有更深沉持久的喜悦。

我，自诩算是有点经验。若是你愿意信任我，愿意像一个小孩子一样来触摸这本书，或者愿意对自己做一次剖析和清理，那么请允许我牵着你的手，跟我来……

目 录

一、人生如树，一叶一世界 …………………………………… (1)

    1. 一叶一世界 ………………………………………………… (1)

    2. 我看见 ……………………………………………………… (2)

    3. 我们的人生 ………………………………………………… (4)

    4. 眼泪中的蜕变 ……………………………………………… (8)

二、来自天国的笑声 …………………………………………… (12)

    1. 从可爱的婴儿到死刑犯 …………………………………… (12)

    2. 死刑之后的安宁 …………………………………………… (13)

    3. 谁把婴儿变成了魔鬼？ …………………………………… (16)

    4. 母性的魅力 ………………………………………………… (17)

    5. 生之喜悦 …………………………………………………… (20)

    6. 掩面向海，我为天使们哭泣 ……………………………… (21)

三、发现婴儿之美 ……………………………………………… (25)

    1. 看一滴露珠如何从叶片上跌落 …………………………… (25)

    2. 来自黑暗的光 ……………………………………………… (28)

    3. 一岁的老师 ………………………………………………… (30)

    4. 让灵魂经历晾晒熏蒸 ……………………………………… (33)

    5. 清理好自己，准备做老师 ………………………………… (37)

    6. 愤怒是魔鬼 ………………………………………………… (43)

    7. 让愤怒永不再来 …………………………………………… (46)

四、活着的重量 …………………………………… (52)

1. "我还活着。" ………………………………… (52)
2. 假如没有那么多钱…… ……………………… (54)
3. 苦在哪儿呢？ ………………………………… (56)
4. 秉性的继承 …………………………………… (59)
5. 怎么保证孩子安全健康成长？ ……………… (65)
6. 每一种生命都有觉知 ………………………… (69)
7. 全职妈妈是孩子最好的庇护 ………………… (74)
8. 清理自身，给出真爱 ………………………… (78)

五、消灭愤怒，春暖花开 ……………………… (84)

1. 给自己的心灵做个大扫除 …………………… (84)
2. 习性的种子 …………………………………… (87)
3. 孩子有犯错误的权利 ………………………… (94)

六、让一切成为可能 …………………………… (98)

1. 父母的愿望与孩子的理想 …………………… (98)
2. 难忘的遇见 …………………………………… (100)
3. 让孩子成为他自己 …………………………… (102)
4. 给孩子一个充满爱的家 ……………………… (107)
5. 立己与树人 …………………………………… (112)
6. 如果爱 ………………………………………… (115)

七、萤火虫与猕猴桃 …………………………… (117)

1. 倾听与分享 …………………………………… (117)
2. 波里的故事 …………………………………… (120)
3. 一个人的旅程 ………………………………… (121)
4. 背负包袱的人们 ……………………………… (126)
5. 爱人的能力 …………………………………… (128)
6. 心理上的发烧 ………………………………… (131)
7. 心灵的内伤 …………………………………… (135)
8. 婚姻里的人们 ………………………………… (138)

9. 你是一个接收器 …… (141)
10. 生活里的假好人 …… (143)

八、信任是生命里的钻石 …… (145)

1. 谁是"我"? …… (145)
2. 管理好内外两扇门 …… (147)
3. 让孩子决定自己是谁 …… (151)
4. 内心的杂草 …… (152)
5. "正当的"贪婪 …… (154)
6. 打开另一扇门 …… (157)
7. 所谓"经验" …… (158)
8. 分享是人生的神奇钥匙 …… (163)
9. 与孩子一起分享 …… (168)
10. 信任是生命里的钻石 …… (169)
11. 大灰狼来了吗? …… (177)

九、为什么你把石头戴在手上? …… (180)

1. 幸福其实很简单 …… (180)
2. 给生活选一张牌 …… (183)
3. 明天永远不会到来 …… (186)
4. 剪断心理脐带 …… (188)
5. 让孩子自己走 …… (191)
6. 你笑了,世界就笑了! …… (195)
7. 即时清扫 …… (199)
8. 认识你自己 …… (200)
9. 简单生活简单爱 …… (205)
10. 清除障碍物 …… (207)

十、人生是一场修行 …… (211)

1. 最美的相聚 …… (211)
2. 改变在当下 …… (212)
3. 见到自己 …… (216)
4. 此心一安,即是归处 …… (220)

一、人生如树，一叶一世界

1. 一叶一世界

有一棵大树，根深叶茂，非常非常大，大到没有一个人能看到它的整体。人们像鸟儿一样生活在这棵无边无际的大树上，在它上面得到生命所需的养分。我和我的族人祖祖辈辈生活在其中一根树枝上，好友倪妮和她的族人占据另一根树枝，我们共同的好友李悦及其族人则栖息在树枝的分支上，苏珊居住在分支的分支上。总之，每一个树枝及其分支都住满了人。

每个人就像树上的树叶一样，看起来相似，却各有不同。你无法在这棵树上找到完全相同的两片树叶，也无法在这个世界上找到完全相同的两个人。尽管如此，我们之间的关系看起来相处得很好，把彼此当作最好的朋友。如果这棵树正好是你家里的一株盆景，你就会发现这里热闹极了。

因为，只要我们聚在一起，就会争吵不休，而每次争吵的内容都差不多：

我："支撑我们生命的真理直径怎么可能只有3.5厘米呢？这是不可能的。"

倪妮："我很准确地丈量过了，真理的直径是5.7厘米。"

李悦："你太小看真理了，它的直径是17厘米。我给大家看看我的卷尺，我在上面画了刻度，它是准确无比的。"

苏珊惊得目瞪口呆："什么？17厘米？你丈量的一定是个大怪物。"

我："哈哈哈哈，你们太可笑了。"……

从来都没有结果!

我认为他们都是无理取闹,因为我非常仔细、非常精确地丈量过了,真理的直径是35.7厘米。我绝对相信自己的眼睛,更相信这画满了刻度、能够伸缩的标尺。我在心里嘲笑这些称之为朋友的家伙:"哼,你们这些目光短浅、自以为是之辈!"同时,我发现苏珊也用同样的眼光在看着其他人,包括我。

最终大家都怒不可遏:"真理存在于我和我的族人脚下的这根树枝上!它构成了我们生活中的一切,不可能在其他地方。"大家都指着各自的脚下,然后不欢而散。回家之后各自召集族人,一起商量如何捍卫自己推崇的所谓真理。如果你正好看见我们在这里争吵,你想不想拿起尺子,丈量一下你桌子上的那棵盆栽,究竟在尺子上能占据几个刻度?

2. 我看见……

在空闲的时候,我偶尔会爬到这棵无限大的生命之树的顶端往四处看看。实际上,那只是我自己赖以生存的树枝的顶端。即使只是从这里看下去,人们也很像某些细微的小爬虫。人们在这里吃饭、游戏、工作、互相伤害,做种种最终发现是毫无意义的事情。就在这段时间里,我突然意识到自己日复一日的生活其实毫无意义。大概比较有意义的事情就是吃饭和睡觉,至少能养护我赖以生存的身体,让我得以活下去,对他人也没有伤害。

在一个春风拂面,暖阳融融的日子里,我突然产生了一个疑问:"难道我们只能这样活下去吗?"人们的生活貌似很有秩序,实则无异一团乱麻,充满了各种冲突。人们赚钱、吃饭、娱乐、寻找各种刺激,但是最后都要面对痛苦。希望最终会带来失望,短暂的快乐之后是更大的茫然与空洞。

我们交朋友、狂欢,也不过是为了逃避孤单,甚至是为了利益。只有极少数的人找到了朋友之间沟通的桥梁。他们在一起互相温暖彼此,可是也解决不了所有的问题。大多数人与他们所谓的朋友之间无法沟通,彼此之间没有理解,没有聆听。他们最多只是在一起聚会、玩闹而已,待到曲终人散茶凉,更大的失落感就会席卷而来。于是他们开始期待下一次的狂欢,然后再次疲惫不堪,心中充满茫然。这些,就是我和我身边可爱的人们正在经历,

一、人生如树，一叶一世界

或者将要经历的一切。尽管我和这些人信奉着同样的真理，但是我们之间仍然充满了矛盾和冲突，大家都疲惫不堪。

在我觉得生活毫无意义的这段时间里，我邂逅了生命中的另一半，他的出现让我觉得人生还能有所不同。就像大多数爱情的归宿一样，我们牵手步入了婚姻。我们的生活与你的差不多，有冲突也有喜悦。我们还会一起面对生活中的柴米油盐等各种琐事。我很感谢他！真的。现在，我生活里所有的一切，都与他有着不可分割的关系。

大概一年之后，一个小生命开始在我腹中孕育。虽然小家伙给了我期待和愉悦感，但我的内心仍然有些彷徨，因为我并没有十足的把握能给予她一个美好的世界。我希望她的人生没有痛苦，没有恐惧，没有我们经历过的一切不善。

但是，这个社会如此复杂，渺小如我，怎能有把握给予这个新生命一个不同的未来？我想要改变现有的一切不善，想给孩子一个美好的未来，希望她幸福、快乐、充满智慧。或许我太贪心了吧，可这也许是所有母亲的共同心愿。但是，假如你在街上遇见一个挺着大肚子的孕妇，她说要改变这个世界，你会怎么做？你一定会给疯人院打电话。为了不让你打这个电话，我沉默地面对这个尘土飞扬的世界。

有一天，我怀着喜悦的心情，带着肚子里的宝宝沿着马路晒太阳（晒太阳是最好的补钙方式哦）。不经意间，我看到一条被车撞死的狗，另一条狗含着眼泪在它的身边打转儿。围观的人议论纷纷，有人惋惜，有人心痛，还有一些人在拍照，甚至是有些兴奋地想要把它传给朋友们看看。我转身离去，因为我受不了狗眼里的泪花，受不了它呜咽的声音，还有其他的，如一部分人面对另一种生命时的冷漠。

回去的路上，我遇见了另外一件事。一个小男孩，大概六七岁的样子，穿着一身很脏的衣服，应该有很长一段时间没有换洗了。他走在马路的中间，不停地哭，后面跟着长长的车队，很多车在鸣笛。我走上前问他怎么了，他只是哭不说话。我想拉起他的手，但是他挣扎着，并且开始用脚踢我。我知道自己是孕妇，所以本能地避开他的踢打。男孩继续哭着往前走，车队依然在他后面鸣着喇叭。我站在马路旁不知所措，居然忘记了打电话给派出所，也许他们可以帮助这个男孩。但是当时,我竟然迟钝地没有意识到这一点。为此我遗憾自责了很长一段时间。当然,只是一些轻微的自责,我还没有伟大到视那个路过的男孩如同自己的孩子一般。

3. 我们的人生

经过这两件事,我开始思考死亡和人生。或许,在我孕育着一个新生命的时候,思考这个问题不是个好的选择,但是我发现自己无法放弃这个念头。生死本来是一体的,何必有那么多忌讳呢,我宽慰着自己。但是,我也发现自己很害怕死亡。

我觉得它很像一条狗,一条凶恶的藏獒。藏獒异常凶猛,但对自己的主人十分忠诚,更重要的是,每一条藏獒终其一生只认一个主人,也就是说,它是绝对的忠诚!它的主人很熟悉它,而它仰赖于自己的主人,他们既是主仆也是朋友。主人在面对他的藏獒时并不会害怕,但是对于其他人来说,哪怕只是看一眼这长相凶恶的狗,也会吓得心脏"怦怦"乱跳。

当我独自一人的时候,会控制不住地想这些问题。若是死亡真的像凶恶的藏獒一样呢?如果做了它的主人,就不必害怕了吗?没有人知道。可是,我希望这个问题有一个确定的答案。这样一来,我就可以尝试着去驯服这只藏獒,就可能不必再拖着这身躯生活在冲突与痛苦之中了。

然而,以往生活的惯性实在是太大了,这样的想法只是持续了一小会儿,当到了工作时间,我又开始像一个钟摆一样过起朝九晚五的生活。生活当中的一些小痛苦,譬如梦想难以实现、竞争当中的勾心斗角、很难处理的一些人际关系,它们总是会按时到来,就像是设定好的闹钟。

为了腹中的小生命,我尽量让自己的心情平静一些。即便是在思考死亡的时候,我也会把它想象成一个与我没有直接关系的东西。或者我直接给它取个名字——"藏獒",因为家里有这样一条狗,它对我很亲切,借此假想着死亡也会亲切地对待我。

就像很多人一样,生活中的小痛苦我都已经习惯了,完全可以貌似平静地对待它们。甚至在我无意识之中,这些痛苦已经成了我身体的一部分,我开始视其为理所当然，认为这就是生活。我携带着这些痛苦四处活动，去完成生活中"应该"完成的一切事务。

当时的我并没有意识到，这样其实也很危险，如果痛苦成为生活的组成元素，那么人们会把痛苦继续放大并散播出去，就会导致越来越多的痛苦！人是非常具有创造性的生物，在这个星球上真是无出其右了。而一个携带痛苦的人所创造出来的东西，也一定带着痛苦的色彩。

就在这种无意识当中，我的痛苦在慢慢地累积着，并且以一种润物细无声的状态散播出去。我们一起享受美食、一起"八卦"，拿着他人的事情说得欢天喜地，好像忘记了自己的存在。但是，在我内心深处，那个一直存在着的、细细小小、模模糊糊的东西，开始变得越来越明显，明显到我随时可以觉察到它。说句不太合适的话，它就像我正在孕育的小生命，一天一天，越来越明显了。

在那个细小、模糊的东西越来越明显的日子里，我和李悦、倪妮她们继续保持着往来。她们很照顾我这个孕妇，谢谢你们！只是我再也不会有意识地去与苏珊他们争论了。

我处于一种混沌状态，浑浑噩噩地混着日子，按部就班地完成人生的各种"大事"，譬如工作、吃饭和睡觉。当然，最大的事情，就是肚子里的小家伙越来越淘气了，她会蹬踢或者用小手敲我的肚皮。哈，只有在这个时候，我的烦恼才会消失不见，就像无云的天空一般。我摸着肚皮对那个在腹内不停地移动的家伙说："快出来吧，妈妈想你了。"有时候，我会给她唱歌："小兔子乖乖，快点出来，妈妈想你，快点出来……"

或许是因为孕期反应较大，譬如呕吐什么的，我的孕期显得特别漫长。虽然在此期间，小家伙不时地调皮一下，为我清扫一下阴霾，但是生活里总还有其他的事情，使我无法长久地保持快乐明净的心情。后来，回想起这段日子时，我觉得对孩子有些抱歉，因为我此时才懂得，母亲孕期的心情会对孩子产生很大的影响。若是能早一些知道的话，我一定会在整个孕期都努力保持心情的愉悦。

就像月亮会定时阴晴圆缺一样，我内心的焦虑也总是如期而至。总感觉自己在某种旋涡里越陷越深了，那个细细小小、模模糊糊的东西，似乎随时都可能跳出来。有一天，我突然意识到它的名字叫作恐惧。

我每天都有很多的担心，担心自己会因为某件事没有做好而失业，担心身边的人和自己的健康，担心会失去一些美好的东西，譬如亲情、爱情、友情以及一些我喜欢的物品。我最担心的是，你会拿起一把大剪刀，把我赖以生存的树枝剪下去，那会使我非常害怕。为了照顾宝宝，我将这种恐惧也称为"藏獒"，希望它能像家养的藏獒一样善待我。

有那么一段时间，我甚至想，只要能摆脱这种恐惧，我愿意付出任何代价。不要让它像影子一样跟着我了！它窥视我很久，我受够了！可是，我无法向任何人求助。因为，当我把这个问题说出来的时候，无论是谁，他们看着我的表情就像看着一个怪物一样。我不怪罪他们，因为我知道人们已经习惯了逃避，尤其当大家在一起的时候，会集体性地逃避一些来自内心的让人不安的东西。

我只能独自面对！或者，腹内这个小生命也在同我一起面对。而我的另一半，他很忙，我不想打扰他。

直到有一天，在一次聚会中，我忍不住问了倪妮一个问题："你觉得，我们这样活着比死去能好多少呢？"我清楚地记得，倪妮的眼睛一下子比平时大了一倍，而李悦正在咀嚼食物的嘴张得老大。也许是被我奇怪的问题吓坏了，她们一个字都说不出来。趁她们还没醒过神来安抚我之前，我赶紧起身逃之夭夭。

我一个人躲起来，或者说是两个人，加上我肚子里的小家伙，只有她才能真正给予我一些安慰。我摸着肚皮对小家伙说："你一定要好好的，你一定要好好的……"

这个问题经常萦绕着我，但我像大多数人一样，对它既不熟悉，又很害怕！有很多次，我梦见自己走向一条并不熟悉的藏獒，而身边的很多人，无论是谁，无论多么贫穷，或多么显赫，都有这么一条凶恶的狗守候在他回家的路上。

没有任何一个人是它的主人！所有人都无路可绕，也无处可逃！无论你有多么害怕它，无论你在什么地方，它都会守候在那里，伺机而动！它比我们所能想象到的任何事物都要准确、忠诚！可是，它不会通知我们会在什么时候、在哪里出现。梦中的我似乎无法自主，虽然很害怕，但是却不由自主地一步步朝它走近。其他人的情形也差不多。看到它张开血盆大口时，我就会恐惧地醒来。

每次做完这种梦的第二天，我就会观察身边一起工作的人。我很好奇他们知不知道自己出现在我的梦里？其实我只是想知道，他们是不是也梦见了同样的藏獒？从他们的表现上我发现了一点蛛丝马迹，譬如说图瑞今天好像有些疲倦，而他昨天晚上在我的梦里企图逃离那条凶恶的狗；而波里呢，他虽然显得神采奕奕，但是难掩眼睛上两个深深的黑眼圈。还有很多人，我都能从他们的表现上确定，他们一定与我做了类似的梦。

尽管这样，在生活当中，人们看上去依然笑容可掬，不管是肥头大耳、憨厚老实还是瘦小圆滑，看上去都是笑眯眯的。没有人愿意把这些说出来，大家已经习惯对一些真正存在的东西加以无视或忽略。大家都很忙，有很多事情要做，哪里有时间去理会梦里的事情呢？偶尔有一两个生了病的人会想起这种梦，担心黑暗中的那只狗是不是已经近在咫尺，不知道这只凶恶的狗什么时候会在自己脆弱的脖子上咬上一口。

而我呢，内心也同样潜伏着模模糊糊的恐惧！我走路的时候、吃饭的时候、工作或者参与各种活动的时候，甚至在我哈哈笑的时候，恐惧都一直潜伏在我内心深处。或者说，它就像是我身体的一部分，无论我在哪里、在做什么，它都和我在一起。如果你是内心足够敏锐的人，或许能从我的脸上看见它。

但是，这里的每个人都很迟钝，他们看不见这些东西，就连我自己也看不见。除非，有一天它们不耐烦了，自己跑了出来，然后我就会吓一大跳！身边的人也会吓一大跳，然后会真实地感受一下恐惧。或许我表现得更像是愤怒，它们是一体的，愤怒是恐惧的派生物。但是，人们看见了或感受到了并不代表他们就理解了，那只是一瞬间并不彻底的清醒，甚至不能说是清醒，只能算是在睡梦中睁了一下眼睛，仅此而已。一瞬间之后，人们又恢复了以前的"生活秩序"，继续关注金钱、权势、性，以及诸如此类的东西。

但是，我被卡住了！

以往的时候，恐惧只要一会儿工夫就会消失。我会和其他人一样恢复以往的"生活秩序"，继续吃饭、睡觉、打豆豆。但这次不一样，我被卡住了！

恐惧不再像以往那样深藏在连我自己也无法察觉的内心深处，开始像我的影子一样时隐时现，如果有光，我就会看到它，而且会经常看到它。

在我笑的时候，那个声音不再是笑的声音，其中最重要的组成部分没有了，它少了一种韵味，一种来自灵魂的东西。每次我听见这样的笑，心里都会冷冰冰的。然而，我发现身边有很多这样没有热度的笑，它们来自一张张空洞的脸，这些脸上写满了挫败、失望、疲倦、愤怒、傲慢、厌倦……人们携带着这些东西，笑容满面，给人一种非常虚假、荒诞的无力感。以前，我与其他人会争论"自我所见即是真理"这样的命题，而现在，非常显然地，这个命题已经摇摇欲坠，无法支撑下去了。

没有任何外在的原因，仅仅因为这些梦，我就为自己制造了很多心理上乃至生理上的紧张。心理上的紧张还好，有时候可以通过一些方式缓解一下。而生理上的紧张却让我的身体难以舒展，甚至连放松都做不到。我会不自觉地紧绷全身的肌肉，使自己处于一种无意识的警觉状态：就好像一只迷失在丛林深处，随时可能会被狮子吃掉的麋鹿。

当这种紧绷感将要到达一个顶点的时候，我会感觉到这种状态，然后开始有意识地放松自己。但是，用不了多久，我又会陷入这种紧绷状态。就这样，大概有一个星期的时间，我几乎无法正常地工作和生活。

4. 眼泪中的蜕变

这种状况持续了一段时间，大概李悦注意到了我的紧张状态，想帮助我放松一下，就组织了一次聚会。但是，她不知道我早已厌倦了这种聚会。当我进入那扇出入过很多次的门，看着那些鲜花、美食和好友，听着一如既往的音乐、一如既往的话题、一如既往的喧闹……一切都让我感觉到厌倦和隐隐的愤怒。我固执地停留在我原有的状态里，一个人躲在角落里，或者说两个人（加上肚子里的小家伙）。李悦走来说："看，生活多美好啊。你说是吗？"

我看着她的眼睛，一字一顿地说："你管这个叫生活？"

……

一、人生如树，一叶一世界

我只记得灯光下李悦的眼泪夺眶而出，晶莹剔透。我们彼此紧握双手，默然相对。我的心瞬间就变得柔软，这柔软慢慢地，一点点扩散到我身体的每一个细胞、每一个毛孔。在我内心深处，充满了一种无法言喻的柔美和悦。

李悦，谢谢你！

当太阳再次升起的时候，我看到了很多像眼泪一样亮闪闪的东西，非常美丽！它们存在于大自然的天空下，在每一颗大树的怀抱中，在每个人的心里，在每一种生命的灵魂里，经久不息地存在着。这个世界，美丽的东西有千千万，但是对我来说，最美的东西就是眼泪，而它之所以美丽，大概仅仅是因为它来自内在。这个世界很奇妙，有眼泪的地方不一定有哭声，它是成年人的世界；有哭声的地方不一定有眼泪，哈哈你知道，它是婴儿们的世界。也许你曾经注意到，一个出生不久的婴儿在哇哇大哭的时候是没有眼泪的。

而我，在阳光下对自己身后的影子轻轻地说："嘿，别较劲了，我们讲和吧。"这影子便是一直以来困扰我的叫作恐惧的家伙。我知道它是我创造的，它当然听我的，于是我们讲和了。当然！它现在是我的好朋友，不会再突然跑出来吓我一跳。我不用再提心吊胆了，也有了更多的快乐。因为恐惧让出了它原来占据的内心空间，让我得以放进去更多的快乐，多到能够拿出来与任何人分享！原来的恐惧呢？并不是走了，只是转化成了其他东西，它能够帮助我，让我看得更清楚，让我知道路要怎么走！

这是真的，它让我知道路要怎么走。我的人生，不再依附于其他人或事物就能走下去。以前，当我感到恐惧的时候，我需要一个人或者东西来支撑我，否则就会倒下。但在我与恐惧讲和之后，它转变成了另外一种类似于勇气的东西，但比勇气多了一些明快的色彩，更有方向感，也更有力量。

而无论是以往的恐惧，还是现在这种令人喜悦的"勇气"，它们都来自"我"。或许，还有一部分来自我腹内的小生命，也没准儿是她带领着我，让我知道路要怎么走。

要怎么说才能让你更容易领会呢？举个例子：

以前，我以为自己是一个瘸腿的人，所以只能用一条腿一瘸一瘸地行走。突然之间，我发现自己的另一条腿比谁都健康，我可以用两条腿行走，而且走得平稳愉快！李悦、倪妮、苏珊，这些好朋友为我感到非常高兴。就连肚子里的小家伙，我也能体会到她的高兴，因为她动得越来越厉害了，也许正在自己的世界里翻跟头撒欢儿呢。同时我发现，所有看到我的人，都会为我感到高兴！

你一定也看到了！所以，你现在就很高兴！

自从能够平稳地走路之后，我开始看到很多以前看不到的东西。以前虽然也是在走路，但是那条瘸腿使我走得高高低低，平常的路也变得崎岖不平、高低起伏，让我错误地以为这路本就是不平的，就连周围的风景都因为我的瘸腿而变得忽忽闪闪。

这让我走得不但没有效率，而且还痛苦万分。现在，我走在同样的路上，不仅感到平稳愉快，周围的风景也清新怡人！我很快乐！看到我的人也很快乐！回头看了一下，我发现，许多人还在重蹈覆辙，走得很辛苦，高高低低，起伏不平。实际上，他们都拥有两条十分健康的腿，但他们自己却不知道。其中有些人像你一样，随时都拿着一把大剪刀，原本是想要剪去生活中不必要的一些东西，却因为这路的病理性崎岖，他们总是剪得不够准确，有时候还会误伤了自己，所以这些人走得更加痛苦。

于是，我想要分享一些东西。我希望所有走在这条路上的人都能看到美丽的风景，摆脱病理性崎岖带来的痛苦！想要走得轻松愉快其实很简单，只要用心去看，用心去听！总之，用心就可以了！

现在，我正走在回家的路上，不知道什么时候会遇到我生命中那条相貌凶恶的藏獒，也不知道自己到时候会不会害怕。谁知道呢？也许我现在拥有的健康双腿会帮我逃脱；也许，这由恐惧转化而来的"喜悦有方向感的勇气"会帮助我……哈哈，管它呢！

在一个有着橙色夕阳的傍晚，路两旁的白杨树叶子正在慢慢地随风掉落，我遇见一位散步时经常会遇到的老人，相对于大街上的陌生人来说，我比较熟悉他。这位老人残疾多年，腿脚不好，脸上肉嘟嘟的，有不多也不少的皱纹，眼睛很有神采，有时候坐在轮椅上，有时候拄着拐杖一步一步慢慢走。

他总是一副若有所思的样子，我从未听见过他说话，不知道是不是哑巴。经常看见跟随其左右的老妻不耐烦地催促他："快走，快点走。"而老人只能一小步一小步地往前挪。每次看见他的时候，他都是同样的表情、同样的节奏，不曾慢过也不曾快过。这次，身边腿脚健全的妻子又一次催促着"快点"时，老人突然停了下来，并且开始笑起来。刚开始是嘿儿嘿嘿，接着是嘿儿嘿儿嘿儿嘿，再然后是遏制不住的嘿哈哈哈哈，是那种发自肺腑、非常纯粹的笑声。

这种笑声既熟悉又陌生，熟悉是因为它很像一个一两岁左右的婴孩被别人逗引时发出的笑声，陌生是因为它从一个耄耋之年的老者嘴里发出来，而且极富感染力！周围的不少人也跟着笑了起来。本来我已走远，听见这笑声不由得停了下来，也抑制不住发自内心地微笑着看着这位老人。

我猜，一定有一件很重要的事情在他的生命里发生了！

其实，我想与你分享的，只是一件小小的事情，大概像一个原子那么小。但我说了这么多废话，也只能算是一个铺陈的引子。现在，还无法把它直接呈献给你。就算是它只有一颗原子那般小，如果你的手里还有一把大剪刀或者尺子，或者你的心里还有其他的东西存在，哪怕只是一粒灰尘的存在，我也无法使它进入你的内心从而被你看见。你必须与我一起，将自己清理干净，然后这个原子才能在你的心里发生作用。

接下来，让我们准备好自己，开始……

二、来自天国的笑声

在这棵无边无际的生命之树上,有一种最悦耳、最动听的声音,那就是来自天真无邪的孩子们的笑声。它能融化这世上所有的坚冰,能驱走人们内心的忧愁。哪怕是一个十恶不赦的杀人犯,在一个柔软的婴儿面前,听着她咿咿呀呀仿佛来自天国的笑声,也会顽皮地向她咂舌逗乐。

每一个婴孩都很美,而每一个成年人,都曾经这样很美地、带着来自天国的笑声来到这个世界上。这个整天在我腹内动来动去的小生命,必然会带来这样的笑声。我这个挺着大肚子的准妈妈,怀着非常期待的心情等待着那一天的到来。

1. 从可爱的婴儿到死刑犯

我想起二十多年前,倪妮的一位表哥,他有一个非常普通的家庭,住在一个光照不足的阴暗小树枝上。随着一声啼哭,一个小婴儿诞生在他的家里。

倪妮带着我一起去看那个新生儿。那是我第一次真正看见一个初生的婴儿。哦,他与我想象中的不一样,看起来皱巴巴的。老实说,这个婴儿给我的第一印象是:他不像是新生儿,反而更像是一个活了很久的老头,只不过身体小了许多。没错,那时候,这个新生儿在我的眼里,更像是个小老头。我总觉得他已经在这个世上活了很久。说句会让倪妮及其族人们不高兴的话,第一次看见这个婴儿居然没有带给我喜悦的感觉,我只是惊奇于他像个小老头。大概只是因为,那时候的我内心还很迟钝。

这个婴孩给我的第二个很强烈的印象是:他会变!而且会变得很快。

那时，我和倪妮没事就跑去看那个小小的人儿。当我第二次看见他的时候，他好像不那么皱巴了，小脸开始变得光滑。

当第三次看见他的时候，嘿，我才觉得像个初生婴孩嘛，小脸光滑细嫩、红扑扑的，张着嫩嫩的小嘴，嗷嗷待哺，那个小老头不知道去哪儿了。对于这个家庭来说，这是一个生的过程。然而对于年幼的我来说，这是一个从死到生的过程——那个小老头死了，而一个鲜嫩稚气的婴儿生出来了。

他带给了父母及爷爷、奶奶很大的喜悦，包括倪妮。哪怕只是看上小家伙一眼，他们都会感到十二分的快乐和幸福，因为那是他们家族里的新成员。他们给他取名叫贺南，以此纪念并庆贺这个男孩的出生。

二十多年后，贺南长成为一个健壮的小伙子，但成了一个杀人犯。他的父母及爷爷、奶奶都万分痛苦！倪妮则在我和李悦、苏珊面前低垂着头，难抑悲伤。我们不知道怎么安慰她，只好陪着她一起沉默。过了一会儿，倪妮开始啜泣："小时候，他多么可爱啊……"是的，我见过他。躺在那里软软的，嗷嗷待哺，笑起来的时候就像这个世界不曾也不会有什么邪恶。

2. 死刑之后的安宁

在贺南被执行判决之前，我陪倪妮一起去探望他。其实我自己也想去看他，看看一个人杀人之后，他还是他吗？

他依然是他，坐在铁栏杆里面，看着我们，双眼充满懊悔。

但是，还是有那么一点点不同，一种当时我说不上来的不同。后来我想，那一点点不同是属于他自己的一点东西，一点从娘胎里就带出来的东西，就像是忏悔之后内心里的一丁点儿安宁。他认识到了自己的罪过，每时每刻都在用全身的每个细胞乞求着原谅；他也明白自己犯下的过错太大了，所以并不期望好的结果。

贺南对我们说了一句话，我至今难忘："……死刑让我得到安宁！"

很显然，这种安宁在他以前的生活里不曾存在过！

执行死刑的消息让他如释重负，这说明杀人要背负极大的罪恶感，甚至要大于他想要活下去的本性，以至于死亡成了唯一救赎他的方式。我不由得有些佩服这个我看着出生又看着将死的人了。但是无疑，他犯了一个巨大的错误！

然而，当我们最后一次去探望贺南的时候，情况又变得有所不同：他年轻苍白的脸庞看上去似乎一下子老了好几岁，胡须也长长了许多。看见我们的时候，他空洞的双眼泪光闪闪。是啊，外面阳光明媚，孩童在草坪上嬉戏，大人们则活在自己的各种游戏里。可是他，戴着手铐的双手乃至全身都在颤抖着，低下头呜咽着说："我——害——怕，怕……"那个场面在我脑海里久久挥之不去。

在我年纪尚轻的一段时间里，或者说青春期，因为我现在也还不太老，我还是个既傻又"二"的青年，正处于少年无愁强说愁的时期，那个时候，就已经开始思考关于死亡的问题。虽然我自己没有死过，但还是看到过别人的死。记得那时候，我把死亡想象成一个"无手之人"，因为它什么都带不走。每个人都一样，无论是富有的、贫穷的、显贵的，还是卑贱的，他们生前所执着的任何东西，在将死之时，都变得毫无意义。

没有人在快要死的时候，还能请一大帮人来聚会、吹奏乐器、制作美食，然后带上自己钟爱的古董、玉器快乐地死去，更别提把快乐也带走了。他们甚至连面对快乐的心情都没有，因为没有人知道死亡的感觉。对于已知的事情，我们并不怕，但是我们害怕未知的一些事情。那种感觉就像是蒙着眼睛走山路，害怕一不小心就掉下山崖。

虽然人们都害怕死亡，但是它却无处不在。譬如说贺南，在年纪轻轻的时候，仅仅因为一时的冲动，人生就偏离了轨道，走向了死亡。

从粉雕玉琢的小婴孩，到十恶不赦的杀人犯，这是怎样的一条人生路？我不知道。但是，他确实走错了！他一定痛苦极了，再也无法承受了，所以把痛苦丢出来给了别人。因为痛到极点，痛得心里已经扭曲，他才像一个瞎子一样选一条错误的道路。

如果人人都能预见自己人生的每一个阶段，如果贺南还是一个婴孩时就能预知自己会成为一个杀人犯，他一定不会选择再走下去。若你正好看见这棵树上发生的事情，那你一定会拿起手里的大剪刀，把贺南人生中的杀人犯罪片段给修剪下去。没有一个人愿意看到犯罪事件的发生，也没有一个人天生下来想要伤害他人！

二、来自天国的笑声

我们每个人都曾经是天使,都曾经拥有来自天国的笑声,不管是扫大街的大妈、路边的乞丐、疯人院的疯子(有些并不是疯子的人也会在疯人院)、小偷,还是公司职员、公务员、老板等。不要以为公务员或老板就比小偷或者疯子们高尚,他们在本质上是一样的,都曾经拥有来自天国的笑声。

如果把贺南的两个人生片段截下来,让这两个片段可以同时鲜活地呈现,就像两张照片呈现在人们面前一样:一个是面目狰狞的杀人犯,一个是粉嫩稚气的可爱婴儿,他们是同一个人的不同时期,人们看到这个婴儿时,一定不会相信,旁边的那个面目狰狞的杀人犯就是这个小婴儿。他们居然是同一个人!真是不可思议!但是,杀人犯确实是这个婴儿长大后的样子。他们唯一不同的是,一个刚刚来到这个世界,而另一个已经长大成人。

从一个婴儿到一个成年人,这期间究竟发生了什么事情,让美丽、可爱、单纯的婴儿,变成了冷酷、残忍的杀人犯?从天使到魔鬼,究竟是什么样的力量,才会催发这跨越两极的质变?我每次想起贺南的时候,这些念头就在心里萦绕着。

很明显,这是一个非常不容易解答的难题!但是,没有什么能够难倒我们这些自以为掌握着生命真理的人。我们绝顶聪明,可以完成非常非常高难度事情,譬如说,把卫星发射到太空,改变一颗星星的轨迹,甚至可以用原子弹毁灭一个星球。那么,要把一个天使变成魔鬼,自然也不在话下,甚至都不需要专门的实验室,在普通的生活当中顺便就"改造""成功"了。

3. 谁把婴儿变成了魔鬼？

每个婴儿来到这个世界后做的第一件事就是啼哭，每天都有无数的婴儿出生，他们都在哭，没有一个例外。难道是因为他们知道自己有可能被改造成魔鬼？这是我能想到的唯一原因。

为什么要把这么可爱的小家伙变成魔鬼呢？我很清楚，不是他们自己选择了做魔鬼。他曾经给了人们那么美丽灿烂的笑容，让人的心里充满了爱，这说明婴儿绝对不会是天生的魔鬼！我们为人父母，每天都在祈祷着世界和平、生活顺遂、幸福平安，没有人愿意制造出一个魔鬼。

但是现在，你看看，这个杀人犯就站在这里。而我们，马上就要把他处决了，并且以为这样就可以天下太平了。但怎么可能呢？人们处决过不止一个杀人犯，可世界依然混乱！处决杀人犯只是对想要犯罪的人们起到一个震慑作用，它解决不了根本问题。

未来，还会有新的杀人犯出现，譬如说，对于一个想要自杀的人来讲，死刑或许正是他想要的，他可能会铤而走险换来一个自己想要的结局。我们之所以不能从根本上解决问题，是因为没有找到问题的根源。

问题的根源在哪儿？我不知道，我只是一个普通人。有谁愿意和我一起寻找答案吗？你可以吗？来吧，先放下你手里的剪刀。

让我们回到二十多年前，去倪妮表哥家里看看。在这个普通而稍显贫困的家庭里，一对小夫妻有了自己的宝贝儿子，一对老夫妻有了自己的大胖孙子，一家人仿佛喜从天降。四个人围着"小太阳"打转，忙得不亦乐乎。

这个可爱的小家伙什么都不会缺，长大之后除了学习什么都不用做。父母和爷爷、奶奶把所有事情都处理得井井有条，这个孩子甚至连话都不用多说，家里人就把一切都准备好了。没有人意识到这是病态的，他们都以为这是"爱"。他们都沉浸在这种爱里面，幸福得不亦乐乎。很自然地，贺南最后对家人的依赖简直到了无以复加的程度。但是没有人告诉他，这些并不是家人理所应当为他做的，他的人生路要靠自己走下去。

二十多年后，父母托关系帮已经毕业的贺南找工作，但每一份工作他都干不长久。后来,在父母的全力促成下,他结婚了。年轻的妻子因为受不了他如此之"懒"、如此之"窝囊",带着怨气开始了她成为一个女人之后的唠叨,而在家从未受过如此埋怨的年轻人一怒之下拎起了水果刀……

事后贺南懊悔不已,但已然发生的悲剧无可挽回了。

贺南被处决之后,倪妮哭着说:"……这个家里所有的人都很爱他……"

被执行死刑的贺南曾经让身边的人心里很柔软,充满了爱。你也许看到了,正是这种爱毁了他的人生。如果你是真正公正的,就会明白,我们无法仅仅怪罪他一个人,难道他不也是个受害者吗?如果你意识到这一点,就别着急使用你的剪刀。

4. 母性的魅力

每一个婴孩都曾经让人心里充满喜悦和爱。一般情况下,妈妈是第一个听到婴儿笑声的人。所以,我们会看到,一个抱着婴孩的母亲是如此的与众不同,她身上会有一种令人着迷的特质。虽然我们无法具体地描述那到底是什么,却让她如此特别,即便是一个长相很丑的女人,当她环抱着自己的孩子的时候,也会呈现出一种很美的样子。那是一个没有生育过的女人所没有的,且无论怎样妆扮都不可能会有的样子。我猜,这种无法被具体描述却又很美的东西,与这个妈妈怀抱里的婴儿有着千丝万缕的关系。

从另一个角度来说,我们都曾经或正在温暖着别人。就算是一个冷酷的杀人犯,他也曾经用自己来自天国的笑声温暖过家人,或者在他还是一个胎儿的时候,为自己的母亲带来神奇的体验,这是人的本能。而每一个怀胎十月的妈妈,都会经历非常特殊的孕期体验:母亲和胎儿一起成长,一起经历生命的神奇时刻。

当还是胎儿的宝宝,用她的小手在我的肚皮上画圈儿的时候,这一刻对我来说真的非常神奇而美妙!那时候我经常对着肚子里的小家伙说:"虽然你也将哭着来到这里,但妈妈祝福你智慧具足,拥有圆满人生。"

在还没有看到这个世界的时候,我的小宝贝儿就会淘气了,我在肚皮外面看着她的小脑袋从左边转到右边,又从右边转到左边;小手伸过来,小脚丫又踢了踢……有很多次，小家伙用小手在我的肚皮上敲，一下一下很有节奏。当她敲的时候，我就开始数数，记得有一次一直数到了一百多呢。那个时候，我就管她叫节奏大师了。果然，生下来1岁多点刚刚会走的时候，她就能够扭着小屁股与楼下的奶奶们一起跳广场舞了。十月怀胎很辛苦，但有很多美妙的时刻是真的令人怀念啊！

我因为经常沉浸在幸福状态里，有时候会招来倪妮故作生气的揶揄。

好吧，我得承认好友倪妮家里的悲伤事件并没有让我伤心多久，但也不仅是我，其他的人也都很快忘记了贺南的死亡，包括他的家人，就像他不曾存在过，甚至都没有人再提起过他。我又开始了"幸福"的生活，我的好友们也都一样，苏珊正在热恋，李悦拼命工作的同时四处寻找自己的白马王子，倪妮虽然见得比较少了，但听说她的日子过得也还不错。

好吧，我得告诉你，我们并没有真的在一棵长着绿叶、蝉鸣声声的树上生活，也不是你家里的一株小盆景。这样一来，你的剪刀根本没有用处，你手里的尺子也是没有用的。哈，把它们扔掉吧，你无法用你的剪刀来修剪这棵树，也无法用你的尺子来衡量这里的任何事物。

"树"是真正存在的，但在人们的生活里，它只是一个形而上的存在，若你不用心的话，就看不到它。我们都在丰饶的地球上生活，这里除了你、我、他，还有其他很多很多的生命存在，譬如你喜欢的猫啊、狗啊什么的。我相信你喜欢它们，是因为它们同你我一样，是有活力的生命。我从未看见有人将石头什么的抱在怀里，因为石头看起来似乎没有生命的活力。但是，很多人会将猫狗抱在怀里，如果可以的话，大概也有很多人会将狮子拥抱在怀里。

与好友们赶赴聚会，并不需要像猴子似的从一棵树枝荡到另一棵树枝上，而是会搭乘公交或者自己开车。他们和你一样不喜欢拥挤的交通环境，好友李悦在一次堵车的时候说："说真的，我宁愿自己是一只生活在丛林里的猴子。"唉，这样看来，猴子的生活确实得天独厚呢。我相信每一个被堵在路上的人，都曾经渴望过自己能像猴子一样在空中跳跃。

猴子的出行方式确实令人羡慕，绝对零排放，不知道他们的生活质量怎么样，大概每天吃香蕉也会很腻味吧。谁知道呢，也许这正是没有人真正愿意做猴子的原因。人类的生活多么丰富啊，纵然被堵死在路上，我们大概也

二、来自天国的笑声

愿意选择做一个人,在这个世界上长大、读书、工作、结婚、生子,然后老去。现在,我已然是一个每天要面对孕吐,思忖如何才能给孩子一个美好未来的准妈妈了。

但是,作为一个深入活过的人,曾经有那么一段时间,我觉得这个世界令人疲惫不堪,甚至觉得这世界很险恶、很肮脏,充满种种欺凌与丑恶。这也是我担心的地方,担心这样的环境,我肚里的小天使会不习惯。

不可否认的是,每个人刚刚来到这个世界上的时候都很美!仔细看一个小婴儿,多么柔软、无邪、纯真稚嫩!我相信你当初也是这个样子。说实话,这个世界确实很粗鄙,粗鄙到没有一个词能准确地形容出一个婴儿之美。她就像是一件有生命的玉雕艺术品,或者像是一道神奇的光,这光会照亮周围的世界。如果恰好你是一颗钻石,这道光便会穿透你,照亮你的心。

无法忘记那个名为贺南的小婴儿,我生命中亲眼看见的第一个婴儿。他也曾经无邪地笑过,他的笑对他的父母来说,是世界上最美的东西。

一个婴孩的笑声能融化一颗坚硬的心,孩子们一直保持这样的笑声一定可以让人们的生活更加柔软舒适。这是可以证明的,去看看每一个微笑的婴儿,她身边的人都会散发着幸福甜蜜的光。哪怕这个婴孩把臭臭拉得到处都是,哪怕把臭臭拉到妈妈的手上,只要她咯咯一笑,听到的人马上就从心里展开快乐的翅膀,微笑开始爬上脸庞,一切不愉快都烟消云散了。这来自天国的笑声,确实有治愈创伤的功用。

可是,为什么说这笑声来自天国呢?因为我觉得,这种可以治愈创伤的笑声不会在这个世界上持续存在下去,它很快就会消失,有些人可能消失得慢一些。所以,我想这可以治愈创伤的笑声一定不属于这个世界,它应该来自天国。也许这是我的臆断,事实上,我也希望这仅仅是我的臆断。若是这有治愈能力的笑声属于这个世界,人们就可以把它找出来,用来对付各种疾病,或许会有所向披靡的效果呢。

我们无法去找这样美好的东西,注意,是无法去找,去外面找的那个"找"。尽管我们自己曾经有过,那也不是我们找来的,而且那已经是过去的事了。可是每天都会有婴儿像天使一样降临到这个世界,每一个婴儿都带着这样的笑容。如果人们已经了解有可能会把这个婴儿变成一个魔鬼,又怎么会忍心这样做呢？

不过，并不是所有的婴儿最终都会被改造成魔鬼。譬如说你和我。或者说你是魔鬼，而我不是；也可能我是魔鬼，而你不是。总有那么一些人，他们保留了天使的特质。这些人随处可见，他可能会向陌生人展露微笑，会向弱者伸出援手，在需要的时候载你一程；也有可能会踩你一脚，因为你太骄傲了，需要被踩一脚才能脚踏实地，否则摔下来会更惨。如果遇到这样一些人，尤其是那个踩你的人，一定要向他表示感谢并报以真诚的微笑。

5. 生之喜悦

好的，我家宝贝将要降临了。经历过所有母亲都要经历的神奇时刻，一声啼哭之后，医生向我展示了她就是我梦寐以求的女孩，其实小家伙哭的时候我就听出来是个小女生了。不过，就算他是个小男生，我也会同样欢喜。感谢上天！因为我曾经祈求过，赐我一个女孩。现在，她来了。

好友倪妮第一眼看见她的时候，发出了由衷的赞叹："她可真漂亮，不像是刚生下来的样子。"是的，因为倪妮的外甥，那个我们一起去看过的小婴孩，生下来的时候皱巴巴的，又听人说过小孩子生下来都是皱巴巴的，所以我们一直以为孩子们生下来的时候都一样。然而，我家宝儿打破了我们对于新生儿可能都是皱巴巴的想法，她生下来就细嫩光滑。不知道为什么，但确实是这样。她美极了！

李悦捏着她的小手："哇哦，看看她的小手指甲，像一粒粒排列整齐匀称的小瓜子儿。"嗯，从未修剪过的，从胎里带出来的完整小指甲，排列在小小的手上，很美！

这个时刻，我感到非常幸福。我的生活迈进了另一个不曾经历过的领域，我是一个真正的母亲了！

可是，我再次想起那个曾经拥有天使一样笑容的贺南。

天使们在微笑的时候，似乎不可避免地，魔鬼们也在各处嚣张地行动着。网络让我们能够很快地知道各地发生的事情，每天都能看到很多令人揪心的消息：自杀、暴乱、偷盗、互相攻击等不胜枚举。而且，随便一个人都可以搜罗出一大堆防骗术来教导他人，还要时刻警惕新的骗术。有些罪行更是残忍之极、令人发指（如网传国外有些受害者被割去部分肢体，然后放在笼子里展出），仅仅是听到这些，都会感觉心痛得颤抖，更何况受害者本人，那是怎样的一种痛苦啊！这些出自魔鬼之手的行径，让一个与受害者无关的人都会痛到颤抖，痛到哽咽无语。

多么希望，这只是一个杜撰的故事……但是，在现实面前，美好的希望显然太苍白、太渺小了。我没见过传说中被关在笼子里展出的人，但是我见过肢体各异的未成年乞丐，而且不少。而他们，曾经像我的孩子一样，很美、很柔软。他们的降临，带给周围的人很大的喜悦。

真的对不起！我不想将这样的一个世界展示给你，但是他们存在着，而且不容忽视！因为这一切的背后，并不仅仅只是表面上所展现的那么简单。在更深的层面，这种现象的存在，与每一个人都有着千丝万缕的关系。

做出这些残忍事情的人，他们都曾经是一个纯洁的小婴孩！他们和你我一样曾经拥有过来自天国的笑声。他们的笑声也曾经温暖过身边的人。但是现在，这个婴儿在监护人的眼皮下，成长为一个魔鬼，而监护人却一点都不知情。

是真的不知情吗？会不会——我们才是这个魔鬼的一手促成者?！嘿，大概这才刚刚说到点子上。前面说过，人是极端聪明、无所不能的，把一个天使变成一个魔鬼根本不算什么难事。

可这不是我们想要的！绝对不是！但是，那些我们无意间一手打造的"魔鬼"，或许称之为"危险的人"会比较合适，现在就在这里，在你、我、他都存在的地方，以各种面目出现。就像我们生活里的某些痛苦一样，虽然不是我们想要的，但是它们就在那里。

6. 掩面向海，我为天使们哭泣

转眼一年过去了，我的小宝贝开始像个不倒翁似的走路了。在这个过程当中，她带给了我非常深刻的喜悦，她让我无条件地去爱。看似是我在爱着她、照顾她，她是受益者，但是我心里清楚，我才是受益者！是她让我知道了什么是爱，让我品尝到沉浸在爱当中的喜悦滋味。在爱着她的同时，我充满感激！

某个秋风渐凉的日子，在一望无际的海边，我带着1岁多的宝宝玩沙子，小家伙很开心，兴高采烈地大声笑着。而我，每次到海边来的时候，都会很仔细地搜索每一片沙滩，总想从找到一些不曾见过的东西，它们以我不曾见过的姿态，向我展示另一种异域的美。我总希望从沙滩上的各种小物件上，找到一些来自神秘海域的某种讯息。

你找到你想要的了吗？

是谁在向我提问？我！

我怎么会与自己说话呢？难道我疯了？不、不、不，没有！我能正常地与人交往，甚至一起完成一些正常的事情，每天都井井有条地完成很多事情。所有人都看我很正常，甚至有一部分人很羡慕、崇拜我，虽然我只是一个普通得不能再普通的人，但起码这表明我很正常。我确实很普通：有些凌乱的头发，不着一丝妆点、素面朝天的脸，一双略显粗糙的手，只要是干净得体的衣服就敢穿着去任何场合，逛街从来不穿高跟鞋。这就是我的形象，也是所有母亲的形象。

可是我怎么能向自己提问！为什么不能向自己提问呢？我们可以向别人提问，当然也可以向自己提问啦！

好吧，我释然了。事实上，我们不应该向他人提出问题，因为他人的事情我们不该问。而我们自己的事情，只有向自己提问才能有准确的答案，因为只有自己才能真正了解自己。

你找到了吗？你想要什么？

那个贺南再次进入到我的脑海里，他张着两只粉嫩的小手，嗷嗷待哺……

我们常常抱在怀里的那个婴儿，他慢慢变成了一个罪犯，而这不是我们的愿望！但是，他确实变成了杀人的魔鬼。那个婴儿像一张白纸……等一下，我们曾经也像一张白纸！而现在，经历过一些事情后，我们不再是一张白纸。两张纸放在一起，一定是有墨点的那一张会污染另一张！嘿，我似乎找到了问题所在，马上就要有答案了。也就是说，我这张有墨点的纸，污染了那张纯白的纸，使他变成了一个魔鬼！

二、来自天国的笑声

啊！这个结果惊得我目瞪口呆。这个令我悲痛欲绝的魔鬼是我亲手打造的！而我从来没有过这样的愿望！如果想飞越海洋，我就造一个热气球；想登上月球，就造出宇宙飞船；如果我想去伦敦，就搭上飞往伦敦的航班……我们的愿望只要付出行动，大多会有一个准确无误的结果，因为去往伦敦的飞机不会在北京降落，发往月球的太空船也不会飞到火星上。

但是，我想要天使保留来自天国的笑声，他却在我的眼皮底下变成了一个面目狰狞的魔鬼！而这却只是因为我自身的墨点。我早已忘记自己到底有多少墨点了。我很仔细地检索了一下自己，发现这张被刻写过的纸，除了墨点之外，还有灰尘、污渍。天啊！任何一张白纸与之放在一起，都会被污染的！

我掩面向海，为曾经被我污染过的天使们哭泣。当然，我更应该做的事情是忏悔！请你们原谅我，这不是我的本意！对不起，请接受我至诚的忏悔！如果可以，我愿意承担所有的罪过！请把所有的罪过加被于我，只要你能恢复那来自天国的笑容！请把所有的罪过加被于我，只要你能寻回那来自天国的笑声！

请原谅我！

哭得涕泪滂沱之后，我发现，这些刻写过的痕迹居然变淡了！那些墨点不再醒目，甚至在慢慢地消失！我这张纸看起来，虽然有些皱巴巴的，却不再像以前那么脏兮兮的。我似乎又听见了婴儿嘹亮的啼哭声。难道他们是在告诉我：眼泪可以清洗伤痕，能复原事物的本质？

现在，已经是晚上了，浩瀚无垠的海面上风平浪静。我一个人坐在礁石上，听着海浪呢喃的声音，好像在述说一个古老的、关于母亲、关于生活、关于爱的故事。我好像听见了小家伙白天在这里发出的咯咯咯的笑声……

宝贝，睡吧！妈妈来为你掖好被角。

你睡了吗？如果你正在失眠，我教给你一个方法。这个方法得益于印度婆罗门经典《奥义书》，它说："宇宙全体，由彼而出，彼生命之火藉全体宇宙而永远燃烧。"

又说："捂上耳朵，就会听到生命之火在体内燃烧。"

如果你在野外安静的地方燃起一堆火，就会听到那个声音。如果你捂上自己的耳朵，就会听到生命之火的声音，它与你在安静处燃起火的时候听到的声音一样。我经常会在睡觉之前，捂上耳朵倾听，慢慢地会听见自己心跳的声音，用不了多久就会进入梦乡。这是我的方法，也许适用于你，也许并不适用。不管如何，试试总是值得的，本来也是一件很简单的事情，希望对你会有用。

　　也许你注意到，我只是出于好奇就得到了一个很好的治疗失眠的方法。所以，在生活当中，一定要保持你的好奇，这样你会容易得到更多。现在，我带你去认识一个人，他能教会你在任何时候都保持愉悦，并且无论如何都能完成自己想做的事情。虽然这与好奇无关，但我想你一定愿意去了解这个人并向他学习，因为你的头脑是事业型的，想要做的事情很多，可是，究竟有多少事情能如你所愿呢？而这个人，在任何环境下，都能完成自己想做的事情。

三、发现婴儿之美

月光下，一滴露珠颤巍巍地闪了一下，盈盈欲滴，多么柔弱的一种美丽！而同时，那锐气的晶莹似乎昭示了它强韧的生命力……旁边的年轻情侣在互相对视，一群男子在谈论着足球，几个老婆婆家长里短地大声聊着天。有几个人能够有时间并且愿意去注意一滴露珠是如何从叶片上跌落的呢？如果恰好你就是这个人，如果你用心去看，如果你足够谦卑，即便是一滴露珠也会成为你珍贵的老师。

1. 看一滴露珠如何从叶片上跌落

这世间，有一种人，应天生为人之师。

这个生为人师，并不是社会中很多自称为人师的人，请不要对号入座。相反，他们从来都不会自居人师，他们真的非常谦卑，以至于好像每个人都想上去摸摸他们的脑袋指教一番。

譬如李悦，她带着自己高大帅气的准男友，摸着我家宝贝的小脸说："你要乖乖的哦，要听妈妈的话。"

倪妮一边拿出玩具小兔一边说："如果你乖乖亲阿姨一口，它就是你的了。"我家小宝从来不为所动，所以倪妮对宝宝的诱惑一次也没得逞过。但她每次带来的小玩具、小零食照样悉数收入宝宝囊中。

也许小家伙在想："哼，我不亲你，这些东西也是我的。"小家伙从来不会因为玩具而亲另一个人，但是那些玩具当然还是属于她的，任何一种玩具都能让她欢呼起来。

李悦有一个所有人都很满意的男朋友，她除了天南地北地跑工作之外，就是跟着男朋友到处跑着秀恩爱。他们的世界里只有彼此，看起来令人羡慕。偶尔会丢给乞丐几个零钱，而这也只是增加了她内心的优越感，别无其他，这是她亲口告诉我的，她说："看见那些乞丐，我就觉得自己生活在天堂里。"李悦笑起来很美。

李悦很忙，仅有的几次来看我家宝宝，每次都会说："要快点长大，要听妈妈的话哦。"

苏珊每天焦头烂额地忙着自己的工作，连基本的休息都无法满足，但也同时梦想着，天上掉下个"宝哥哥"来。她有时候会来看看我们，但每次都无视我家宝宝的存在。每次我们相聚时，她都在述说着工作的疲累、对上司的不满。只有在宝宝笑起来的时候，她会跟着呵呵地笑，然后说一句："这孩子真漂亮。"我很理解她，她的世界被一些莫名其妙的东西占据着，她想在这些东西里寻找安全感，但是从未找到过。她以为自己操纵着很多事，实际上是那些事情在操纵着她。

对于苏珊，有那么几次我想把自己看过的书推荐给她，但她毫不在意。或许是因为她太忙了，但我不明白，她为什么要让冗长的电视剧占有自己原本就不多的休息时间。虽然我们是朋友，但是我知道我们是两个不同世界的人。我想让她看看我所在的世界，却无能为力。

爷爷、奶奶们看见小家伙总会说："嘿，宝宝，你要做个乖孩子啊，不能干坏事，要听话。要向哥哥、姐姐们学习，他们都很听话。长大后要做个有出息的人，看见了没，你的叔叔是个很成功的商人，长大后要像他一样啊。"那个叔叔就露出一脸得意的样子，做着怪脸看着我家宝儿。

也许你注意到了，我们所有人，几乎都在不自觉地告诉孩子们，你要这样、你要那样，你不能做这个、那个也不能碰，你要像某某人一样生活，他才是成功的。你不能成为一个我们眼里的失败者。但我们忘记了，那个某某人曾经让他的父母非常伤心，而他的成功只是一部分人眼里的成功，另外一些人并不这么认为。如果你敏锐一点就会注意到，这里的所有人手里都有一把尺子，他们指着尺子上的刻度对我家宝儿说："嘿，你要长快点，长到这个位置才好，最好不多也不少。"

三、发现婴儿之美

刚才说生为人师,我指的是刚刚生下来的人们。没错,就是这些小婴儿!前面提到过,每个婴儿生下来的时候就告诉我们:眼泪不但能清洗伤痕,还能复原生命的本质!但我们这些人太迟钝了,以至于每个小婴儿来到这个世界的时候,都会做同一件事情:啼哭!他们在一遍遍地教导着我们,我们却无动于衷!

我们对哭声已经麻木了,甚至厌恶哭声,没有谁愿意去理会那哭声中的真谛。这确实是真谛,如果用心去听,就会听到灵魂的诉说,还会告诉你路要怎么走。但还是没有人听。我们的老师真是孜孜不倦,很多个世纪都过去了,这些婴孩来到这个世界时,都会用哭声来教导我们。但是,有人会用心听吗?也没准儿,等我们所有人都听懂的时候,婴儿们会开始笑着来到这个世界呢。

现在,如果看到有人在哭,请不要不耐烦,不要打断他,只要听他诉说,然后递上纸巾就可以了,条件允许的话,再递上你的肩膀。若是他喜欢一个人哭,就悄悄地离开好了。或许,我们都应该哭一哭,清洗一下,复原一下。什么?难为情?是怕自己脸上的灰土或是妆粉太厚,冲出两条沟来吗?

我们不是那个被塑造出来的形象,我们就应该是自己的样子。如果别人看不出我们是什么模样,至少我们自己要知道。除去那些被塑造、被捏拼的痕迹,让那个真正的自己显露出来,你会发现它如美玉无瑕,如天衣无缝。

2. 来自黑暗的光

倪妮是个老师，有次她看见自己的一个新生留着长发，就对他说："你不能留长头发，看起来像个小流氓似的。"

学生说："那好吧。"然后去剃了一个大光头。

第二天，倪妮看见这个学生时大吃一惊，她很担心地问："你被警察抓去看守所了吗？"

……

当倪妮调侃着自己当时的认真时，我们忍不住哈哈哈大笑。

苏珊就这个事件提了一个很有意思的问题："你究竟想让人家怎么样？"

是啊，究竟想让人家怎么样？如果一颗心总是感觉不满意，那么几乎可以肯定没有什么事能让他满意。而一个真正自身圆满的人，哪怕是缺憾的事情也会成为一种圆满，所谓"临残缺处看残缺，在圆满地自圆满"。

先放下你的剪刀和尺子，撑起脑袋想想看，你的生活里有几个人、几件事是让你完全满意的？怕是一个都没有吧。再深究一下你就会发现，我们对他人不满意的深层原因，其实是对自己不满意。如果十分满意的话，对他人所谓的"缺陷"也就不那么挑剔了。而你的尺子和剪刀，正是自我不圆满的产物，因为你想要圆满，所以你用这些工具来修剪，殊不知越剪越乱。

但是，一个婴儿是无瑕疵的，因为她还没有被污染。如果你想要圆满，就去发现婴儿之美，并向她们学习。

我们从来都不是听话的学生，并且会给自己的行为找出各种看似合理的借口。我们不但不是听话的好学生，还是非常自以为是并且叛逆的学生，自以为人生阅历不浅，自以为老道有经验。所以，大家都反了过来，人们开始拿起教鞭，让这些孩子们，让这些人生的老师们坐在学生的位置上，而我们自己则开始扮演起老师这个角色了。

角色毕竟是扮演出来的，并不是真正的老师。但是时间久了之后，所有人都渐渐以为自己是真正的老师，大家开始理所当然地在这些乳臭未干的孩子们面前指手画脚了。这个时候，就更加没有人愿意去听听这些婴儿们的哭

三、发现婴儿之美

声到底是什么意思。

但是，不管你信与不信，我想告诉你：我听到了，也听懂了。所以，我学会了你们还不会的事情，我知道了路要怎么走。而且，不止我一个人听懂了，有很多人也听懂了！而这些人，都走在回家的路上，笑得非常愉悦！

别问我从婴儿的哭声里听到了什么，我现在依然无法把它呈现给你，因为你对自己的清理还不够彻底。就像我吃过一个你从未吃过的东西，我说它很好吃并且吃饱了，但是我无法把那个味道拿来让你品尝，也无法把那个"饱"给你。你只有在吃过了之后才知其滋味，肚子才会饱。

而且，也并不是所有的人都是从婴儿的哭声里听到一些东西，某些人或许是在一杯茶里，有些人是在池塘的涟漪里，还有一些人会在赚钱的过程中。有很多种方式，也许是一片树叶、一道阳光，等等；大概也可以是这个世界存在的任何事情，都可以成为一道进入的门。对于比较迟钝的我来说，我只能近距离地借助一个婴孩的哭声来看到它。如果你清理得比较好，或者你的敏锐度比我高，那你将会找到属于你自己的方式。

这些婴孩教导我们的，不只是生下来的啼哭声，还有其他很多！现在，让我来告诉你一些真实的事情。因为我是一个妈妈，所以近水楼台先得月，我得到了来自宝宝的最佳教育。对此，我非常感恩！

我家宝贝很美，我不加形容是因为没有一个词语可以形容。总之如前所说，她就像一件玉雕艺术品，或者一道光！没有比她更美好的东西了，她照亮我，使我成为自己。

事实上，宝宝来到我身边之后不久，我发现自己也随之重生了。曾经如死亡般枯萎的生命复苏了，并且有了翅膀，知道该去往哪个方向。同时我还知道，我将和这个神赐予我的美丽婴孩一起成长。说一起成长并不十分准确，实际上是她教会了我很多事情。只要注意观察，就会发现每个婴孩身上都有值得我们学习的特质。她们单纯，充满能量，能带给所有人快乐。

因为，几乎是所有的人，所有能够发现美的人，看见这个婴孩都会微笑，会赞叹！而这个小家伙什么都没有做，她只需要在那里就好。同样都是人，为什么成年人身上没有这种非常美、非常善意的反应呢？我们这些成年人到底怎么了？

她很少哭，很长一段时间，早上醒来的第一件事就是微笑。真的，只要睁开眼睛她就会笑（我不知道是不是与我听懂了她的第一声啼哭有关）。所以很长一段时间，当我先于宝宝醒来的时候，我就会不错眼珠地看着她，等着她醒来的第一个微笑，花开的美也比不上她美妙的笑容！她让我觉得内心里的一些东西被治愈了。

在她不到三个月大可以直立抱起的时候，每次我抱着她，她都会用小嘴巴不停地亲我，这种状态持续了很长一段时间，带给我非常大的快乐和喜悦！感谢宝儿，你就像一道来自黑暗中的光，照亮了我的世界。

感谢所有听我讲这个故事的人！

3. 一岁的老师

宝宝教给我的其中一课我记忆尤其深刻，大概是在她刚满 1 岁，正在学习发音的阶段。一天晚上关掉电脑的时候，我忘记了关掉音箱，XP 系统关机的声音"灯-等-等-灯"大声地响了起来。小家伙正在睡觉，这么大的声音当然把她吵醒了。我以为她会哭闹，结果却让我忍俊不禁。她"灯-嗯-嗯-灯"跟着学习了一下发音，然后就接着睡觉了。哈哈哈，这就是一颗无染的心对突发情况最直接的反应。尽管被我搅扰了美梦，她却表现得如此无懈可击。

如果换作一个成年人，一定会是另一个版本！这个成年人会生气，然后再接着睡觉。那个生气便像是一粒灰尘般地进入他的内在。他还会遇见其他让他生气的事物，这些气会慢慢积累成愤怒，然后他会在任何地方都携带着他的愤怒。有很多这样的人，他们关门的时候带着愤怒，把东西放在桌子上的时候带着愤怒，说话的时候带着愤怒，开车的时候带着愤怒，甚至他们走路、吃东西的时候都带着愤怒。

宝宝给我上的这一课非常珍贵！她告诉我的是：在任何时候都要坚持做自己的事，哪怕在逆境当中！我明白了，如果一个人真正想完成一件事，那么，是没有任何外在力量可以阻止的。就像一颗种子，即使被压在石头下面，也一定会发芽，然后向着阳光的方向生长。她正在学习发音的阶段，任何时候她都可以学习，哪怕是在酣睡被打断之后也会学习打断酣睡的噪音。

与成年人比较，她在应对这个突发情况时的反应无疑是非常完美的！而我们这些成年人，有很多很多的成年人，放弃了很多事情，譬如梦想、承诺，并归咎于外在环境。我们说："不行，条件太艰苦了……我没有资金……我没有学历……我没有机会……"哦，那些都不是真正的理由，唯一的理由只是我们自己放弃了。我们这样的成年人，有什么资格来教这些小天使呢？

很幸运的是，我有这样一位老师。大家都应该庆幸，因为每个家庭都有或将会有这样的老师，或许不止一位。只要用心去听、去看、去感受，就可以学到很多珍贵的东西。或许是一些我们已经遗失的东西，这些小家伙们会帮助我们找回来。这对于我们来说，真的是天大的幸运！

在宝宝教会我这一课的时候，李悦与她爱得轰轰烈烈的准男友分手了，她笑着对我说："我现在和苏珊站在同一个起跑线上了。"

苏珊得知这一消息是通过电话，她从忙碌的工作中抬了一下头："啊，分手了？噢，好吧，我现在很忙，回头跟你说啊。"

对于她们俩来说，在这一时期爱情是她们的全部。在李悦与男友分手的这一段时间里，苏珊遇见了自己的白马王子。这么看来，她们还是没有平等地"站在同一个起跑线上"。

而现在，我生活的全部就是这个每天都在长大而我很难看出的小家伙。

非常重要的另一次课，是另一个小家伙教给我的。一次我带宝宝去玩沙子，有一个三四岁的小姑娘在玩沙漏。突然，一个小男孩过来拿走了她的沙漏。女孩没来得及反应，沙漏已经被抱走了。我意识到女孩已经生气了，因为她站在那里一动不动，脸色微微发红，也许她胸中的怒气正在翻涌。

正好我距离她比较近，于是她看着我说了一句："我生气了！"我没有说话，只是笑，然后看着她。但是她没有像常人那样将怒气抛出来大喊大叫，也没有哭，只是看着我说了这么一句，然后站了约两分钟后，恢复了快乐的表情，又去玩沙子了。

她在教我：如何面对生气时的自己！

她对情绪的掌控非常好，做得近乎完美。我认为这不是大人刻意教她的，而是一个三四岁孩子的本能反应。她没有把怒气发出来丢给别人，也没有通过眼泪把它发泄出来，而是自己摆平了情绪。她知道自己"生气"了，然后用最好的方式解决了"生气"这个问题。希望这个可爱的女孩能保持这种天性！而且，这也是我们需要学习，或者说是需要找回来的一种非常宝贵的特质。

很多人在幼儿时期有着自己的规律，一些可能令大人生气的事情对他们来说则不会！但是成年之后，人们反而会因为一些鸡毛蒜皮的事情生气。譬如我家宝贝被吵醒了之后，她的反应非常可爱，而不是像大人那样生气抱怨。那么，人们"摆平怒气"的功能哪去了呢？什么时候丢了？为什么会丢？

我注意到一个细节，这个小姑娘在遇见这个突发事件时，是她单独一个人，监护人当时没有在她身边。也许这可以解释为什么一直在父母身边的孩子更容易闹情绪、更粘人，所谓"孩子遇见娘，无事哭三声"。大概是因为我们这些做父母的，没有给孩子独立处理事情的空间和时间。

难道不是吗？当孩子遇见了问题，第一时间冲上去"协助解决"的就是父母。因为，我们要"保护"自己的孩子不受任何意外骚扰，不受任何委屈。但是我们忘记了，大树要接受风吹日晒才能够成材，人要经历过酸甜苦辣才能够成长。而孩子会在遇见突发事件时，用自己的天性去处理事情。

一些"意外事件"，正是孩子们成长时需要的养分，是自我历练的过程。但是这样的一些"养分"，往往被我们大人撇在了一边。我不是说要把孩子早早地送出去独立，我的意思是，无论发生什么事，要让孩子自己去解决。很多情况下，监护人的陪伴是必要的，但是解决问题还得靠孩子自己。

我遇见一位妈妈，她做得非常好！她儿子也是在玩沙漏的时候，有一个孩子跑过来抢，她的宝贝儿子当然不愿意，所以抱着沙漏不放手。抢的孩子更加用力，被抢的男孩哭了也没有撒手。这个过程持续了五六分钟，男孩也一直哭了五六分钟，最终沙漏没有被抢走。当男孩不停地哭时，我看见旁边的妈妈强忍着眼里的泪水，始终没说一句话，没有一个动作。

在这件事情里，还有值得一提的另一面。当那个抢别人东西没有得逞的小男孩失望地发脾气时，我听见带他来的奶奶这样安抚孙子："我们不稀罕那个沙漏，我们有更好玩的东西。"

不用多说什么，这两个孩子将来长大会是怎样的人，现在就可以看出个端倪了。

我们是否需要反思一下：我们对孩子的一味"帮助"，是不是在拔苗助长？孩子小的时候，我们只需要陪伴就可以了，不要过多地干涉他们，遇见问题，他们会用自己的方式去处理。我们都害怕孩子哭闹，会心疼孩子。

但是真正的爱，就是像那位妈妈那样，强忍着自己的心疼，强忍着自己的眼泪，让孩子自己去经历被别人抢玩具的事情，并且坚持到底，而不是向大人求助。当孩子长大后，他一定会自己处理好自己的事情，不需要依赖他人。无论孩子用什么样的方式，无论会有怎样的结果，那是孩子自己需要经历的。这才是父母对孩子真正的爱！

另外，顺便提一下，如果孩子哭，请允许他们哭。若是母亲强制孩子不要哭，他的情绪会被压制，他的内心就不会舒展，将来更容易出现问题。不要怕孩子哭，怕的是孩子不哭却愁眉不展少言不语。

而在成人世界里，如果我们丢掉了自己心爱的物品，或者被人抢走了原本属于自己的东西，大多数人既无法像那个小男生一样哭闹着捍卫自己的权利，也无法像那个小姑娘一样清醒而理智地面对内心的情绪。我们这些成年人，面对困难时比起孩子们差远了。

而且，成年人会在固定的思维模式下，将一件小事放大许多倍。这也是成年人总是会经历所谓刻骨铭心的痛啊、爱啊等原因。如果你曾经历过一些事情，现在回头看看，无论它在当时的生命里有多么重要，时间也会把它变得连一片轻飘飘的羽毛都不如。但是，我们遇见事情的时候，总是像鸵鸟遇见危险时将脑袋扎进沙土里一样，一头扎进那个事件带来的情绪里跳不出来。

好友李悦这段时间便陷在这种状态里。

4. 让灵魂经历晾晒熏蒸

在我带着孩子到处玩耍，并跟着她学习的这段时间里，我那失恋的好友李悦生活得很糟糕，精神萎靡不振，少有笑脸。她来见我的时候，我甚至觉得她变得不如以前漂亮了，仿佛一下子老了好几岁。

我为她捧上菊花茶时，她看着正在学步车里到处跑的宝宝，说了一句："嘿，她又长高了啊。"宝宝正好走到她身旁，冲她挥舞着两只小手，张开只有两颗下门牙的嘴巴，呜呜哇哇不知说了些什么。但是李悦哈哈大笑了起来，这是她失恋以来我见到的她的第一个笑容。不管怎样，我家宝宝也算是为她扫去了一些阴霾，我给了小宝一个赞赏的微笑。

"不就失个恋嘛，怎么能把你折磨这个样子？"我问李悦。

"我也不知道，反正就是觉得生活没意思，我所做的一切都没有了意义。"看来我不该提及这件事，李悦的脸又恢复了沮丧。但是我知道，这个伤口必须有人来为她换药，疼痛是必然的。

我接着说："以前在学校，你没有恋爱的时候，不是活得很好吗？那时候，我们每天多开心啊。"

"是啊，那时候多美好啊。对未来有很多规划，很多美好的设想，"李悦又开始微笑了，但是接着又叹了一口气，"可是现在，也不过如此嘛。"

我问她："是什么变了？"

李悦一时没明白过来："什么——变了？"

"你的工作让你伤心吗？"

"没有。"

"你的生活与你当初的设想有很大的出入吗？"

"生活，也没有吧。"李悦似乎有点不确定。

"嗯，对了，都没有改变，变了的只是你的感情，或者说你的情绪。你的恋爱一不小心结束了，并不是你的全部人生都结束了。"我给她的杯里添了一些茶水："你用自己鲜活的现在，去为一段已经死去的感情悲伤难过，就像是你要扔掉一朵枯萎的花，却用另一朵鲜花去陪葬一样。"

我看着她，继续用一种开玩笑的语气说，"你说，若黛玉葬花时从树上摘下鲜花去陪葬，公园管理处的人一定会罚她款吧？难道你一点都不觉得自己很愚蠢吗？"没错，在我看来，恋爱更像是情绪的持续发酵。自然界里的东西要是持续发酵下去，到一定的时候就会腐败。

恋爱也差不多一样，它必须平淡下来才能够有继续存在的机会。这也是你看到所有的爱情都很短暂的原因，它只是在恰当的时间里停止了发酵。越是轰轰烈烈，越是昙花一现。它必须要在琐碎的日子里平淡下来，若是有人只想要激情的恋爱，却不甘于生活的平淡，失恋是必然的。

李悦没有笑，倒是我家宝宝跟着哈哈笑了起来，貌似她听懂了似的。李悦没有笑说明她很聪明，我的话多多少少她听进去了一点。过了一会儿，她才笑了起来，虽然有些苦涩，却是发自内心。她还想说什么，我打断了她："好了，今天就说这些，喝茶吧。"

这是我的习惯，除非需要，平常的日子我不喜欢说得太多。无论是美妙的相聚或者是日常的生活，我更喜欢去感受。有时候会被误会，但还是懒得多说，连解释都省了。或许是因为这个，所以，我的朋友，没有几个很长久的。可我并不遗憾，对于有些人的离去我非常感谢，因为他们的离去为我节省了一些时间。

人生里，其实没有多少时间可以浪费。身边余下不多的几个好友，我也能感觉到他们正离我越来越远。不单是因为生活节奏加快了，还有一些细微到难以觉察的东西，也正在将我们一点点地分开。这些细微的东西可以称为新生，或者是死亡——并不是我们传统观念里的死亡，也不是前面谈到的死亡，但是还是可以被称为死亡。而且，同时将新生和死亡两种称呼加之于它，也一点都不冲突。

这个冬日的下午，窗外阳光充足，天空湛蓝。伴随着宝宝的咿呀学语和学步车在轨道上滑动的声音，我和李悦微笑地看着小家伙在房间里滑来滑去，李悦开心地用玩具逗引着小家伙，她的失恋情绪好像已经离她远去。我们看着可爱的小家伙，满满地都是幸福。

李悦离去之后，我看着那些原本皱巴巴的菊花在水里再次饱满地开放，隔着玻璃茶壶看上去漂亮极了。我想，当它还是一朵菊花的时候，并不知道自己将会变成茶。它被从花茎上摘下来的时候，并不是死亡，只是开始了另一次重生。

它接受阳光晒制，接受高温熏蒸。然后，它再次绽放，散发出怡人的香味。我想，对于李悦来说，她的人生不过是刚刚被人从不谙世事的花茎上摘了下来，经过一些"工序"后，她将变成像茶一样醇香怡人的女人，将会在合适的水温里再次饱满地绽放。涵养为自己，滋润给别人。

对于我们来说，每一次的经历都是成长，人并不是长到一米七八左右后就不长了。我并不是说我们要长到两米七八，可能有极少数人会长这么高，但绝大多数人还是会停止在一米七八左右，而另一些人才一米三四。可我并不是这个意思，我的意思是说，我们的身体部分在一段时间之后会停止生长，但是我们还有另外一种构成生命存在的部分，它从不会停止成长，我们一直管它叫"灵魂"。

像树叶变成茶要经过晒制和熏蒸等工序一样，灵魂的成长也需要一些"工序"。一丛习惯了原野中清爽微风的菊花，被放进蒸锅里的时候，它一定不会觉得很舒服。同样的道理，一个人的灵魂在成长的时候，会感到精神上很痛苦。树叶经过工序变成茶叶之后会拥有迷人的香味，人的灵魂在经历过痛苦之后也会变得丰盈。

人们的外表看来都差不多：两只眼睛、一个鼻子和一个嘴巴、两手两腿两只脚。但是，人与人之间的差别何止千里？地上随便捡来的树叶不会有茶的香味，一个没有深度的灵魂，就像是一片不可能被选取做茶的树叶，只会在深秋时节随风飘散到某个角落，然后慢慢地腐烂。

若一片树叶想要成为茶，它只要保持自身的纯净，不要败坏就差不多了。灵魂的提升也有异曲同工之妙。树叶要保持纯净还是比较容易做到的，但是对于人来讲，要在社会大环境里、在成长过程中保持灵魂的纯净，是一件非常困难的事情。尤其是现在，商品极大丰富，声色犬马诱惑多多，要在这样的生活环境里保持纯净，更是一件困难的事情，有时候甚至连一个简简单单的生活习惯都无法保持，更别妄谈保持灵魂的纯净。

> 一位老婆婆手里拿着线轴。她打算织一条漂亮的毛毯，花了很长时间做好了所有的准备，但在该开始编织时却找不到线轴了，她找遍了所有能想到的地方，翻遍了家里的每一个旮旯，也没有找到线轴。老婆婆年纪大了，这一遍翻找让她感觉很累，同时也非常烦躁，引发了脑溢血。被送到医院之后，医生对她说的第一句话是："婆婆，请您把手里的这个线轴放下，放松一点儿。"

这就是我们大多数人的情况！我们为一些事情做了充分准备，但是最重要的那个东西却找不着了。就好比是我们用很多时间赚钱，但是健康却不在了；我们去很远的地方旅行，却看不见楼下公园里一滴露珠的美丽；我们发起雄心想干一番翻天覆地的大事，可是灵魂却找不着了。不要那么紧张，放松一点,无论是你的剪刀或者线轴,还是你用来衡量事物的尺子,把它们统统放下。

有一天,当我向倪妮说起小姑娘摆平怒气那件事的时候,她赞叹不已。因为她自己经常会被学生气得情绪失控,然后很暴力地面对他们。事情过去之后倪妮很内疚,但是她毫无办法。有一次她看着我很无奈地说:"你说,我这个老师当得是不是很不合格?"我只是笑了笑,能说什么呢?

5. 清理好自己,准备做老师

我家宝儿近期学会说话了,我最爱听她发音不清楚的语句,那比世界上任何声音都要悦耳!这天,她带领着家里所有的毛绒小动物玩具玩"开会"。当然,这个游戏是我教会她的。家里的玩具很多,仅毛绒玩具小熊、小牛、小兔子、大海豚,就有大大小小十多只。于是我经常把它们聚在一起,围坐在宝宝身边玩"开会"。

现在她学会了,自己一个人开始玩。她把小毛绒们都摆好了,然后很认真地说:"大家'跺奥'了,现'甲'开会,一'已汤歌',一'已尿古即'。"我翻译一下吧,她在说:"大家坐好了,现在开会,一起唱歌,一起尿裤子。"宝儿,你是大度的,你一定会允许妈妈把这快乐在这儿分享。你是那么可爱!你总是让我想要炫耀一下。不过你要知道哦,小朋友们都是很可爱的。

嗯,宝儿学得很快。无论是学习发音还是学习说话,或者是学习玩游戏,孩子们的学习能力都是一流的。而且我们不必专门盖一间教室,弄块黑板来教他们,甚至在你不知道的时候,她已然都学会了。学习是每个人的天性,所谓"近墨者黑,近朱者赤",那是学习的本性使然。孩子们的学习不分时间不论地点,更不论师资。她们就像海绵吸取周围的水分一样,把所有看到的、听到的全盘吸收。

很快,我家宝宝也要3岁了,该上幼儿园了,然后是小学、大学,之后就少有能停下来的时候。我们似乎准备好要教给孩子们很多很多东西。可是,我们真的准备好了吗?说实话,把孩子送去让倪妮这样的一些人来"教育",

我有十万个不放心。尤其是，当我看见幼儿园的阿姨冬天穿着小短裙，踩着恨天高的鞋，用手指着某个小孩子的脸说"你快点"的时候，就对孩子将要入学上幼儿园有一种焦虑感。也许这只是我的偏见呢，但愿如此！但这都是后话了，暂且不提。

要知道，孩子们的第一个老师，是自己的监护人。这也是孩子们人生当中最死心塌地追随，最透彻理解并学习的老师。就是说，不管你愿不愿意当这个老师，你的孩子也必然成为你最忠实、最灵敏的学生，孩子们将学习监护人的一切。也就是说，人生当中最重要、最不留痕迹的教育，是在家里完成的。

可是我们现在有太多的家长，将教育完完全全地交给了学校，并且在问题产生的时候，也把责任和原因全盘推给学校。这不是十分明智的行为。

当然，学校也具备十分重要的教育功能，同时社会环境也会起到很大的作用。但是，最不可忽视的教育，依然来自家庭。那些将孩子的教育全盘交给学校的家长，虽然他们不认为自己会对孩子起到一个教育的作用，但是，他们每天都在用自己的言行来教育着自己的孩子。

如果你真正理解了我所说的，如果你明白无论如何你都得是自己孩子人生里最重要的老师，你会有什么想法？或者我想问的是：你准备好了吗？我相信在这个时期，大多数父母都没有准备好，包括我自己在内。

我们为孩子们准备了很多"教育系统"，但是真正需要被教育的则是我们这些自以为是的"大人"们。很多所谓的大人连怎么面对自己的情绪都不知道。遇见不如意的事情时，大人们会发怒，而发怒的大人们看起来像动物一样。

没错，是像被激怒的凶猛动物一样：涨红的眼睛、扭曲的脸、愤怒的叫骂声，有些严重的更是拳打脚踢。是不是很像动物世界里，一只动物向另一只动物发起攻击时咆哮的样子？唯一不同的是，动物们会使用自己的牙齿，还有爪子上长长的指甲，而大部分成人将自己的指甲剪掉了，也很少有人会去用牙齿撕咬别人。这也许是人类进化的一种体现呢，如果真是这样，以后看一个人是不是进化得更完善，就注意看看他的指甲是不是修剪得整齐。

这会使一些人尴尬，但是从某种角度来讲，它很管用。可是，总还是有极少数进化比较慢的人,还保留着长长的指甲(敌意),有时候也会用牙齿去咬人。

如果去医院观察一下,经常会看见一些被进化较慢的人打得遍体鳞伤的患者。我们这些自称为"生命奇迹"的人类,与其他动物其实没有太大的区别,但我们把与它们的界限划分得很清楚,把它们归纳为"低等动物"。我们自己在很多时候重复着与这些"低等动物"一样的行为,甚至比这些"低等动物"有过之而无不及。人之残忍是没有底线的,从历史上的某些刑罚,或者一些昂贵又特别的餐桌上就可以看到,人确实比动物们要"高明"一些。

我们这些有着动物习性的人,怎能不污染一个如白纸一般的孩子呢?而让他们成为一个顶天立地的真正的人,却是我们所有人的共同心愿!这就像是一个得了传染病的人,又不想把病传染给身边的人一样。

一般情况下,把风寒病人隔离起来是个很好的方法。但是对于刚刚来到这个世界的婴孩来说,如果他的监护者患了传染病,也无法隔离他们。因为没有人照顾这个孩子,他会被饿死,毕竟一个婴儿的吃喝拉撒睡都需要成人的照顾。

在没有一个健康的监护人的情况下,这个婴孩要么选择饿死,要么选择患上同样的病!当然不能被饿死,监护人也不会看着孩子饿死。所以,有很多很多孩子们慢慢变得和成年人一样,患上了一样的疾病,然后再传给他们的孩子,以至于这世界看起来病得越来越重了。

我们就是生了病的监护人,我们内在混乱,外显浮躁。但是我们的孩子,我们最忠实而聪敏的学生,他们每时每刻都在学习我们。你知道的,你的孩子将是未来的你。你生病了,可是生病了就只能坐以待毙吗?当然不是啊,现在的医院开了一家又一家,这里是治病的地方(虽然有些医院很明显已经成了致病的地方)。

"嗨,哥们儿。你生病了。"

"啊!什么,我需要医治?我生下来就是这个样子,我天生暴脾气,我天性残忍,你怎么能说我生病了?你真是太可笑了!!!"

我弱弱地说了一句:"你生下来的时候,不是这样子的,你天生并不残忍!"

"不，没有，我没有生病！你才是个神经病，你看看这世界上有几个人是像你这样的？不然问一下这位外科医生，让他看看我究竟有没有病，或者问问其他人！"

很多理直气壮的人去询问外科医生，而外科医生的诊断当然是没有病，大家都很健康，同外科医生一样健康。大家四肢健全、行动敏捷，能吃能喝能诳能骗，还能互相伤害。

这是多么伟大的健康生活啊！人们在这里手舞足蹈，普天同庆这太平盛世带来的繁荣富足，同时教育着自己的子孙："你看，这是你爷爷的照片，他穿着军装的样子是多么的英俊帅气，他在战场上拿着刺刀英勇无畏，无往不胜！这是你需要学习的地方。"这些子子孙孙就把照片裱得漂漂亮亮地挂在墙上，以供不时瞻仰和学习。

我们忘记了一些东西，一些很重要的东西！这些东西非常重要！哪怕稍稍瞥上一眼，就会让人潸然泪下。当然，它并不仅仅让人泪流满面，更重要的是，借着它能找到更多真实的存在、更多的喜悦，或许还能找到最终的真理！所以，去看看那些流泪的人们，或许，你能够从那清亮的泪珠里看到一些东西。记住婴儿的第一声啼哭，并且去思考，为什么不一而同的是，他们都在哭？

"我要谈恋爱、要准备下个季度的工作报表、要安排很多宴会……哪里有时间做这种无聊的事情？"以苏珊为首的一群人说。她每天除了工作，就是跟着自己的男友到处游走，从这个地方到那个地方，从一个国家到另一个国家。他们彼此照顾对方的需要，沉浸在两个人的甜蜜世界，他们看不见路边乞丐的疾苦。虽然他们有时候也会笑着给一只伸过来的黑黑的枯瘦的手上放一些零钱，同时感受一下自己的优越。

她重复着李悦曾经的生活，而我同时看见，有千千万万的人都在重复着别人的生活。他们只是活着，仅此而已，他们从不关注自己的灵魂。

我看着躺在怀里的宝宝，在心里对苏珊说："苏珊、苏珊、苏珊，别这样！"但是，我不能对她说什么，要不然撒谎，要不然失去一个朋友，这两者都毫无意义，我只好选择沉默。

人们不需要那么忙，只要把眼光从对金钱、权力、娱乐等东西的占有上挪开那么一点点，去找找那个缺口。而那个缺口，或许就是一双流泪的眼睛。也可以是一条狗的眼睛，或许是一头牛，当然也可以是一个人。

但是有人会说："您没事吧？时间就是金钱啊，您让我把时间浪费在这种毫无意义又令人心烦的事情上，哈哈，您才是疯了呢！有这时间我还不如去找个乐子呢。"苏珊一定会这么说的。

李悦或许会附和我的说法，但是她现在比苏珊还忙，她说自己忙得连谈恋爱的时间都没有了。倪妮呢？或许她会发自内心地说："是的，你说得太对了！"但是一转过身，她就会拍着桌子看着那群"叛逆"的学生们大声说："真是恨铁不成钢！"

铁就是铁，为什么一定要变成钢？一块铁自会有合适它的位置。如果所有的铁都变成了钢，你将会发现最需要的是铁。

我们总是有意无意地做推销，推销自己认同的理念或者行为方式，等等。如果我喜欢长发，那么与我有关的人最好也蓄起长发；如果我喜欢古典音乐，那么我身边的人最好不要喜欢摇滚重金属类。

再往大了说，我们还喜欢把很多事情划分归类，对自己有益的是好事，对自己无益的是坏事。但是很多事情对自己无益却对他人有益，少有人能看见这一点。而一些暂时对自己无益的事情，随着时间的逝去会变得有益，这一点同样有很多人也看不见。另外一些被划分为无益无害也无趣的事情，人们就说"毫无意义，令人心烦"。

注意，一个婴孩是不会心烦的，他们从来不会说"令人心烦"，哪怕你饿他一顿他也不会说令他心烦。他们有好几年的时间，吃着口味非常淡的饭菜却从不厌烦。而一个成年人是受不了这些的。

我曾经问快到两岁的宝宝："你今天高兴吗？"

宝宝说："高兴。"

我问："为什么高兴呢？"

宝宝："因为宝宝吃饭了。"

我们的孩子就是这么容易满足。如果我们不给他们制造一些诱惑的话，他们对这个世界从来都不会有什么要求。他们就这么单纯地、快乐地存在着。

很多人，包括我自己，就是生了病的患者。但是我们却无法让另外一个健康的人来照顾孩子。我们携带着病毒，与这些无瑕的天使们一起生活，并担当着非常重要的老师角色。

没有人能看到自己病得有多严重，人们理直气壮地说："我比谁都健康，而我的孩子，我希望他能像我一样健康。你看，我把最好的都给他了，我对他有非常大的期待，他一定会像我一样，甚至比我还健康。他将来一定会拥有比我更多的金钱、更高的权力。"

而孩子们也渐渐地以为，健康的生活大概就是这个样子的。因为教导孩子们的是大人，他们很有力量，他们是权威，孩子们都开始希望自己能成为像这些大人一样的人，并以此为荣。

所以我们经常会听见小小的孩子们说："长大后，我要做……"无论他们要做什么，他们所能表达出来的愿望，都是我们这些成年人创造的。

而人们在创造了这些之后还加以分辨："这个是好的，那个是不好的，那个愿望简直烂透了，哈哈哈哈哈，你怎么会想要做这样的事情？"

就这样，我们一手制造了混乱和冲突，并且让孩子们在这样的混乱冲突中去学习，成为与自己一样的人。接着，就会有更多的混乱和冲突。

嘿，看看婴孩们无邪的眼神，听听他们清澈甜美的笑声，再看看自己混浊的眼睛，苍白无力的语言。我们有什么资格来做这些孩子的老师？快从讲台上下来吧，继续延误的话，我们会像毁掉自己的人生一样毁掉更多孩子的人生。

"这不是我们想要的！"如果这句话你非要等到死之将至时才说出来，大错已铸成，就是悔成灰也没有用啊！

停下来！找出自己的自知之明吧，清理一下久已成习的内心混乱，找到原本的那个自己。母亲们，停止给婴儿们喂养那些曾经让自己生病的东西吧。

作为一个母亲，除了让孩子活下去之外，如果不能给予他们其他帮助，也请不要将有毒的东西带给孩子！这是我们能够给这些带给我们快乐的孩子们最好的礼物。如果能给孩子们更好的，无疑每一个妈妈都愿意去做，无论那是多么难以完成。我相信，每一个妈妈都愿意给孩子们最好的。

那么，什么是有毒的东西？它是一切让人感到不自在或者痛苦的东西。生病了当然很痛，可以去医院拿点药吃。可是，如果心里很痛呢？医院没有药可以给你吃，没有一个医生会拿出一种能看得见的药说：这个能治疗你的愤怒和挫败感。没有，也不可能有这样的药。

但是，你的内在有一种力量，它可以治愈心里的伤痛。这也是我让你清理自己的原因，你要自己去把它找出来。

6. 愤怒是魔鬼

愤怒是有毒的，而且并不一视同仁。如果孩子不小心打破了价值连城的古董花瓶，我们的愤怒就会跑出来，责骂孩子；但如果是我们自己不小心打破了同一个古董花瓶，我们只会惋惜一阵子，然后就忘记了；或者再找一个花瓶回来代替，然后忘记这件事。

在海底，有一种很凶猛的蟹，它没有自己的壳，主要以海底有壳软体动物为食，譬如贝类。把这些动物吃掉之后，它会将其壳据为己有。因其凶猛并且终其一生都在霸占其他动物的"房屋"而被称为"寄居蟹"。

而愤怒，它的运作方式与寄居蟹无异。不同的是，它并不寄居在软体动物的壳里，它有更厉害的方式。人们的心是它的食物，而身体则是它的壳。

有这样一则笑话：

>妈妈和女儿在厨房里洗碗，父亲和儿子在客厅。突然"砰"的一声脆响，然后是一片沉寂。
>
>儿子对爸爸说："一定是妈妈打碎的。"
>
>爸爸问："你怎么知道的？"
>
>儿子说："因为没有骂人的声音。"

很明显这不是一个笑话，而是一个事实。

这正是愤怒最狡猾的地方，它从来都是把矛头指向别人。如果这个愤怒就住在你身上，而你的孩子打碎了花瓶，它会在孩子打破花瓶时跑出来大声责骂，甚至动手打孩子。

而若是你自己打破了花瓶，它就不会跑出来责骂或打你自己。想想看，你会拿着棍子打自己吗？如果有人会拿着棍子打自己，他一定是个好人，一定有药可救。

愤怒之所以不会从那个人身上跑出来打他,那是因为这个人是它的主人,这个叫作愤怒的家伙仰赖于他才能活着。如果它跑出来打自己的主人,这个寄生的愤怒大概就得卷铺盖走人了。若是愤怒没有了寄宿体,就得死亡。

而它不想死,所以它只针对主人以外的人发飙!然后给自己的主人一点点可怜的自大感觉。这就是很多人在打了别人之后洋洋得意的原因:"你个小瘪三,我三拳两脚就把你打倒了。你看我多么了不起!"而这个可怜的打人者,被一个小小的寄生虫利用了却从来都不知道。

这天风和日丽,我带着宝宝在公园里看游鱼。倪妮在电话里很委屈地对我说:"我快要气炸了。这些学生们太过分了,他们居然公然地向我叫板。"

我哈哈大笑:"他们怎么了,能把你气成这样?"

"他们不听我的话,还联合起来对付我。"

我只能劝倪妮消消气,我帮不了她。因为我们就是这样长大的,所以我们的孩子也像我们曾经对付自己的老师那样对付我们。我只好对倪妮说:"你无法制服你的学生,但是你可以选择不生气,转换一下对待学生的态度,然后试试看。"

"选择不生气?"倪妮好像很惊讶,"这要怎么选择?我可以选择吗?我做不到啊!如果能打得过他们的话,我倒是想上去揍他们一顿。"倪妮曾经在背后说我神神道道的,我知道现在这一刻,她一定又在心里说我神道了。

我无法用语言来告诉倪妮,她生的那个气,并不是她自己本有的,而是一个寄居在她身体里的"寄生虫"。整天与文件打交道的苏珊,更是不能理解这些我神道出来的胡言乱语。她们只是觉得这些挺有意思,仅此而已!

或许你能知道,在内心里,我是孤单的。我经常会一个人发呆,或者说,我很享受一个人发呆。但我依然感谢我的朋友们,并且为她们感动。很多时候,我对她们毫无帮助,并且无能为力,倒是她们一直在帮助我。

暂且不管倪妮如何去应对自己的学生,我们来谈谈你,但愿你不仅仅是觉得我神道,还要找到我神道背后的真正原因。

若是你能意识到寄生的愤怒正在利用你,嘿,我有一个方法:如果感觉到自己很愤怒,不打人或不骂人就无法释然,建议你先打自己试试看,或者骂自己。如果能承受这些,那么恭喜,你已经把愤怒带来的负面影响减到最低了。

减低负面影响就是收获！因为如果你去打别人，别人会更加愤怒，而早晚那个愤怒会操纵着他的主人打回到你身上。就算是这次你打赢了，那么下次，当那个因为被你打而内心愤怒变得壮大的人来找你算账时，你也不一定刚好有那么多愤怒出来应战，没准就得受伤了，甚至丢掉小命也是有可能的。

说到底，这只是两个人身上寄生的愤怒在作战，但是却有可能搭上你的性命，这是一件不值得去做的事情！当然，搭上性命的概率微乎其微，但是受点伤什么的却大有可能，那也是不值得的。

如果一个孩童打碎了妈妈最喜欢的古董花瓶，妈妈生气了，伸手去打自己的孩子，妈妈当然会打赢。

但是，实际上已经输了！妈妈释放自己愤怒的同时，孩子会在恐惧当中将这愤怒记住（一个人在恐惧的时候，由于肾上腺素的狂乱分泌，所以记忆力是非常好的，那是真正的过目不忘），并且在下次遇见愤怒时再次强化记忆。经过不断强化，这个孩子会在自己心里制造出同样的愤怒，并且会复制妈妈的言行。

而这位妈妈的愿望是：希望孩子做一个快乐的人！但是结果是相反的，孩子现在充满了恐惧，并且将会变得与妈妈一样愤怒，所以她很彻底地输了。这位妈妈在输了的同时，也喂养了自己内在的愤怒。

正是在这个妈妈举起手，或者口不择言开始打骂的时候，孩子们来自天国的笑声开始变得黯淡，慢慢地消退以至于彻底消失。

付出这么大代价竟然仅仅是因为一只花瓶碎了，或者是小家伙没听妈妈的话，甚至仅仅是因为他没有如你所愿。这比起你被人胖揍一顿更加不值得！

孩子有时会无意地做出一些错误的事情，当然，那是因为他们不知道这些事情是错误的，所以我们要告诉他们。

但是，并不是所有的孩子都会很听话。在一个孩子蛮不讲理的情况下，一些轻微的惩罚是必要的。但是不要恐吓你的孩子，尤其是，不要带着情绪去恐吓孩子。

在惩罚孩子的时候，你自己要保持平静，然后告诉孩子哪里做错了，你为什么要惩罚他，以及怎么惩罚他。当他接受了之后，就可以实施惩罚了。孩子将会在这个过程中明白做了什么样的错事，并且学会担当自己犯错的后果。

我说一个自己惩罚孩子的真实事件作例子，也许你可以借鉴一下。首先，我让宝儿明白自己做了错误的事情，需要惩罚一下，然后：

我问：现在可以接受惩罚吗？

宝儿：可以。

我：那你自己打屁股吧。

宝儿打了几下之后说：还是妈妈打吧。

我：为什么？

宝儿：因为我打不疼。

我毫不客气，啪的一掌：疼不疼？

宝说：不疼。

啪：疼不疼？

宝说不疼。

狠下心，啪：啊！疼了……眼泪也出来了。

不过，需要提醒一下各位妈妈，打孩子最好是打手心，因为手心有很多穴位，打孩子手心的同时也刺激了这些穴位，对孩子身体有好处。这是老祖宗们的方法，既有智慧又有慈悲。

7. 让愤怒永不再来

一个天气晴好、微风拂面的日子里，有个年轻人骑着一辆自行车，速度非常快！他没有看见前面拐弯的地方有一辆大卡车正开过来。一位老者看到并意识到了危险，赶紧挥动双手大声喊："停下，停下来，快停下……"

人的愤怒就像这个年轻人骑车一样，如果不减速的话，会越来越快，快到无法控制的时候，他会撞到任何一个地方去——哪怕前面没有卡车，他也会撞到一个拐弯时的马路旁边，或者栽倒在一颗小石子上面。

也并不是每一个将要遇见危险的人，都刚好会遇见一个老人摇着旗子喊"停下"。所以，就有了那些个年轻的杀人犯，他们在自己人生的十字路口付出了巨大的代价。

三、发现婴儿之美

有人说，我无法停止，我生气的时候，如果不把它发泄出来，我会生病的。

可是，难道发泄愤怒的暴力举动不是生病了吗？一个无法控制自己行为的人，就像是骑着一辆没有闸的自行车，你的愤怒越多，意味着你的速度越快，而且会越来越快，还没有一个可以控制的闸门。这意味着什么呢？如果你还在为自己找借口，如果你还没有闸门的话，危险就在不远处，就算这次没有，那么下次，或者下下次必然会到来。

否则这车子要怎么停下来？只有摔倒的方式。

就算你有一个类似于"出气筒"的装置，它也一定是有保质期的。这世上没有一样东西能够被永久使用！退一万步讲，就算你是例外的，有一个能使用一辈子并能当作遗产留给子孙的"出气筒"，可是在愤怒中风驰电掣地活着，这样的人生有任何意义吗？

另外，这愤怒对于人的健康来说，也是一个很大的敌人。据说脾气大的人一般活不长久，这是有科学根据的。哦，譬如你知道的，倪妮的侄子，那个贺南。如果不是因为愤怒的话，他就不会在20多岁的时候被执行死刑。这是题外话，真正的原因是愤怒会影响到人们身心的健康。

先停一下，让愤怒永不再来！愤怒是寄养在你心里面的寄生虫，然而，它现在做了你的主人。将来，它还会做孩子的主人。

谁会忍心把自己的孩子交给这样一个混乱暴力的寄生虫？它已经让人们

痛苦不堪了，已经带给了这世界极大的混乱与悲惨，难道还要继续吗？如果不想让自己的孩子生活在杀人犯当中，不想让自己的孩子成为杀人犯，我们，我们所有的成年人，都要正视这身体里面的寄生虫。

如果肚子里有蛔虫，人们会去找医生。如果身体里面有像愤怒这样的寄生虫，我们只要借助自己的力量去消灭它，并且，不要把这寄生虫传给自己的孩子，就像你不想把麻风病传给自己的孩子一样。

要停下来似乎不那么容易。但是，我们可以试着不再喂养这些愤怒。当内心烦躁不安时，当愤怒快要爆发的时候，不要大喊大叫，不要扔东西。像那个小姑娘一样，攥紧拳头站在那里，只是沉默一会儿，一小会儿。只需要三五分钟的时间，那愤怒就会消失了。

不要让愤怒抓住你的手，也别让它操控着你的舌头去恶语伤人。一旦让它抓住你，你就败给它了。连自己体内一个小小的寄生虫都打不过，你凭什么说自己很了不起？就算是这愤怒抓住你的手打伤了很多人，但最终失败的必然是你自己，而你的失败，仅仅是因为这个小小的寄生者。也可以说，你只是败给了一个小小的寄生虫，而你原本可以清除它的。

科学家们在物理实验中发现，单个的粒子，在某种形式下，会以波的形式活动。但是，当科学家用电子眼观察单个的粒子为什么会以波的形式存在时候，粒子居然就只是以粒子本身的形式存在！或者说，当用眼去看的时候，粒子就只是粒子；当不看的时候，它又会变成波。

那么，我们突然发怒的原因，会不会只是身体里的某个粒子突然受到某种刺激，形成了波一样的存在方式。它开始无限大地扩大膨胀，当它作用的范围越来越广的时候，普通人便无法控制这些波的能量，继而发怒发狂？

也就是说，当一个人气得快要发疯的时候，只是因为身体里面千万亿个粒子当中，有一个粒子的能量开始以波的形式开始无限大地膨胀。于是，我们经常听见有人说：我要气炸了！然后就开始发作。

而那些不断修行的人们，如一些禅修大师，是不是通过修为提高了自身的能量，然后便可以自主体内以任何形式存在的东西，包括"某单个粒子突然演变为波"呢？或者说，他们具有了像科学家一样的"观察波的电子眼"，只要去看，波就还是粒子。我不是科学家，也不是禅师，这仅仅是一个猜想。

让我来继续做梦。当心情平静的时候，没有人想要伤害别人！造成这么多、这么大伤害的，譬如小到伤人大到战争，只是一个小小的粒子！它很小，但是它比原子大。一个粒子包含着无数的原子，一个原子弹的爆发足以毁掉一个民族，何况这无数原子的爆发，足以毁掉一个人，或者千万个人。

一定数量的原子弹可能会毁掉月球，一个人本身包含了数以亿计的原子，所以，一个人的能量实际上比月球还要大！而且，人还可以把原子转化为能量。所以，作为人，我们不要小看自己，因为你本身所具备的能量比月球还大！好吧，我的梦做完了。也许有些人能找出这个梦里真实的部分，如果它有的话。

而我们的现实是，如果突然愤怒了，那么任何负面的事情都会发生，轻则摔砸东西、骂人，重则打人、杀人，过后就悔之不及。当然，如果杀了人，在执行死刑之后大概连后悔的机会也没有了。但是如果还不至于被判死刑的话，这次的愤怒爆发会成为一个伴随终生的噩梦，随时会跳出来咬住这个愤怒暴发之人的内心。这样的人生大概比判了死刑的人生好不了多少。

无疑的，没有人愿意做出伤害别人、伤害自己的事情。如果我们每天看新闻，而且还没有十分麻木，有时候会觉得这个世界不像是地球，更像是地狱。各种伤害与自我伤害时时在各个地方上演，不分种族、不分国界，而它们的发生都基于愤怒之上。

现在，你应该清楚了，这个寄生在我们体内的小不点竟有如此大的杀伤力，而且正在谋权篡位！你是不是和我有一样的想法：是时候该采取行动了——杀死体内的这些"寄生虫"！

我们会杀死一些动物，然后吃掉。因为很多人觉得，这些尸体的肉能滋养身体。但还有一种说法：人们开始吃肉，是因为在冰河时期，所有的植物全都死亡或处于沉睡状态，为了生存下去，不得已之下开始选择食肉。但是，在冰川期结束之后，人类已经习惯了吃肉，并且为了贪欲，为了某种"征服的快感"而继续猎杀，或者是为了某种时尚而猎杀。

我不知道杀死一只动物然后吃掉，会不会真的很滋养，但是我知道，如果杀死了愤怒，它一定会很滋养！试试看！如果你不知道如何去杀死这些"寄生虫"，那就向体内没有寄生虫的人学习，譬如这些天真无邪的婴孩们。

我家宝贝在酣睡中被电脑声"灯－等－等－灯"吵醒之后，她没有表现出不愉快，而是张开稚嫩的小口学习发出"灯－嗯－嗯－灯"的声音。在这个时期，她想要做的事情就是学习发音。她从不间断自己想要做的事情，哪怕在睡梦之中，或是被外物打断了酣睡之后。我学到的是：不要放弃梦想，哪怕在逆境当中，而逆境当中恰恰有更多值得学习的地方。

那个3岁多的小姑娘，她有感知自己正在生气的能力，但没有把情绪抛出来，只是攥着小拳头，静静地站了一会儿。或许她的内心并不平静，但是，她没有把愤怒抛出来制造更多的混乱，没有去喂养这个愤怒！她让我明白了愤怒的时候并不一定要大喊大叫伤害他人，或者损坏物品，可以选择更加优美、更有力量的应对方式。

大多数时候呢？当"一个小粒子开始以波的形式存在"，它们相互作用开始膨胀，于是这个人会气得"快要爆炸"，无法控制，然后被愤怒支配着双手去做一些愚蠢的事情！

停止！马上停止！控制你的身体，别动！别开口！就在这混乱当中去看着它，闭上眼睛，去看你的内在，你一定会找到它。当你看见它的时候，它就会像个小偷一般消失了。

虽然还没有杀死它，但是它消失了。就像下班回家看见有小偷，小偷跑掉了，而你保住了自己的财物。愤怒消失了，它没有抓住你的手，让你拿起刀棍做伤害别人和自己的事情，你会平静下来。非常好！但是这个小偷下次一定还会再来，而这也正是你找到它的机会。别动，别说话，闭上眼睛，审视你的内在，找到它所在的地方，再往前走一大步，就会体会到喜悦——平静的喜悦，不是收到礼物或吃到美味的喜悦，是平静的喜悦！更纯净！更持久！直到有一天，当你发现自己再也没有愤怒需要丢出来，慈悲的种子便开始茁壮发芽。

这个时候，我们才有资格作为一个监护人，去哺养教育我们的下一代。而在这一天到来之前，先从讲台上下来，开始虚心学习吧。首先，感谢这些来自天国生为人师的小婴孩们！然后，用心去听！用心去看！而这一切，不是为了其他人，只是为了拯救我们自己。

记住，当愤怒来临的时候，不要抗拒，只要不理它便是，它将自己消失。

不要抗拒！抗拒会使得对方更有力量。我说"杀死"愤怒，并不是要你拿一把刀，气势汹汹地去找一个叫作愤怒的东西，然后将它杀死。不必啦，你可以优雅一点，只要看着它，对它说："我不在意你。"当你开始不再理会它的时候，就是停止喂养它的时候。当你的愤怒没有了食物来源，它就会自然消失。

说清楚点，它只是利用了人们内在的能量。当愤怒消失时，你的内在能量将复归于你。所以，你会感到自己更有力量，更有方向感。若能充分利用我们内在的能量，人生将会改变，生活质量也将大为改善。

四、活着的重量

活着！这两个字很沉重。一个婴儿只能在患麻风病的监护人身边长大，因为没有其他健康的人可以哺养她，而这个麻风病人又不能眼睁睁地看着自己的孩子饿死，所以只好冒着孩子被传染的风险将其抚养大。那么，这个婴儿被传染是必然的！这就是活着。

1. "我还活着。"

一个声名显赫的人躺在医院的病床上，另一些人出于各自的目的来看他：一位官员想要他在决定升迁的介绍信上签字；他的两个哥哥则惦记着他的财产；一个沽名钓誉之辈想要与他合影；还有一个人出于朋友的道义来看他。

这个病人闭着眼睛一动不动，看上去似乎是死了。朋友伸手摸了一下他的鼻息，轻轻地问了一句："你还好吗？"病人睁开了眼睛，喘着气说："我还活着。"这样，也是活着！这个活着的人是苏珊的远方亲戚，她的叔叔，有钱有权，很年轻，却快要没命了。

对不起，苏珊！对不起，李悦！还有倪妮。你们的生活在我看来就叫活着。但是，我自己又何尝不是呢？还有你，事实上，我一直认为你拿在手里的不是剪刀，也不是尺子。因为它既没有剪刀的锋利，也没有尺子的准确，那更像是一把生了锈的锁，是让你蜷缩在自己的世界里，即便有匹配的钥匙也无法解开的锁。

不过，倒是有一件事值得庆贺：苏珊与她的男友最近结婚了。新郎很帅气，高学历，在某公司有个很不错的职位。李悦和倪妮在婚房里向苏珊表达了自己的"羡慕嫉妒恨",好一顿闹腾之后,生活复归于平静。

没过多久,苏珊的这位旁系亲戚去世了。据苏珊说,"从此门前冷落车马稀",叹了一声"世态炎凉"。

大街上,一眼望去,所有的成年人都行色匆匆,好像都很忙,少有人会停下来看看身边的人,观察一下周围的环境。人们都在关注着与自己有关的利益、感情或者其他。他们带着自己的烦恼、挫败、怨气奔波在下一个希望的路上。这些人里面,也许其中就有一个曾经想倚靠苏珊叔叔手里权力平步青云的人,现在,他带着同样的希望,奔赴下一个路口。

这希望对于一个职员来说,或许是一笔订单。他在担心,如果签不了怎么办,我搭上的时间、精力岂不都浪费了?若是这次订单签了,以后的生活会轻松一点。但是不会的,这笔订单签了之后,下一笔订单也随之到来,他的焦虑也将如期而至。或许,他的银行账户上数字在不断地变大,但焦虑也会越来越大。

因为,时间不等人,老之将至!这个身体也在奔波当中不再好用了。那他的人生呢?难道仅仅只是为了签几个订单?如果是这样,一个爬虫的生命都比较有意义一些,至少它的一生都在享受阳光和绿色。

关于我自己活着的情况,刚好有一件我和宝儿的事情与你分享一下。

一天,我无意当中说了一句:"啊,都快累死了。"说完这句话我顺便蹲下,然后我家宝儿拍着我的肩膀,看着我的眼睛,郑重其事地对我说:"妈妈,你不是死了,小蚯蚓死了,你是坏了。"她说"你不是死了"的时候,还一边摆着小手。

因为小家伙在公园里见识过一只死去的蚯蚓,所以她的概念里死是与蚯蚓联系在一起的,大概还觉得人是不会死的。她在厨房里见识过坏掉的馒头之类的,而我刚好那段时间过敏了,看起来有些相似,所以小家伙说我"坏了"。哈哈哈!

我的小家伙总能为我带来更多更纯粹的喜悦,感谢宝儿!但是,苏珊呢,叹一声门前冷落车马稀,人情淡薄若浮尘;倪妮则说世间最痛苦的事情,就是教育一群冥顽不灵的学生;李悦则说浮生一世,草木一秋,并借用网络用语"且行且珍惜"来自励。

2. 假如没有那么多钱……

或许，这些都只是普通人的普通生活。而那些权贵、富商们一定很幸福，他们想要什么就会有什么。为此，早些年曾经年轻的我有意做过些小小的调查。

一位身处"富贵圈子"里的朋友告诉我：他的一位好友在二十多年前已经身家十多个亿了，二十多年前的十多个亿那是很有钱的吧？在这个一夫一妻制的社会制度下，他拥有好几位妻子。他确实想要什么就有什么，甚至越过法律的红线就像随手擦掉粉笔画的线条一样。但就是这样一个人，正当壮年的时候，却选择了自杀。他一个个叫来自己的妻子们，告诉她们他的生活糟透了！这是多年前的我所不能理解的，所以印象特别深刻。

这个富翁的生活是众生梦寐以求的，要什么有什么。但是，正是这样的生活让他迷失并痛苦不堪。如果他是一位为了生活奋斗的穷人可能还好一些，因为至少会有看起来很美好的订单等着他去签。尽管那并不是生命的真美之所在，但是至少有梦可做。而这个富翁可怜到连个梦都没有。

随着经济的飞速发展，这样的例子也越来越多。经常会看到消息说某巨头、某富商如何解释幸福生活与金钱的关系，这种现象很普遍，说明绝不是偶然的。

无论你如何找借口去追求财富，这些例子都会以铁的事实告诉你：财富绝对不等同于幸福，有时候甚至会阻碍幸福。另外一些富翁的消息是关于死亡的，人们用这个来提醒自己，不要为了钱而卖命工作。这本来无可厚非，但是每天都有很多人死去，很多普通的人，他们的死从来不会被写在报纸上。可是没有人觉得这有什么不对。我们关注的，哦，打住，不谈这个。

有一个故事是这样的：

> 一个财主家里仆婢成群，而他的邻居是一对贫穷且快乐的夫妻。这对夫妻日出而作，日落而息，总是笑容满面，平日里歌声不断。于是财主的夫人对财主说："他们一无所有，但很快乐；我们家财万贯，却总是不开心。"

四、活着的重量

这位财主说:"你等着看,他们马上就不快乐了。"财主丢了两根金条在农夫的院子里。果然,第二天他们不再唱歌了。

农夫的妻子说:"这两根金条我们要拿它怎么办,去把它花掉吗?"

农夫说:"不行,我们从来没有过这么多钱,去花掉的话别人会以为是我们偷来的。为了不被人怀疑,我们要把它藏起来。"

从此以后,这对夫妻每天都在想把金条藏在哪里比较安全,提心吊胆地怕别人知道,同时,也担心有人偷走他们的金条,再也没有心情唱歌了。

这是大多数时候财富带给一些人的东西!当然,也有不少人能善用自己的财富,善待自己的人生,他们很快乐!

故事里的事情绝非虚构,因为它很快就发生在了苏珊和她的家人身上:

她死去的叔叔因为没有继承遗产的后代,所以,留下来的巨额财产理所当然地成为两个哥哥和家人的瓜分对象。其中一个哥哥是苏珊的父亲,他主张按照家族里的人数均分。但另一个哥哥不同意,因为这样他明显会吃亏。于是,家族里的斗争就开始了。

苏珊说:"看着他们这样为了钱吵来吵去,想想以前两家的亲密关系,心里真不是滋味。"

倪妮支持苏珊父亲的分配方式。

李悦开玩笑地说了一句:"这事得怪你那位死去的叔叔。"

苏珊很惊讶,还以为听错了:"你说什么?"

李悦说:"要不是他留下那么多钱,你们家就不会有这么多事,你现在也不必烦恼了。"

苏珊和倪妮同时"喊"了过去。

我一直沉默。李悦曾在私底下问我:"我发现你现在与以前不一样了,越来越不爱说话,你怎么了?"

是的,我怎么了?

说实话,我只是不想参与到诸如此类的事情的讨论之中。我只好告诉李悦:"没事,我最近有些累。"

这时候我突然意识到，有一天我会失去这些可爱的朋友们。而李悦也同时意识到了这一点，因为她知道我在说谎。当然也不是因为我要离开或者有其他状况发生，仅仅只是因为我们无法真正地与彼此在一起，难道就是要这样说一堆无用的话，大家一起凑凑热闹吗？也并不是她们不好，仅仅只是有某种更有力量的东西在吸引着我。

我还不知道那是什么，但是，它一直存在着，并且很吸引我！而这种东西，苏珊她们的世界里不会存在，她们关注的是奢侈品、明星八卦和升职加薪，还有自己的爱情。

与苏珊她们在一起的时候，我经常感觉自己处于游离状态，有时候会听不见她们说什么。我的注意力更多地集中在茶杯里的茶叶缓缓地浮上来，然后再沉下去；或者是小猫咪圆溜溜的眼睛里会变化的瞳孔；或者花盆里新长出来的嫩芽等事物上面。它们都会吸引我的注意力，但是我却听不见坐在我面前已十多年的闺密在说什么。不过，有一种声音是我在任何地方都能听见的，那就是我家小宝贝的声音。无论多么嘈杂的环境，我都能听见她对我说的每一句话。

当苏珊向我们这些"死党"抱怨家事的时候，我正盯着玻璃茶杯里的一片茶叶缓缓地上浮，过了一会儿，大概是吸足了水分，它又慢慢沉了下去。我觉得它就像苏珊家人的人生，她的叔叔在世时，巅峰时期，客人络绎不绝，请客送礼是要排队的。现在叔叔已经死去，正是下沉的时期。若是因为钱闹得不可开交的话，下沉的速度将会更快。

其实，苏珊家里不缺钱，但是叔叔账户上的巨额数字还是非常具有吸引力的，为此，她的父亲不惜赔上亲情道义。

3. 苦在哪儿呢？

拥有财富的人生也不过如此，有很多人都陷入某种不幸当中了。那普通老百姓会不会好一点？

有这样一些老人，他们拥有两至三套住房，儿女也都孝顺。也就是说，他们衣食无忧，身体健康，儿女们也都在身边。对任何家庭来说，这都应该是一种很幸福的模式。但是，老太太整天愁眉不展："老大结婚了；老二还没女朋友呢，都二十六七岁啦，真是愁死人了。什么时候才能抱上孙子啊？愁死了！"经常唉声叹气，有时候哭天抹泪，搞得整个家里上上下下紧张压抑。

原本可以幸福美满的日子，过得真叫一个惨！要说这手机真不是个好东西，它让人无处可藏。老人控制欲极强，一个电话打来，你干什么去了，都说什么了，都要查个清楚道个明白。该干什么呢？你个赶紧回来给我找个媳妇去……"不拉、不拉"一大堆。

儿子想哭："这找媳妇，也不是一天两天、一月半月就能搞定的事情啊！您这儿天天火气这么大，生气伤身不说，让我也压抑得要命啊！哪能有好心情去找媳妇呢！"

"啊！你还顶嘴！你个不肖子，我的命可真苦啊！"……

真是苦啊！比黄连还苦！

可是，苦在哪儿呢？没有一个实实在在的东西放在那里，说这就是苦。但是感受到的却真是黄连之苦。问题在哪儿呢？老太太说："我命很苦，人家儿孙绕膝，我到现在只有一个孙女，老二连女朋友都没有，什么时候才能结婚啊？我还等着抱孙子呢……我真是太苦了！"

看不见自己拥有的，只看见自己没有的，然后与人比较，但从来不与那些真正穷苦孤零的人比。这便是普通人的苦之所在！这样的老人现在有成千上万，他们用自己的不幸，给成千上万个家庭带来各种压抑和痛苦。有很多做子女的都想逃，而各种"逃"已经在全国范围内蔓延，甚至已经扩展到了国际范围。

有这么一个男孩，20多岁时对自己的父母说自己出国了，让父母在家等着自己衣锦还乡。父母安心地在家等了好几年，后来发现儿子正在国内的某个城市流浪着。或许，我们这一代很多人都曾有过这个想法。

而另外一个事情则引起了国际上的轰动：

2014年春节前夕，一位中国妈妈在澳洲某市报纸上登载了这样一条"广告"："给儿书，爸妈再也不逼你结婚了，回来过年吧！妈妈爱你！"原来这位老人总逼着自己的儿子赶紧结婚，于是，儿子便逃到了澳洲，不回家不说，连电话也不接，母亲想通过报纸的影响力找到自己的儿子，然后就有了这条广告。

这些父母爱子女的心是有目共睹的，但是爱得"令人发指"。他们恨不能安排好子女的一切，或者做一份时间表出来，人生到了哪一段该做什么事，甚至应该怎么做，全都安排好、注明白、写清楚。照着去做的便是好子女，稍有误差便气得跺脚。

这哪里是在对待自己的子女呢，分明是在下棋嘛。子女是手里的棋子，棋盘则是自己画的，规则也由自己定。看看隔壁大妈家的儿子是不是读博士了，好，我儿子也要读博士。我曾经想当一名画家但没当成，就让我儿子来当吧。这是我们自己的人生，而孩子们也许会有自己的想法，就算是下棋也有多种下法啊。

如果儿女是聋哑，或者有其他严重的残疾，父母这么做尚情有可原。但就算对重度残疾子女，也应该尊重一下他们自己的意见。有很多人对重度残疾人往往持一种"放弃"的态度，陪他活着便是了，其他事业、婚姻等就不怎么考虑了。因为他是残疾，没有人会愿意与他结婚。而创业，那更是不大可能的事情。

但是谁知道呢？也许有些人会愿意呢，也许这个残障的人想要正常的婚姻呢。而创业，有时候一个残疾人或许会比一个正常人做得更好。对于身体健康四肢健全的人，父母照顾得太多了！比对一个四肢不全的人照顾得还要多。

建议大家试试看，把这两个规则调换一下对象，一定不会有人再想着从家里逃离了。因为四肢健全的人自己会找到自己的生活，或许他找到的生活比父母安排的要好许多，也就没有了因为来自父母的压力太大而逃离家庭这一说了。而对于一个双腿残障的人来说，父母给的压力再大，他也无法逃离。这是个玩笑，你知道的，他也可以借助现代交通工具，飞到家人看不见的地方。

所以，我们这些当妈妈的人，无论有怎样的子女，请尊重他们自己的选择！所有的唠叨与命令式通牒，尤其是带着坏情绪的唠叨，真的不管用！疲劳轰炸式的施压更是作用相反，相信我们这一代人在这方面的体会是很深刻的。

因为我们所处的现代社会刚刚有了一定自由度,所以,习惯安稳和按部就班的父母们就产生了相当大的焦虑感。做后辈的若从这一点上考虑一下父母的话,情况可能会稍微好一点。

但是,若没有生活下去的技能,没有对这个世界的认识,一个莽撞无知的孩子在社会上是无法顺利生存的,做父母的就需要教给子女最基本的做人与处事的原则。而这些,在孩子们未成年之前就足够完成了。如果这部分做得很好,我们的孩子一定会有足够的能力安排与创造自己更好的未来。如果父母在这方面真的做得很好,那子女们一定会自觉按照父母的意愿开始生活。所有的父母都应该知道,儿女们成年之后,自己应该颐养天年,而不是苦巴巴地盯着子女哪步棋还没走。

4. 秉性的继承

为人子女的人,也将会为人父母。但是,我们究竟有没有意识到,我们与自己的父母是无二无别的。我们继承了父母的秉性,以及为人处事的方式。至少有一部分,甚至一大部分是从父母那里继承过来的。有这样一对父子:

> 爸爸开车带儿子出去,回家之后妈妈问儿子:"外面好玩吗?"
> 儿子说:"很好玩,我们遇见了两个混蛋,一个王八蛋和一个畜生。"
> 妈妈问爸爸是怎么回事,爸爸的脸一阵红一阵白地说:"哦,这个,外面堵车……"

如果有一个暴力的父亲,儿子一定是暴力的,因为当他年幼时就在父亲那里学会了用暴力"解决"问题。如果有一个强悍的母亲,女儿也一定比较强悍。如果妈妈的口头禅是"不行",她的宝贝孩子也一定会有同样的"口头禅"。对孩子来说,或许那不能称为"口头禅",他只是跟着妈妈生活,所以理所当然地沿袭了妈妈的习惯。

但是,习惯对人生的影响也是巨大的。

如果妈妈的口头禅是"你太差劲了",那孩子将来一定会有一个很差劲的世界。他还没有到自己养成口头禅的时候,他只是在学习,而就在这种无意识地学习当中,这个"不行"和"太差劲"会慢慢地渗透到孩子的心里。他不只学习语言习惯,还会养成本来属于监护者的行为习惯。甚至,他会接受你的思想意识。

在一个孩子的养育过程中,监护人会潜移默化地将自己的思维习惯、行为模式一股脑地传给孩子。所以,当妈妈的首先要注意自己的"口头禅",或者已经习惯了脱口而出的某句话。如果它是正能量的,譬如:"天气很糟,但是我心情很好啊!"这样的话就尽情地说吧。如果是负能量的,建议你三缄金口。

我经常看到母子或母女,他们往往非常形似,甚至神似!如走路的姿势、看人的眼神、说话的方式等,甚至连身材都非常非常接近。

这是真的!胖乎乎的妈妈往往带着一个圆滚滚的儿子,母亲瘦长女儿也胖不到哪里去。我在看到这样情形的两代人时,便挪不开眼神了。我想从他们身上找到一点不同的东西,结果往往是除了年龄之外发现不了其他差别。或许有,但那需要长时间的观察,而我与这些可爱的路人多是擦肩而过,虽然可以多回几次头,或者迎面再走一次,但观察时间还是太少了。

曾有一对瘦长的母女让我哑然失笑,她们如此相似,但不是像姐妹的那种相似,而是同一个人的不同年龄段同时活生生展开了,感觉非常奇妙。她们的五官、表情、眼神、身材,甚至眉毛、眼角、嘴角这些线条的走向都一样。

五官可以相似,可是一张十四五岁的脸和一张四五十岁的脸,两张脸上那几乎一模一样的表情,甚至是眉毛下弯的走向、嘴角与眼角的走向,形态与气场都非常相似,我惊叹,同时也好奇这是怎么做到的!我似乎一下子就从这个女儿身上看到了这位妈妈的过去,又从妈妈身上看到了这位十四五岁女孩的未来。

这种情形虽然不是太普遍它的存在却很有趣,并且很值得深思。我所看到的这种情形,一般是在孩子十八九岁之前,青春期左右的时候,更大一些则没怎么见过。也许是因为孩子们长大后不跟妈妈在一起生活了,或是这个孩子成年之后改变了自己。

还有一个原因也许是,我的人生还没有到那一个阶段,所以我看不见。

四、活着的重量

这是真的啊，人生处于每一个不同阶段，即便是相同的环境，看见的世界也不会相同。

譬如说孩童时代，看见的大多是跑来跑去的一群顽童。青年时代看见各种青春期的美女帅男，我相信大家房间里那些偶像的画一定是在青春期贴上去的。该恋爱了，几乎满大街都是单身男女或成双成对的恋人。结婚了几乎到处都是小夫妻。等到怀孕的时候，处处可见挺着肚子的孕妇。带着孩子上街，哈，好多带着孩子的人啊……

如果人生处于某一阶段的时候，我们就看不见处于其他阶段的人。当然并不是眼睛看不见，是我们的心对不相关的事物缺乏关注，所以它不会被大脑采集为信息。

孩子是父母生下来的，也是父母教出来的。可以说，除了环境，对人影响最深的就是自己的父母。我对自己还算满意，感谢父母——我希望自己的孩子将来也会这么说！但我对自己也有不满意的地方，我有种种缺点与弱点。我不希望自己的孩子将来携带着我的缺点和弱点生活，我希望她有更多喜悦、更多智慧、更完美的人生！

那么，我就不能把自己的缺点传给她，一定不能！我的缺点已经给自己造成了很多困扰，不能让它们继续困扰我的孩子了。可是，怎样才能做到呢？我的懦弱、内心容易被放大的恐惧、思前想后却做不了任何决定的踌躇、容易被外在环境改变的性格、对他人轻易施展的暴力言论及行为……

天哪！这么多的缺点，那我是如何对自己产生满意感觉的呢？我猜这是我体内的懒惰为我找的借口，因为它也寄生在我的身体里。

若要去除这些缺点，我必然要去除自己的惰性。现在，我不想把这些传给这个无邪无染、正在咯咯笑的小家伙。如果我想让她保持这样美好的笑声，就一定不能把这些负面的东西传给她！为了不让她学习到这些，我得把这些缺点与弱点都藏起来。

但是，正是这些东西构成了现在的我，这些懦弱、恐惧、暴力，以及无自主能力，它们构成了我，它们就是我！我又怎么能把自己藏起来呢？一不小心，它们中的某一个就跑出来了。

譬如说：突然有某个声音响起，或某个曾经让我有恐惧记忆的家伙再次出现，就好比一条曾经凶恶地对着我狂吠的狗突然出现，尽管它这次没有狂吠，但我的恐惧还是跑出来了；我是吃小米还是大米还是玉米呢？我又徘徊不定了；"妈妈，我吃很多很多饭是不是就可以像仙子一样长出翅膀？""是的"，这是谎言；我累了的时候，宝宝第 N 次尿湿了裤子，我的愤怒就要爆发了，它根本就不在心里衡量一下要不要发火，招呼都不打就爆发了。

当我发现这些我想藏起来的东西，招呼都不打就跑出来的时候，往往是我已经脸红脖子粗的时候，我很丑陋！宝宝很害怕！我正在剥夺一个 1 岁多孩童"尿裤子的权利"，甚至我发现，只要我发了脾气，小家伙这一天一定会多次尿裤子，这应该是恐惧已经占据了她小小心灵的缘故。

我感到深深的罪恶感！天啊！我如此无能，这与我的初衷完全背道而驰。我向她展示了愤怒，从而导致她内心产生了恐惧！而恐惧，正是愤怒的根源。如果我继续给她更多的恐惧，她将来的愤怒总有一天会爆发！而我，则是她内心里的愤怒这个寄生虫的共谋者。

我家宝儿 1 岁多点的时候，喜欢把自己的小手藏起来，然后我会假装惊讶地问："宝宝的小手呢，怎么不见了啊？我们来找找吧。"当我找不到的时候，小家伙就会高兴得哈哈大笑。但是你知道的，怎么可能会找不到呢？小家伙不可能真的把手藏起来。

就像宝宝无法将手藏起来一样，我也无法把我的弱点和缺点藏起来，它们就是我的一部分。我在哪儿，它们就在哪儿，藏起来的方法根本行不通！现在我无能为力，但不能仅仅只是表示一下无能为力就没事了！我的宝宝已经有了一些叫作"恐惧"的体验，如果这些体验的次数越来越多，她对这个世界的认识便会定格为"令人恐惧的"。而这一点传之于我，她的妈妈。我自称爱她，却教会她暴力的言语，让她感受恐惧的环境。

这不是我想要的，当然也不是任何一个妈妈想要对自己的孩子做的事。或者，就像宝儿所说那样，我确实是"坏了"，所以对自己的情绪无能为力。

> 一位年老的父亲对自己的儿子说："你不能再这么吊儿郎当下去了，不然以后你会后悔的。"
>
> 儿子问："那你现在后悔了吗？"

父母对孩子的影响至深至远，父母的言行和管教方式在孩子们的幼儿时期就已经奠定了他们未来一生的基石。所以，孩子的不幸百分之九十是父母造成的，孩子的幸福却并不一定是父母造就的，但是，它有一部分来源于父母。

身为父母，影响的不仅仅是自己的下一代，而是未来的子子孙孙，以及这个社会，因为每个孩子都是这个社会的组成部分。他们是否拥有幸福的人生，能否享受良好的社会状态，你，我，我们这些做父母的，都背负着重大的责任！

在你和我的身上，保留着我们父母的习性，以及他们对事物的习性反应和应对方式。以我为例，童年时对畏惧的体验，直接造成我成年之后面对上司时，内心的敬畏会被放大很多倍。之所以怕上司是因为怕自己的父母，其中包含着深深的恐惧。

在职场生涯里，我无法正确地面对自己的任何一位上司，对他们总有一种莫名的恐惧，这种恐惧在状态不好的时候尤其明显，我无法像其他人一样与上司进行正常沟通。

在我近十年的职业生涯中，我从未要求过领导为我加薪或者其他什么，就算是加薪似乎已经是情理之中的事了，我也没有勇气去要求。所以有时候会有这样的情况出现：领导会为我升职，薪水却保持不变。也许，上司有他自己的想法，但也或许他在等我找他去谈，然而我没有勇气，甚至没有这个意识。

对于常换工作的我来说，对所有一起工作过的上司最稳固不变的感觉就是敬畏！这太不正常了！尊敬上司理所当然，但是畏惧，实在有点说不过去，而且是莫名的畏惧，无论面对怎样的上司，我都会有这种畏惧感。

由此可想而知，我的工作生涯是多么失败。尽管我曾经被请回聘，也有上司肯定我的工作才能，但是在职场之路上，我却从未感觉顺利过。我只有一种感觉：我必须努力地工作，不能让他人产生不满，这成了唯一的要求。这种畏惧感使我与上司的沟通出现了很大的问题，而这一点直接导致我在职场上的完败。

我对上司的畏惧来自父母，我是如此敬畏他们！我对父母的习性反应被广泛应用到我的社会生活里。因为当我还是一个孩子的时候，我是从自己父母身上来认识这个世界的。社会是世界的缩影,而家庭则是社会的缩影。

我想,所有的孩子对世界的初步认识都是在自己的家庭里完成的。在孩子们年幼的时候,父母的一些比较暴力的言语或者行为,造成了他们心理上的习性反应。

科学家们已经对此做出了有力的验证:如果大脑里的某个记忆动作被多次重复,那么这个记忆回路就会被放大,就像有人不断地对自己重复说:这块面包太可怕了!太可怕了!并在内心里一再重复恐惧的感觉,重复到一定的次数之后,这个人再看到那个香喷喷的面包就会吓得想要躲起来。

在这里,我提起父母对我幼时的教育方式,一点也没有指责的意思。相反,我很感激他们对我的严格要求。正因为他们的严格,我才没有在这个世风日下的社会环境中堕落到无药可救。

我很理解他们的这种教育方式,在 20 世纪 70 年代,精神与物质都十分匮乏,他们要忙于一大家人的生计,为了让我们这些"顽劣的"、到处闯祸的、屡教不改的孩子们听话,暴力的言语或行动是最具效率的。父母也根本意识不到几十年之后,我们要为他们的行为埋单。

在恐惧中成长的孩子往往很难突破自己,大多数会陷入某种模式与教条之中。所以,现在当我有了自己的孩子,看到日益恶化的社会环境,我知道改变必须从当下开始。如果,你足够了解这个世界以及你自己,就会发现这种改变已经刻不容缓。但是,改变并不简单,可也没有想象中的那么难!甚至比继续现有的状态还要容易一些。毕竟这种改变会带我们进入幸福和喜悦的所在,总比拖着疲累与厌倦继续下去,或者因为痛苦而面临自杀要好许多!

恐惧这种东西很神奇,你不知道它从哪里来,也不知道它什么时候来。

但是,把自身携带的负向的东西藏起来是不可能的。我们也不能偷懒,仅仅只是把它藏起来,而是应该彻底清除它们。你也看到了,我试图把它们藏起来,但是在无意识当中,我把它们正在传给自己的宝贝女儿。不,不能这样!它们必须离开,或者杀死它们!杀死我们内心的愤怒、挫败、懒惰、自私、贪婪、无意识状态,等等。

5. 怎么保证孩子安全健康成长？

假设一个怀抱婴儿的母亲，遇见了一只狼，这个母亲一定会奋力杀死这只狼来保护自己的孩子。那现在，就让我们来一起杀死自己身体里的"寄生虫"吧。它们对于孩子们的影响远远大于一只狼。

一只狼只会吃掉一个人，但是这些自私贪婪、无意识状态则会毁掉整个社会！我很希望这只是自己的瞎猜。但是，我认为大家都能看得到，现在的世界充满混乱，由于自私，人们对他人财产的掠夺、对其他物种的掠杀、对土地资源的占有等暴力行为与思想已经到处蔓延疯长。

现代科技在高速发展，若要毁掉我们赖以生存的地球似乎也不在话下。就算是不使用科技、军事技术，仅仅是人们对地球资源的掠夺和污染，还有对其他物种生命的掠杀已足以毁灭人类自身了。

以前，没有听说过哪条河的水是不能喝的，但是现在，污染已经严重到喝自来水都不安全，有些土地在相当长的一段时间内已经长不出庄稼了。如果再继续下去，在不久的未来，饮用水也将会是一个大问题。在某地，因为石油管道泄漏已经出现了这种问题，一时之间桶装水成了被抢夺的对象。但是，桶装水真的全都很健康吗？

现在超市里的饮料琳琅满目，也效仿一下"可以食肉糜呀"：嘿，可以喝饮料啊。且不提糖分过多的饮料会对人们的身体有怎样的负面影响，饮料的成分也得有水吧，也需要安全的水源吧。

在我们这一代人的童年时代，所有被称为食物的东西都可以吃，随便哪条小溪里的水都能喝。那时候的食物种类远没有现在这么多，远远没有！而现在，在超市的货架上被称为食物的东西两眼望不到头，在广告里都以各种急切的声音说："吃我吧！吃我吧！"它们强行占据着人们的视线，诱惑着人们的胃口。

唉！我们需要吃这么多吗？需要这些味道的强烈刺激吗？如果真的关注食物，就应该看到已经有一些食品被列在不可食用的名单上了。食品制造业必须是良心企业，否则终会有一天，我们会被自己生产的食品毒死。

说起饮料，得说说我自己亲眼所见的两个小孩子，一个3岁多，一个4岁多。那天我带自家宝宝在游乐场玩，无意间听见两个年轻妈妈在说自己孩子的牙齿。一位妈妈说自己孩子的牙齿坏掉了，反复看了几次牙医也没看好，而费用已经花了一万多。巧得很，另外一位妈妈的女儿牙齿也有问题，而且更可怕，这位妈妈这么说："女儿满嘴的牙齿都不好，刚开始是坏了一颗，但很快所有的牙齿都开始出现问题。"

说实话，我真的很震惊！在我有限的常识里，一直认为只有极少数孩子才需要看牙医，可是现在一下就遇见了两个，甚至有一个满嘴没有一颗好牙。

震惊之余，我问她们是不是给孩子吃太多糖了。她们说没有。那是因为不刷牙吗？当然也不是。那到底是因为什么呢？其中一位妈妈说：可能是因为吃零食，大概只能是这个原因了啊。

不久之后，我又从一个牙医朋友处得知，一些饮料也是宝宝们牙齿坏掉的罪魁祸首。只能为之叹息！这些花花绿绿的食品正在残害孩子们的健康，而母亲们浑然不觉，还一再地要给孩子们"更多、更好"的。

关于牙齿的健康，中医认为与肾有密切的关系。糖伤脾胃，脾胃不好，肾自然会受影响。超市货架上的零食与饮料有几个不是糖分多多？所以妈妈们要知道，就算是你没有专门买糖给孩子们吃，零食和饮料里的糖分已经远远超出人体的需要了。

我曾经有一颗发炎的龋齿，给我带来多次、很大的痛苦。牙疼不是病，疼起来真要命！我深知其中滋味。这么大的痛苦让一个三四岁的孩子去忍受，真的不是件容易的事情。

而那两个我只见过一次的孩子，在我看来，她们很明显没有其他三四岁孩童应有的饱满婴儿肥，脸色偏黄，较瘦弱。一点都不像我家宝宝看起来皮肤白净、肉乎乎的样子。庆幸之余，我为那两个孩子感到痛惜！但是这样的孩子并不是少数，而且越来越多。因为大多数家长太忙了，他们没有时间去了解应该给孩子们吃什么。

那我们的"专家"呢？一次，我去拜访一位好友，他是一级营养师。他告诉我自己有很多营养又好吃的东西，并且跑到另一个房间打开冰箱，大声报上名头让我选："黄桃、蓝莓、草莓、芒果、水蜜桃、菠萝、鲜橙、哈密瓜……"

我想，真不愧是营养师啊，家里备的东西很齐全。

于是我说："随意，你拿什么我吃什么。"

然后听见他说："那我全都拿出来你自己挑吧。"

我正在惊讶他如何能把这么多好吃的东西一下子全都拿出来时，他出来了，把我对营养美食的期待一下子摔了个粉碎，他拿出来的是一版各种水果口味的酸奶！我一下子对营养师这个职称有了新了解，他们和某些自称为人师的人没有多大区别。

在一次食品行业的调查中，暗访的记者问一位速冻饺子制作者："这样的馅包出来的饺子能吃吗？"这位制作者大大方方地回答："反正我们自己不吃。"

真的让人很无语，反正我们自己不吃！这话怎么就说得那么理直气壮？说这话的人真的能把自己从这个世界里摘出来吗？若是真的可以，以后哪里有问题就把它直接摘掉好了，就像切除手术那样。但是，切除手术似乎也解决不了问题，我们经常会看到一个病人在切除了有病的器官之后，同样的病又出现在其他器官上。

在食品制造业，"反正我们自己不吃"是一个不是秘密的秘密。有非常多的食品制造商不吃自己造出来的东西。因为他们知道这些东西对健康没有好处，但是对自己的腰包有好处，贪欲使他们无法停下来。所以，现在各种食品堆满了各大超市的货架。

也许是我太敏感了，每次走过这些货架，我一点都不觉得这些是可以吃的东西，只觉得它们是一堆色素、各种味剂、防腐剂以及过期原料的呈现。吃东西是为了健康地活下去，如果这些东西反而会损害健康，谁还会拿这些东西来填自己的肚子？我并不反对方便速食品，它们确实为人们带来了方便。但是，如果为了方便而损害身体，那就是罪过了。

不是我太惜命，只是觉得，至少应该活得健康、死得其所吧？曾经有位学生因为经常吃杯装方便面，被方便面桶上的蜡送了命；有多少小女孩因为喝了太多的饮料而导致性早熟，而导致性早熟的催熟剂也正使用在各种新鲜瓜果上，而且数量超标、监管乏力；还有把工业原料用于食品制造、防不胜防的地沟油、猪圈一样的食品加工点，等等，食品制造业鱼龙混杂，消费者却没有火眼金睛。

为了健康，尽量少吃或不吃这些东西吧。也祈请食品制造者能早一天良心发现。我不想让自己的孩子因食品赔上健康，相信你也一样，所有为人父母的人都一样！

回头再看我们自己，审视一下内心深处，就会明白再也不能让孩子们重复这种千疮百孔的生活了。或者说，不能重复现代人类善变却又害怕改变的心，以及由此造成的种种矛盾；不能重复充满恐惧、占有、自私、贪婪的心路历程和冲突四起的社会状态，以及充满信任危机的人际关系。我们一定要让孩子们生活在一个任何人都可以信任、任何食物都可以放心食用的环境里。

很明显，我们不想要这些东西，但是它们发生了，正在各地、各种圈子、各种文化背景里发生着。天下所有为人父母者，我相信没有一个人愿意让自己的孩子生活在这种环境下，很多父母给孩子移民，可这根本是逃离，不是解决问题的办法！

改变需要一个过程，也许会显得比较难，但是一定是可行的。从我开始，从你开始，一定会有越来越多的人愿意改变。因为，我们所有的人，最基本的需求，便是一个安全干净的生活环境。不仅仅是食品的安全，还有心理上的安全。

有一个很单纯的孩子网购被骗后自杀了，遗留的字条上写着"社会黑暗"，这是新闻报道的真实事件。你怎么看这件事？难道我们只说一句他承受能力太弱就算完了吗？或者指责一下那个骗子就结束了吗？

不行！我们不能继续如此迟钝、冷漠下去，而且这指责也并不完全是公正的。我相信那个骗人的人，若能够以正当的手段谋取一份幸福生活的话，他绝不会选择去做一个可耻的骗子。不信问问看，律师和骗子他愿意选择哪一个？

有时候在新闻里看到有母亲或父母两人一起伤害虐待自己的孩子，我不认为他们是故意的。在他们的童年，一定经历过一些特别的事情，有一颗扭曲的心，就会有一个扭曲的家庭。但是，没有一个坏蛋、小偷、杀人犯是天生的，所有的人生下来都是一张白纸，单纯、简单。你画一轮太阳，就会有万丈光芒；画一道伤痕，必会有鲜血渗出。这是心灵成长的规律，也是世间万事的规律。

最近看到这样一则新闻：一对年轻夫妻共同贩卖亲生子被捕，而这位妈妈自己就曾经是弃婴！她一共有过三个孩子，第一个被丢弃，第二个还在身边，而第三个正是被卖掉的这个。

真的令人很心痛！我们不能去指责她什么，因为她同样是受害者！她为自己的行为痛哭流涕。但有多少人会去真正关注她小时候种下的被遗弃的种子？大多数人会在痛心之后继续自己的生活，包括我自己在内。还有一些人仅仅当作聚会上的谈资而已，因为这些痛苦似乎距离我们的生活很遥远。

对于新闻报道的这件事情，我想对所有曾经被遗弃的孩子们说："原谅你的母亲或者父亲！他们自己本来就是受害者，先于你受到伤害。他们自己所受的苦比你大多了，对你的作为，仅仅只是因为另一个人给了他们这样的种子。他们并不是真的想要遗弃你！没有父母想要遗弃自己的孩子！他们是无意识的，处于一种残缺的混乱状态。原谅他们！孩子，你是一个完整的人！你是一个具备完整爱人能力的人！从你这里开始，所有的伤口都将会被治愈！我完全相信，你们一定会做得更好。"

有时候我会疑惑，为什么很多人在面对另外一个生命时，感受不到在本质上是与自己一样的呢？后来我明白了，这与个人内在觉察力的强弱有关系。在这个世界上，没有谁愿意被抛弃，我们都不希望被侵犯，都希望在一个快乐的环境里幸福地生活。

一个心理觉察能力强大的人，会比较容易觉察到自己不想要的东西其他人也不想要，即"己所不欲，勿施于人"，同理心应是人类的社会本能。但那些心理觉察能力较弱的人会比迟钝，这些人的生命能量也较弱，来自外界的一点点伤害，足以摧毁他们的人生。辨别一个人的觉察能力，看看他对其他生命能感知多少便可有所了解。

6. 每一种生命都有觉知

据说，在很早很早以前，鱼的祖先像人一样生活在陆地上。鱼和人是好朋友，相处得很和谐。后来，人开始吃鱼，鱼就全部到海里生活了。但是，因为人的贪欲、执着，鱼们并没有彻底逃脱在案板上挣扎的命运。

没有任何生命愿意被毁灭，无论是人还是动物，都喜欢自由地活着。动物被囚禁时的眼泪、被宰杀时的惨叫、被虐待时的愤怒与恐惧，同样会发生在人的身上。动物与人一样，都是活蹦乱跳的生命，也会感觉到痛，会流出红色的血、透明的眼泪。

想想看，那些正在经历浩劫的成千上万的动物，那些蕴含着愤怒与恐惧的动物血肉！当我们自己被囚禁、被虐待、被宰杀的时候，又会怎么样呢？

如果我们通常认为，一只苍蝇是无知无觉的，它不会有痛感，不会有恐惧，那它为什么看见你的时候要躲开呢？尤其是当你拿起苍蝇拍的时候，它会躲得更快。这说明，它对你的想法和作为是有感知能力的。

从某方面来说，恐惧这个东西很强大，似乎无处不在，动物和植物对于恐惧都会有所反应。而自称为万物之灵的人，更是被恐惧控制得死死的。你不会看见一个从来没有过恐惧感受的人，如果有的话，或许是像佛陀和耶稣这样的人。他们极为少见！现有的地球生命加起来的总和里有一个这样的人，已经很难能可贵了。当然，也可能是我孤陋寡闻，有很多这样的人而我不知。那真是件好事呢。不管怎样，我们以及孩子们，没有谁愿意生活在恐惧中。

人之内心脆弱有如地鼠之胆小。恐惧就建立在人们的内心脆弱之上，而头脑的偏狭会强化这种感觉。一些莫名小事，或者不熟悉的事物，都会使人感到恐惧。当然更会因为恐吓、殴打、伤害而感到恐惧！

记得有一次，家里卫生间的灯坏了。我隐约看到洗面池里有一个长长的物体，我猜是梳子，头脑就认定它是梳子了。所以，当我摸到了圆圆的有些发软的牙刷柄，而不是瘦瘦的梳子时，心中居然升起一种难以名状的恐惧。

牙刷自然没什么可怖之处，但问题在于，我的大脑对于不熟悉的东西，为什么如此抗拒和惧怕？对于这个问题，我自己有一个很奇怪的推测：人之所以会害怕陌生的东西，大概是因为树敌太多的缘故。如果这世界到处都是朋友的话，我们是不是就不会害怕了？但愿有一天，人们会认识到这并不仅仅是一个猜想。

我说过而你也知道，会害怕的并不仅仅是我们人类，其他动物也会害怕。譬如狗、猫或一只小鸟，等等。它们和我们一样，是生命之树上的小物种，与我们有着相同的恐惧、同样的愤怒，一样的红色鲜血、一样的清亮眼泪。难道没有人意识到，仅仅这些就能说明我们本是同根生吗？

四、活着的重量

它们甚至会用自己的方式与人沟通,有一个报道说:一个工地的一群农民工养了一条狗叫虎子。一天,他们从外面捡来一只刚死去的狗炖肉吃。炖熟之后,工人们围在锅边准备吃肉,虎子却在旁边上蹿下跳地呜呜叫。工人们以为虎子也想吃肉,就扔给它了一块肉,但虎子不吃,依然呜呜地叫。

后来工人们不管虎子了,准备吃肉。却见虎子呜咽了一声,开始吃扔在地上的肉。不一会儿,虎子就开始抽搐,倒下去死了。原来,捡来的狗是被毒死的,虎子以它独有的敏锐早发现了,想阻止人们吃肉,但迟钝的人却无法领会虎子的意思,所以虎子只有用自己的死证明给人看。

如果你留意的话,你会发现很多动物的感人事迹,人们在地震、火灾、溺水时都得到过它们的帮助。

当然,它们也会向你求助。宝宝两岁多时,我们在小区的公园里遇见一只猫咪,它冲我和宝宝喵呜叫,并且跟着我们。我和宝宝停下来和它玩,猫咪就躺卧在宝宝的身边。宝宝趴着对猫咪说:"你要乖乖的啊,我们跟你玩儿。"然后猫咪就把它的小脑袋伸过来,在宝宝的腿上蹭了又蹭。它看见一个阿姨吃煮玉米时,马上站了起来,看着那个阿姨喵呜叫。它大概是饿了,肚子看起来瘪瘪的。于是阿姨剥玉米喂它,但猫咪不习惯吃煮玉米,只能用鼻子闻几下。

第二次遇见它是在同一个地方,它不像上次那么干净。它原是纯白色,这次看起来有些脏兮兮的,冲着我们喵呜叫。我开始意识到它也许是被遗弃了,于是我和宝宝就去买包子喂它,回来时却找不到了。

第三次，那天下雨，我想起了公园里的那只猫咪。北方四五月的雨天还是有些冷的，我不知道它要在哪里避雨，于是想去找找它，所以与宝宝一起穿上雨鞋打上伞就出发了。找了一圈儿没找到，我放弃了准备回家。我故意走曾经遇见它的那条路，期待着能再次遇见它，但同时并不抱任何希望。

但是，真是令人惊喜，我又看见它了，它正在雨里往前走。我叫了两声"咪咪"，它就开始向我们走过来。在我抱它回家的时候，它有些挣扎，但还是跟着我回家了。路上宝宝非常开心，不停地对猫咪说话："猫咪，别怕啊，我带你回家玩，给你好吃的。"就像是一个成年人在对一个孩子说话，不过声音还是奶声奶气的样子。现在，它的名字叫"咪咪"，是我们家里的一员。它知道怎么开门，会玩很多花样儿，带给我们很多快乐。

不只是虎子和咪咪带给我们帮助和快乐，还有其他很多的动物，只要你愿意留心，你会发现很多动物都能用各种方式向人们发出沟通的讯息。

但是，我们真的是太迟钝了，就像面对一个不曾谋面的陌生人一样，我们面对这些不能使用同一种语言沟通的动物们很冷漠。更多的时候，我们仅仅是把它们当作食物来看待。如果你想认识一下动物的恐惧，就去看看一只正在被摧残或被屠杀的猪、牛或羊吧，它们的惨叫、眼泪及鲜血，与你我无异！它们内心的恐惧，与你我无异！

如果，一个人在悲惨的鲜血及眼泪当中，都体会不到它们与我们有着相同的本质，那真的是铁石心肠了！难道还会有比一个人，或者一条狗、一只猫或猪的惨叫声更让人心悸不安的吗？人类的战争不知道源于什么时候，但是我想，大概是人们为了果腹去屠杀第一只动物的时候，战争的种子便埋下了。

而今越来越多的食肉者并不是为了生存而食肉，而是为了所谓"美食"带来的快感。事实证明，对于一个习惯素食的人来说，肉的味道是难以下咽的。所以，人类食肉极有可能只是一个习惯而不是需要，但还是有很多嗜好吃肉的人。其他动物的肉真的好吃？还是人类猎杀嗜肉已成习惯？

我是一个下厨的妈妈，对此，我的结论是这样的：人们在餐厅里优雅地"大鱼大肉"时，其实吃的并不是肉的味道，确切地说，他们吃的是各种调味品如花椒大料的味道。大家应该知道，餐馆里饭菜的口味有多重。在家里做饭则不必放太多的调味品，最基本的油盐就能炒出美味的菜肴。

也许是我不"擅长"炒菜,所以得出这种结论也未可知,毕竟比起专业的厨师,我这个为女儿下厨的妈妈要逊色很多。没有调味品的肉真的很难吃,蔬菜却不是这样,它本身就很美味,而且,各种蔬菜都有它独有的味道。

在我很小的时候,冬季的某一天,父母不在家,就我们兄妹仨,没有人会做饭。哥哥那个时候六七岁,在炭火旁煮了一搪瓷杯的肉,肉被切成了方块。煮熟之后,我们兄妹三人开始吃,没有放任何调味品,连盐都没有,真的超级难吃,我和妹妹都不想再吃第二口。但也许是因为做出了这么难吃的东西,哥哥想"消灭罪证",他让我们闭上眼睛吃。

于是,闭上眼睛吃肉的那个画面,以及难以下咽的味道永远地留在了我的脑海里,让我记住了没有调料的肉有多么难吃。小时候并不知道是因为没有调味品,只是单纯地以为肉是很难吃的。直到二十多年之后,我都以为肉是难以下咽的,所以很少吃肉,即便是放了很多调味品的"美味的肉"。

直到后来,我亲眼看见一只小狗在笼子里流眼泪,听见猪被宰杀时的挣扎与惨叫,看了纪录片《地球公民》,我哭着对自己说:"再也不吃肉了!"但是,家人反对我素食,一起吃饭的时候,他们常常给我碗里夹肉让我吃。直到后来我自主厨房,才开始彻底地断绝肉食。

如果你正好喜欢肉食,那也没有问题!我只是觉得你应该多了解一些食物与健康的关系,至少我们都需要一个健康的身体,然后才能谈得上幸福的生活。如果肉食使你健康,那一切都没有问题。但是,如果它对你的健康造成了负面的影响,那就有必要考虑一下你的选择了。毕竟我们可以吃的东西如此之多,可供选择的也如此之多。

人们已经被宠坏了,我们对自然资源的掠夺从来没有受到过阻拦,甚至已经发展到为所欲为的地步。任何一个人都可能是刽子手,屠杀并不一定非得发生在国家与国家的战场上,有时候在是人们的餐桌上,有时候是在商场里,有时候是在这社会所推崇的奢侈品上,譬如每一件漂亮的皮草后面,都有至少一起或多次的血腥屠杀。

为了孩子和未来,我们要自律,避免伤害其他生命。放弃对外在事物的狂热追逐,专注于完成对内在的自我生命的探索及完善。

这些对于我们来说并不陌生,在人类的历史上,对内在的自我生命的探索、完善或超越，曾经有过最为辉煌的壮举，并且远远超过所有现代科技为人们带来的利益。

顺便提一下，我的厨房从不做肉食，但我的宝贝很健康，与其他肉食或非素食的孩子相比毫不逊色，看起来也是肉乎乎的，但不肥胖。我的孩子极少生病，偶尔发个烧很快就会痊愈，根本不需要吃药。

现在养一个孩子真的不容易，妈妈们自己都觉得没有安全感，又怎么能给孩子提供应有的庇护？所以，我们做妈妈的，要懂得如何分辨哪些东西可以给孩子吃，哪些不可以。最好是妈妈受累，自己动手做给孩子吃。这一点儿也不难！为什么妈妈做的饭好吃？那是因为有爱的能量在里面。同理，一个女人应该怀着爱的心情做饭给自己的孩子吃。

7. 全职妈妈是孩子最好的庇护

孩子最好不要扔给保姆或者自己的父母，一个女人最好的职业是全职妈妈，不必像男人似的在职场上拼搏。一般情况下，一个三口之家有一个人赚钱基本上就可以养家了。全职妈妈是女人们已经做了几千年的职业，别轻易就丢掉，我们的孩子需要来自妈妈的抚慰和安全感。如果没有孩子就无所谓，但若是有了孩子，这个女人便是孩子最好的庇护所。

可是现在，很多事业型的妈妈把孩子交给保姆或者家里的老人。如果我们能够有非常专业的、真正能代替母亲能给予孩子安抚的保姆，倒也不是不可以。这样一来，对于保姆的要求会比较高。但是，目前的保姆市场连鱼龙混杂都谈不上，简直可以说清一色都是水军。也许会有一些较称职的保姆，但是问题在于保姆真的能替代母亲吗？

让老人带孩子会有更多问题。我经常在楼下的公园里看见一些带孩子的老人愁眉苦脸地坐在椅子上捶着腰背，小孩子就坐在旁边，脸上也没有笑容。当然，也有一些兴高采烈地带孩子的老人，但那些捶着腰背的老人让我感到心酸，而旁边表情木然的孩子更是令人心疼。

有一次，我看见一位老太太手上拿着一根布条做成的绳子，另一端是一个背着书包的四五岁小男孩，那绳子就拴在书包的背带上。小男孩在玩水池

四、活着的重量

里的水,一不小心将脱下来的衣服掉进了水塘里。这位老太太"啪"的一巴掌拍了小男孩一下,孩子哭了。

老人将衣服从水里捞上来,训斥孩子并且将玩水的小木棍抢夺下来扔进了水塘。小男孩依然大哭,并且挣扎着要跑,但因为老太太手里拽着绳子根本就跑不开,他就这样徒劳地挣扎着。老太太开始收拾椅子上的东西,手里拽着的绳子一不小心被孩子挣脱了,孩子跑到十多米外,也许因为环境陌生所以也没敢再跑,站在原地又哭了起来。

而老太太大概知道孩子不会跑远,并没有去追,她依然慢慢地甚至是有些优雅地收拾着,把一些水瓶、奶瓶、零食什么的放进腰上的"妈咪包"里,把湿衣服放进袋子里,然后,她向围观的人解释为什么孙子会哭闹。直到有人善意地提醒她快去看孩子时,她才走过去牵起了那根绳子。

整个过程令人心情沉重,我们的天使来到这个世界,就这样被一根绳子拴了起来。老太太的绳子是有形的,而其他更多的绳子是无形的,这些无形的绳子是我们监护人已经形成的一些观念、习惯,甚至是我们对孩子的期望,它们总是影响着孩子们,让他们想跑的时候困难重重。

孩子在出生后的最初几年里,都离不开与妈妈的连接感。所以,当脐带剪断之后,请妈妈们用拥抱继续母子之间的连接。你当然会发现,孩子是世界上最美的所在。但是,也请你记住,他们还是最好的老师,会带着你回归本质。也就是说，孩子是监护者找到生命本质的机会。如果愿意用心的话，就让孩子做你的老师吧。

现在，有很多全职妈妈陷入了困惑，她们不知道该怎么教育自己的孩子。有太多种方法、太多种说法。这其实是一件好事，说明现在普遍重视这个事情。

但是，无论哪一种方法，我们永远需要记住的是：不要把自己的病传染给孩子们。如果感到了疲累、厌倦、愤怒等，就是你要生病的症状。先把自己清理干净，然后再教小天使们。

一位禅师说过："当人有自他分别心的时候，就开始只关心自己，而其他的都变成了他，与我没有直接关系的他。"正是因此，个人的自私、冷酷就开始了，现在的世界也开始了，人们疲于奔命，互相指责、争吵、掠夺，甚至大打出手。

只有那些真正懂得什么是爱的人，才能体味到生活的美好，并得到幸福的人生。如果你正在掠夺的泥潭里挣扎；如果你能意识到这种毫无节制的掠夺带给所有人，包括带给我们自己的只有痛苦；如果你希望怀抱中可爱的宝宝不再重复我们正在经历的痛苦，那就必须以全新的眼光来看待这个世界，来认识周围的人和事，不要用以往的习性去影响孩子。因为他们将是新的社会构成者、世界的改变者。

停止对孩子的习惯性控制！他只是通过我们来到了这个世界，而不是我们的私有财产，也不是我们的梦想实现者，他将会有自己的梦想。

请收起或杀死寄生在你身体里的愤怒！孩子不是我们的出气筒，这愤怒会污染了他。

请收起你的自私与贪婪！我们已经自私、贪婪很多年了，它们除了让我们陷入混乱与不幸，并没有带给我们期望的幸福。如果你还不明白的话，那么，看看我们现在呼吸的空气，它就是人类贪婪的副产品。

就算你赚了很多钱，但你可以不用呼吸吗？就算我们自己不呼吸了，我们的孩子还要呼吸，孩子的孩子也需要呼吸。所以，别把这些传给我们的下一代了！孩子们从生下来就处于这样一个被我们污染了的世界，已经很不幸了。

再说一个真实的故事，让你看看我们的孩子天生是怎么样的。宝宝1岁半左右时的一个夏天，我看见小家伙白白净净的小肚皮吃得圆滚滚的，就想逗逗她，于是我说："妈妈饿了，给妈妈吃一口小肚肚好不好。"

小家伙看着我，瞪着圆圆的眼睛奶声奶气地说："好的，你吃吧。"于是我就轻轻咬了口小肚皮，小家伙咯咯地笑了起来。

我本以为就这样结束了，没想到小家伙伸出自己的胳膊，很认真地看着我："痒痒，那你吃胳膊吧。"我咬了口小胳膊，她又笑了，然后伸出了腿："你吃腿吧。"

对我们来说，这是个玩笑，但是对孩子们来说，如果能吃，你就把我吃了吧……孩子们的无私天性无须多说了。

婴孩们拥有的并不仅仅是可爱、无私和纯净，还有比成人强很多倍的抵抗力。

在心理上，他们没有成年人所共有的那种贪婪与狡诈，没有做作、势利及其他很多杂念，他们天生优雅。在生理上，他们每天蹦跶不停却不会喊累，哭了很长时间嗓子却不会哑，眼睛也不肿，就是偶尔发烧，精神头也不差，依然蹦跳玩闹不止。

为什么很多医生看不到这些，是谁说婴儿的抵抗力比成年人差？一个成年人每天蹦跳不止试试看；偶尔哭一次，眼睛就肿得像个桃子；如果感冒发烧就连普通的工作都无法完成了。

有一次，家里有人在外面感染了病毒性感冒，这种感冒比较容易传染。我们都担心小家伙会被传染。但情况恰恰相反，一个多星期后，家里的三个大人相继被传染，而小家伙才有了一点点流鼻涕的症状。我马上给她换了一个环境，不到两天就好了。

后来有好几次，我自己感冒了，我在没有吃药只是勤洗手脸的情况下，宝宝竟然一次都没有被传染过，虽然她每天都要与我共处一室，亲密接触。到现在为止，小家伙只有过几次不太严重的发烧，而每次只有一两天，甚至只需要一个夜晚就痊愈了。

我想告诉妈妈们，如果孩子生病发烧了，不要着急，注意观察孩子的精神情况，家里备好温度计，不时量量体温，在38°—39°之间可用物理降温，若长时间超过39°再去找医生。我这是保守的说法，我家宝宝偶尔烧到了40°，当然不是长时间的，一般情况下，只要护理得当，并密切观察，孩子都会自行痊愈，并不需要医药干预。

但是，这需要你像科学家观察培养皿一样观察自己的孩子，并多了解一些这方面的知识。别轻易给孩子吃药打吊瓶，尤其是含有抗生素的药！当孩子生病的时候，要冷静并相信你自己能照顾好他，而且要相信你的孩子有足够的抵抗病毒的能力。一般小婴孩不会有什么大病，不必紧张，有中医讲，7岁之前的孩子是不用吃药的。但如果是连续高烧三天以上的，还是去看医生较妥当些。

8. 清理自身，给出真爱

面对纯洁无染的婴孩，再反观一下自己，就会知道我们有太多东西需要清理。我们一直以来的习惯、秉性、僵化的观念，等等。

若是真爱你怀抱中的婴儿，请现在开始学习爱，并且用真正的爱来对待孩子，无论是在生理层面还是在心理层面。试着去理解孩子，并把爱传递给他们。

如果做到这些，相信这个世界会因此而发生改变。我们也会从中体会到人生的意义所在，将会得到所有人都在追求的幸福！这不是高谈阔论，是完全可以做到的！如果我们有足够的生活阅历，就应该知道自己该干什么。

在我们现有的模式当中，我们品尝过掠夺或者被掠夺的滋味，无论是哪一个，都不是什么好滋味。所以从现在开始，停止毫无节制的掠夺和占有！停止你的贪婪！它比你手里的剪刀更加可怕。在平等真诚的相待中，你会找到幸福。

也许，很多人已经深陷其中，回天乏力，那么，请至少对自己可爱的孩子展现真正的爱，别用或尽量别用以往的习气去影响他。让孩子们做他们自己，而不是另外一个版本的你！

有这样一个笑话：某位总裁突然接到一封加急电报，电文是"母亲去世，父亲病危，望速归"。阅毕，总裁痛不欲生，边哭边在电报回单上签字。邮递员接过回单一看，竟是"同意"二字。笑话可能是杜撰的，但在现实生活中，这种惯性而为的事情就不仅仅是笑话了。

人其实是非常可怜的动物，用大脑思考然后决定自己的行为。但大脑是被习惯奴役着的，所以人们说，想要什么样的生活，就得养成什么样的习惯。习惯这个东西很容易养成并渗透到生活中，要改掉并不那么容易。

人在漫长的掠杀生涯中，已经将掠夺习惯化、本能化。战争是比较明目张胆的对土地、矿产等资源的争夺，是对他人生命的无视与残杀！而在非战争年代，人们则掠夺其他东西：金钱、权利、性，占有另一个人或物。这种掠夺渗透在各行各业的竞争当中、在权力的追逐当中、在人际的交往之中，甚至它会巧妙地隐藏于爱情当中。纵观人类史，就是一部掠夺与被掠夺的血泪史。

来看看我们所推崇的爱情：

我爱你。所以从今天开始，你是我的人了，直到永远。

永远是个模糊的概念，没有一个人知道永远到底是多长时间。但是，在荷尔蒙的作用下，人很容易用"永远"这个词来许诺。人与人在爱情层面的相处，以我有限的经验看来，最长也就一辈子，且没有人能知道这辈子是多久。而在快餐文化的影响下，一辈子的爱情已经非常奢侈了。

这句话里最不重要的也许就是"永远"这个词，可人们往往会被这个词所吸引，难道是因为它的不靠谱吗？这对于习惯寻找"安全感"的人来说，有点不太寻常。

其实这句话里最真实的成分是："你是我的人，你要听我的话，我说往东就得往东，因为我的家在东方。我才不管你是在西方长大的，也不去管其实你更适合西方的生活。"但是对于听的那个人来说，那个"永远"成了最吸引人的东西，他会觉得两个人之间暂时的甜蜜爱情会永远持续下去。

我爱你，我要你陪我，我希望你每天都在我身边。

我要你陪我，在我想你的时候，在我感觉孤单、需要安慰的时候，在我空闲无聊的时候，你要来填补我的空虚。因为我们相爱，所以，我需要你的时候，你得出现在我身边，不然我便用猜疑和忌妒烦死你。你要每天都在我身边，我非常依赖我们在一起的感觉，没有你我会整天觉得不自在，类似上瘾的感觉。所以，无论你有多重要的事情，最好全都放下来陪我。除了我，你所有的事情都不重要。

因为我爱你,所以你不能和其他女人(男人)在一起,如果让我看见你与她(他)一起吃饭聊天,我会很伤心。

虽然这个世界有一半是男人,另外一半是女人,但你不能与其他异性在一起,看到你们一起吃饭了,看到你们聊天很开心,我就会觉得很难过。你背叛我了!你这个叛徒!你与其他异性在一起的时候绝对不能很开心,你只能与我一起开心,不然我就猜疑和忌妒。

以上种种,是我们以爱情为名义的掠夺。我们给一个人贴上标签:这是我妻子或者丈夫。从此以后他(她)得围着你转了。往往是较弱的一方围着较强的一方转,较弱一方为较强一方的各种需要做出让步(也有较强一方让步于弱方的,通常那是具备较强正能量的一方会让着弱方,他们将会有幸福的生活)。

爱情不可能永远,日子倒是可能永远下去。人的一生本是有限的,爱情更是昙花一现,当激情消退,彼此都没有了"一日不见如隔三秋"之感后,于平淡之中更显默契的才叫夫妻,但更多的是于平淡之中彼此伤害的冤家。

结婚了,除了工作或者包括工作,你所有的一切都要在我的掌控之中。你现在是"我的"妻子或者"我的"老公,你不再是某某人,你的表现得让我满意,不然这日子就不好过。你以往的习惯最好改掉,因为我受不了。我不喜欢你听的音乐,也不赞同你看的书。啊哈!你还看漫画,你怎么能看这么幼稚的东西。你最好通通都给我改掉,你只要做好"我的"妻子或老公就可以了,我对你的要求真的不高!

噢,我喜欢这些音乐,我喜欢这些书,它们构成我灵魂的一部分。我相信我所看到的或体验到的,我也相信不曾看到或体验到的。正是它们构成了我,要我通通全扔掉,你是要杀死我吗?

这是婚姻中的掠夺,如果有一方很暴力,那么人格与尊严也早晚会被夺走(虽然在某种状态下有些东西被夺走并不是坏事)。除非你从此城池失守、任人宰割,并在其中找到活下去的意义,否则,人生将从此在忍耐中走向崩溃,或者在争吵中走向死亡。而这样的人生已经被很多人重复着走过很多个

四、活着的重量

世纪了,现在正愈演愈烈,还将持续很多个世纪。

有没有另外一种婚姻模式?彼此尊重,互相给予并完善对方;没有争吵,没有嫉妒,且对彼此所有与自己不同之处给予尊重与方便;分享彼此人生中的每个体验,给予对方勇气,走向共同或并不相同的目标,一起面对生命的起落……一定是有的,绝对会有,但应该比凤毛麟角还少。尤其在现今社会,绝大多数人都属于前者。

人与人之间是有差别的,但是几乎所有的人都有自以为是的一面,再加上人生追求的不同,生活习惯与成长背景的不同,所以矛盾无法避免。有时候单独一个人都会在两种选择之间摇摆不定,更何况是两个完全不同的人之间。如果没有宽容与理解,婚姻生活注定不会幸福。

欲望对灵魂说:"来吧,牵我的手,我给你想要的一切……"

灵魂对欲望说:"我想去往幸福的所在。"

欲望对灵魂说:"什么是幸福的所在,它像权力一样吗?或者像金钱一样吗?"

灵魂:"哦……"

欲望:"你说什么?我没听见。快点来吧!宴会就要开始了。"

欲望与灵魂是孪生兄弟,他们同时降临这个世界,欲望是哥哥,灵魂是弟弟。他们正在去往参加盛宴的路上。哥哥非常自以为是,他清楚这世间所有利益的运作模式以及如何得到它们,这是他非常得意的地方。他正在心里盘算着,如何在这次盛宴上得到最大的利益。而作为弟弟的灵魂,似乎对这一切并不感兴趣。哥哥非常看不起弟弟有时候傻傻的样子,经常对弟弟说:"你总是这样慢吞吞的,真让人受不了!"

灵魂总是嘿嘿一笑,然后跟着哥哥继续往前走。唉,谁让欲望比灵魂大呢?俗话说官大一级压死人,人大一辈也压人啊。长兄为父,所以灵魂总是跟在欲望的身后随他一起去任何地方。

欲望总是风风火火的样子,而他的生活也过得风生水起,因为他擅长积累财富和权力。因此,他几乎像个帝王一样,拥有这个世界上的很多宝物。但是,他却经常被事情拖着走。就是说,从实际意义上讲，他就像一个没有自由的人。虽然他富可敌国，但是，总是有这样、那样的事情需要他去处理。世界很大，事情很多，欲望苦于分身无术，而他的弟弟似乎也帮不了什么忙。弟弟总是闲伴清风看月明，哥哥就是看不上他，可无奈于两人本是同根生，所以也只好照顾他，天南地北地带着他走，并不期望弟弟能帮助自己。

到宴会地点了。哥哥在门外什么都看不见，没有一个人，也没有音乐、鲜花，连个服务生都没有。哥哥觉得很奇怪，他让弟弟先进去看看。

弟弟进去不久："哥哥，快来啊，这里……"

哥哥探头看了一下，什么都没有，漆黑一片。

又听见弟弟在叫："哥哥，进来吧。这里……"

哥哥："你说什么？我听不见啊。"

弟弟："进来吧，这里……"

哥哥："我看不见，把你的手伸给我。"

弟弟伸出一只手，哥哥进入那一片黑暗，他什么都看不见，有些害怕。但是弟弟却好像轻车熟路的样子。哥哥问弟弟："这是什么地方？"

弟弟说："别怕，这里是美丽的死亡之所。来吧，牵我的手，我带你去你想去的地方。"

……

在这世界上，有一个无法停止的轮子，它的名字叫欲望。有时候它披着幸福的外衣，但是它与幸福毫无关系。人们要是一直跟随这个轮子的话，甚至会发现它让幸福渐去渐远。如果可以的话，我们需要改变一下人生方向，不再被那个轮子拖着走下去。

我和苏珊的联系，在早一些时候没有任何原因就中断了。我们不再联系彼此，她的号码在我的手机里安静地躺了两年多时间。同时，或许是因为有了宝宝的缘故，我对孩子的关注自然要多一些。李悦和倪妮也渐渐淡出我的生活，她们忙于工作，也忙于各地游玩，现代生活交通便利，世界也很大，全球各地飞。

四、活着的重量

我们的交往很长一段时间只限于在"朋友圈"里点个赞。现代科技让人们随时随地可以看见彼此,但是,也正是科技让人们心灵之间的距离越来越远。

我们坐在一起讨论"真理"的那个年代已经渐去渐远,也不再单纯地为了照顾某个人的情绪而做些什么。大家都有自己的很多事情要应付,有很多梦想要实现。有时候,我会在桌灯昏黄的时候,想念我们的闺密时代,感激她们为我做过的一切!我很清楚那个时代已经结束了,除了朋友圈里偶尔看见她们晒的照片以外,我们不再见面深谈。我的闺密们在宝宝慢慢长大的日子里,真正退出了我的生活。不知道什么时候,我的生活里几乎就只剩下这个说话吐字不清的小家伙了。

而且,在这本书里,无论是苏珊、倪妮,还是李悦或者我和宝宝,都不是主角。你只要稍稍留心一下,或许已经发现这里出现最频繁的是"你"。没错,就是正在看书的你!无论苏珊她们怎样或者我和宝宝怎样,那都是为了给你呈现一些东西。

或者说,这是一个关于你和我的事件。请相信我!我对你毫无恶意,请允许我带着你,从超越"你、我"的角度去看看这世界的存在,请你准备好自己!

五、消灭愤怒，春暖花开

如果生病了，那个病是无法藏起来的。就像愤怒一样，虽然它是寄生的，但已成为我的一部分，所以我曾经想藏但没有办到。它就像个影子，有一点点光线便会溜出来，而我在无意识当中把它传授给了自己的孩子。我希望她保留无邪的笑声，保留纯真，保留带给人们快乐的能量，但我无意识的言行等于是在用自己的方式扼杀着这些美好的东西。

1. 给自己的心灵做个大扫除

不，不能这样！

我意识到问题的严重性！藏起来根本不可能，我只好尝试着改变自己，我必须改变自己！若是改变的话，我就得保持警惕，不让自己陷入以往的经验和习气当中。

我从外在的任何小缺点开始大扫除，并尝试着对任何一个能看到的人慈悲一点。我希望自己这一点点的慈悲，能够散发、扩展到可以完全慈悲地对待自己的女儿。我保持家里干净卫生，这可以增强我对愉悦的感受。

很快，我就惊喜地发现，改变自己其实比隐藏自己的缺点要容易太多了，而且能得到更多的快乐！它让我在更多的时候生活在喜悦之中。

而要做到这些，真的很简单！

首先，我让自己明白：恐惧不在周围环境之中——不在黑暗中，不在房间的角落，也不在黑暗中的阳台上——它来自我的心里。实际上，准确点说并不是"我让自己明白"的。刚开始的时候，我只是给自己一点点引导，那只是意识层面上的一点点东西。

但是,突然有一天,它就那么发生了,那是一次非常真实的内心体验:一个阳光明媚的日子,房间里光线充足,家养的阔叶绿植刚刚抽出嫩绿泛黄的枝条,一切都很惬意!突然,我感觉到内心深处有一个紧紧揪在一起、好像悬吊着的地方,我切实地感受到那里有个不大不小的东西叫作恐惧,它就存在于我的心里,而不在外面的任何事物上。几乎同时,我感觉到它消失了,就好像一团烟雾散去一样。也是差不多同时,我感觉到内心愈加宽敞明亮。

那天以后,我再也不怕黑了,晚上关灯之后我敢在房间里走动了,外面有任何异响,我也不会怕得瑟瑟发抖,我能够分辨那是什么声音,以及它是从哪里来的。以往关灯之后我会瑟缩在被子里不敢动弹,现在的这种体验美妙极了!在我心中,有一个叫作恐惧的东西瓦解了,心不再紧绷,开始变得柔软。

我开始自然而然地微笑,外面的一切都那么美,以至于才刚刚两岁的宝宝经常会问:"妈妈,你笑什么呢?"我说:"妈妈很高兴。"

是的,我的心不再紧绷着并变得柔软后,就更加敏锐了。它让我看见湛蓝的天空、绿地上的各种小生命,还有很多老人的微笑,以及快递员的热情与礼貌,一切都美妙极了。以往我也能看到这些,但是感受不一样。以前看到的好像褪色的老照片,而现在看到的是有明亮色彩的鲜活的存在。

以前,也许我在笑、在吃饭,或与宝宝疯玩,似乎很开心,但内心有恐惧,或者愤怒伺机而动,稍不注意它们便会自己跑出来。而现在,我的心变得更加宽广,再也不会轻易地发脾气。

有那么一段时间,小家伙迷恋上了自己动手解衣扣,有时候会在我不知情的情况下,把上衣全脱光,刚好是冬天,还好房间里不冷。小家伙把自己上衣脱光后,会要求我帮她穿上,然后再次脱掉,如此反复。为了有更多的时间做自己的事,我把她所有系扣的衣服给她穿在身上,还加上我自己的两件衬衣。有时候给她最多穿七件,其中有两件小薄棉袄,直穿到她的两只小胳膊像个小木偶似的架起来无法自然下垂,来延长她解扣的时间。

可是,她很快就都解开了,然后抱着一堆衣服跑来要我再帮她穿上。这意味着每两三分钟左右,我就要被一个光着上半身的小家伙打断,然后再把她穿成一个衣角长短不齐、"虎背熊腰"的小圆球。有时候这种情形会持续一个上午,也就是说,如果这个上午我需要码点字儿,那么每两分钟左右就会被打断一次。

要是以前,我一定会生气,然后试图用其他东西吸引小家伙的注意力,并且她会抗拒,会浪费更多的时间和精力,整个上午便什么都干不成了。但是现在,我一点都不生气了:一个露着小肚皮、光着小胳膊的肉乎乎的小家伙,瞪着漆黑的眸子,奶声奶气地对我说:"请妈妈帮忙穿衣服。"这是多么美妙的事情!而一遍遍地重复这些美妙,是一件很快乐的事。在很快乐的状态下,任何事情都可以变得很美好。我完全可以停下来一小会儿,然后接着开始。

嗯,你现在阅读的这本书就是这样码出来的。不仅仅是这件事情,还有其他一些以往接受不了的事,现在我完全可以微笑着面对。

我想,我之所以能够接受以前接受不了的事情,一定是因为那个恐惧生理性地从我身体里消失后腾出了一些空间,让我能够容纳另外一些事情了。也就是说,那些愤怒曾经是我的一部分,现在它死了,也等于是我的一部分死了。我对此深感庆幸,事实上,在我遇见这次死亡之前,我从未活过!

我的这次真实体验说明,我们内心里的污渍是可以祛除的。也就是说,愤怒这个寄生虫是可以被杀死的,并且很简单,连我都能做到,那么每一个人都可以做到。当你清理掉恐惧、无所畏惧的时候,思想会更加明晰,在一个明晰不混乱的状态下,遇见任何事情都会直接看到它的本质——在本质面前,愤怒无所遁形。

所有的妈妈都希望自己的宝宝能脱离我们旧有的一些负面习性。我认为最好的方式,是不要给她旧有习性的种子,而我们就是这旧有习性种子的携带者。

但是,我们是可以转化的,当我们自己完成了转化,便没有了坏习性的种子传给孩子们。那么自然而然的,孩子们从我们这里接受的,就是较好的习性,长大以后便不会看到上司就紧张畏惧,也不会稍不如意就大动肝火。如果这个孩子刚好具备很好的工作能力,他的职场生涯将必然走向成功,这正是我们所有父母的共同心愿。

同样的，若是我们教会孩子们做人的本分，教会他们诚实、正直、富有爱心、信奉良心，那么，在未来的社会里，坑蒙拐骗将会消失，强者会帮助弱者而不是欺负他们，也不会有垃圾食品制造商，而药品也将真正为健康服务而不会为了谋利而置人于死地。如果每个人都恪守本分，我们才能够保护自己的孩子不被食物所毒害、不被坏人欺骗、不会在战争中惨死。但是，想要保证每个人都能恪守本分，我们自己要先做到才是。

现在就必须开始！

2. 习性的种子

一个人在沙漠里迷路了，他渴极了，皮肤开始干裂，甚至出现了幻觉。他要去寻找水源，但是毫无方向。突然，前面出现一株仙人掌。但是，他太累了，视力已经模糊，倒在了浑身有刺的仙人掌上，又添了新的伤口。但是还好，仙人掌饱满的汁液缓解了他的口渴。可是他不知道，在他刚刚走过的地方不远处有一大片青草，在沙漠里，有很多草的地方必定有水。

我们对幸福的追求就像是这个渴极了的人对水的追求一样。只是长久以来养成的各种习性让我们到处乱撞，实际上离水源越来越远了。我们只是看见了仙人掌，由于它提供了一些水，所以我们根本忘记了仙人掌的芒刺已经让我们伤痕累累了。仙人掌的水只能让我们活下去，却不足以解渴。若是不想被渴死的话，就回头看看，或者停下来，找到来时的路。

每一个来到这个世界的小婴儿都是哭着的，带给人们的却是莫大的快乐！如果能给这些婴孩当学生，我们将学会如何去爱、如何去生活。他们充满了很多种可能，这取决于你和我的态度。

孩子们必将追随我们这些看起来比较高大、比较有影响力的大人，继承同样的模式。现在开始，就不要让孩子们生活在恐惧中了，恐惧必将带来暴力和谎言！停止一切掠夺能源的模式，现有的一切已经足够我们生活，而且活得还不错。

不要去比较，试着去接近身边的人，对他们慈爱一些，向无家可归、处于危难之中的人伸出你的手。印度智者克里希那穆提说过，这世界所有的悲惨痛苦，都有你和我的一份。以前我不是很理解，现在我明白了。因为那些悲惨痛苦是我们自己制造的！我们能够让世界混乱悲惨，也能让它明净幸福。

所有的妈妈对孩子的心都一样，希望孩子过得比自己好！甚至不惜用自己的生命换取孩子的生命。有这样一件真实的事件：

> 一幢六层高的大楼着火了，楼体就要倒塌，救火已经来不及了。几个消防队员各拉着毛毯的一角，让楼上等待救援的几个人往下跳，并且告诉他们，一定要腿先着地。几个人陆续跳了下来，只剩一个穿着长大衣的女人一直在犹豫。楼体开始摇晃，必须往下跳了。但是，令所有人惊讶的是，她居然脑袋冲下，像一个跳水运动员一样冲向毛毯。
>
> 在她之前，已经有好几个人做了很好的演示，她不可能不知道怎么跳才是安全的。她是一个孕妇，她知道只有头朝下才不会对胎儿造成损伤。胎儿保住了，但再也见不到自己的妈妈。

这就是我们的妈妈，为了孩子，她可以放弃一切，甚至是自己的生命！

事实上，孩子们必然会比妈妈们过得好。尤其是现在，物质丰富，也不乏新奇的事物。妈妈会尽其所能给孩子准备最好的食品、衣物和玩具。但这是不够的，甚至是错误的。

因为，那最好的东西不是食物的精细与多样化，不是玩具有多么新奇，而在妈妈身上。妈妈是种子，只要把自己准备好，去除种子里不好的杂质，做一个快乐通透的人，让孩子汲取种子里的营养，便是给孩子最好的礼物。

父亲也要准备好自己。孩子虽然离开了母腹，脐带已经剪断，但母子之间的连接并没有中止，孩子会继续汲取父母身上的一切。所有人都可以做到，它很简单，简单到大多数人都会视而不见。

妈妈是孩子的种子，而现在，孩子应该是妈妈的导师。我想，这大概是为什么母子关系如此重要的原因，并不仅仅是因为孩子需要妈妈的照顾。请记住，孩子是我们最好的老师，也是每一个女人生命中最大的转折。孩子让一个女人成为母亲，而母亲则意味着丰富与完善。否则，孩子的幸福便会成为一句空话。对我们自己的人生来讲，变得丰富与完善是比较圆满的，否则，除了越来越空洞之外，人生没有任何意义。

成为母亲之后，身体变得丰富了，有了甘甜的乳汁，有了想要哺育的愿望，这是生理上的丰富与完善。在心理层面，从母亲的角度看，这个小生命除了需要身体的滋养外，更重要的是心灵的滋养。因为我们都在追求幸福，并希望孩子过得比自己更好。

所以，作为种子的母亲，要给孩子的除了营养丰富的食物之外，还要有获得幸福的能力。事实上，以现在的环境看来，只要避免破坏孩子天性中的能力，让他们保持原有的本质，就已经很不错了。母亲能够带给孩子的，除了自己本身的快乐能量之外，还有对其他事物的辨别能力。

"妈妈，这只气球还有两只耳朵呢。"

"是啊，那宝宝有几只耳朵啊？"

"宝宝有三只耳朵。"

这当然是我们要教给孩子们的，否则这个家伙会让妈妈成为长出五只耳朵来的怪物。这些可以在学校的课堂上完成，譬如地理、几何、数学、语文，等等。但这些仅仅为孩子带来谋生的能力，与幸福没有直接关系。

有很多例子能够证明，金钱满足不了幸福的需要，数量再多也换不来幸福，金钱只能带来方便，或者更多的烦恼。外来的名望、权力异于金钱但本质上也差不多，无须多谈，它们对人生的幸福没有实质性帮助。我们无法确切地说"幸福是什么"，那不妨来看看什么不是幸福。

我们的心里每天会有很多念头和感受，今天被老师批评，于是委屈了；想得个A，结果却拿到了B，失望了；被某人不小心撞了一下，抱怨了；无意中被人踩了一脚，愤怒了；骂了别人一顿，哈，轻松了……然后呢？混乱了，越来越糊涂了，找不到方向了。撞个焦头烂额之后，算了吧，人生就这样吧，死亡就要来了，我有些怕呢。这就是我们现在很多人的人生。

这样的人生自己继续下去都需要勇气，所以不希望我们的孩子重复一次。他们需要新的不同的世界，这个世界从孩子呱呱落地的时候就应该开始了。我们所有做母亲的人，首先要在自己的周围，建立起这样一个世界，没有冲突、没有暴力、没有谎言，我们诚信、正直、有爱心、本着良心做人做事。

在一个健全的家庭里，父亲也要担起相同的责任。对孩子来讲，他的世界一半是母亲，另一半是父亲，少了任何一方都是残缺！如果我们已为人父母，要记住我们自己是另一个小生命的一半世界，不要轻易说离开。父母任何一方的离开，都是孩子一生的缺憾！

只是，在我们现有的大多数完整家庭里面，似乎矛盾与冲突更多一些，这也是我们自己生病的原因。相反，一个单亲家庭里长大的孩子——如果监护人懂得什么是真正的爱，懂得如何去爱——反而会比在冲突不断的完整家庭里长大的孩子在心理上更加健康。

所以，无论是单亲家庭还是完整家庭，对孩子们来说并不是至关重要的。重要的在于，这个家庭里有没有爱，有没有真正的爱。所谓单亲家庭里的孩子更容易出问题，更主要的原因是监护人出了问题，而不仅仅是"单亲"的原因。

有些单亲家庭的孩子，具备非常好的素质和很好的工作与交往能力。法庭在判决离婚案的时候，或许应该衡量一下哪一方具备更完整的爱的能力，具备较多正能量的一方才有资格获得孩子的监护权。

这里给单亲家庭一些小建议：如果你必须告诉孩子你要离婚了，那么换一种语气来说，很轻松地告诉孩子，离婚使母亲和父亲的生活变得更好，因为离婚你和孩子会有更好的生活环境，并且要让孩子感受到确实如此。

不要在孩子们面前抱怨或指责他的父亲或者母亲。如果你很痛苦且无法避开孩子，可以请求孩子的帮助，当然前提是孩子已经到了可以帮助你的年龄。

但是无论怎样，不要把你的痛苦累积成愤怒，并莫名地爆发。无论孩子年龄大小，都要像尊重你的朋友一样尊重他们。如果孩子年龄大可以分担一些生活琐事，就让孩子帮忙分担一些。至少要保证，在孩子们面前你是发自内心的快乐；如果孩子带给了你快乐，要感谢他们。

有一次，我看到一个正在画画的小姑娘，非常漂亮可爱。但是，她在画画的时候，她的妈妈不停在说："看看你画的，色彩一点层次感都没有。你是怎么画的啊？"要不就是："这两种颜色放在一起好看吗？"小姑娘一直在沉默，但并不是抗拒的那种沉默，而是自卑和不知所措的那种沉默。

其实，来这里的孩子都不会画，我家宝宝也才不到3岁，只是拿起笔胡乱涂抹一番。那位四五岁的小姑娘看情形也差不多，但是她的妈妈却并不放弃这个打击孩子自信的机会，而她自己也并不是专业人士。

为什么我们要如此孜孜不倦地打击别人，连自己的孩子也不放过？到底想证明什么呢？可以预见，这个漂亮可爱的小姑娘将来长大之后，口头上对他人挑三拣四的本事也一定不在话下，而内心里的自卑也一定不会少。而这些，来自她的母亲。

后来，在闲聊当中，我得知这位母亲与丈夫的感情不是很融洽，我猜想这大概是她不停挑剔孩子的原因之一。有时候，我们会不自觉地将自己的负面情绪借机发泄出来，但无论如何，孩子都不应该成为发泄的对象。

养育孩子是一件不容易的事。孩子的身上似乎有很多令人难以忍受的地方，譬如无法控制自己的行为或者尿裤子，或者愿望没有达成便大哭不止，以至于让很多妈妈经常觉得这个哇哇不停、蹦跳不止、不停地干"坏事"的家伙简直就是个小魔鬼。

我自己也曾经有过这样的感受，譬如我刚想安静一会儿，旁边这个家伙偏偏哇啦哇啦个不停，还把玩具扔得满地都是，并且随时会打开卫生间的水龙头，这时，我们会给他们定性为"小魔鬼"。

但是，如果我们也刚好有兴致，想与孩子一起玩耍，那无论是玩具满地还是打开水龙头，就都不是问题了，我们也会与小家伙一起疯得呜哇乱叫，也会很开心。这个时候，显然是不会叫她"小魔鬼"的，反而会叫她"小天使"，会在游戏结束之后将一切恢复原状。

如果是"小魔鬼"状态，我们会怀着愤怒的心情来整理房间，或许还会对孩子呵斥一番。对同一种行为我们会有两种截然相反的态度，这仅仅取决于我们当时的情绪！所以，在宝宝成长的过程中，监护者的心态非常重要，它会影响到孩子未来看待事物、处理事情的方式。

另外，它也决定着监护者觉得轻松与否：如果监护人说他是"小魔鬼"，他会让你身心俱疲；如果说他是"小天使"，他会带给你非常大的快乐，还有最重要的，就是学习的机会。因为在快乐模式下，我们的心会比较容易打开，会看见哪些东西是需要学习的。

说过多次了，要用心哦！所以，妈妈们最重要的事情便是保持乐观的心态！无论发生了什么事，只要微笑着告诉孩子："你是一个拥有能量的小天使，可以完成任何正向的事情，有能力让自己和身边的人感受到幸福！"对孩子们来说，无论妈妈说什么都是一种咒语，小魔鬼、小天使、坏孩子、你棒极了，等等……这些特质都将在孩子们身上一一显现。

我意识到，教育孩子其实也很简单，管理好自己、做好自己就可以了。剔除我们内心里面一些不好的杂质，让光明的一面发扬光大，这个过程其实也是对自己的一种完善。每一个妈妈都需要这种完善，甚至每一个人，无论是谁，哪怕是仅仅为自己好，也应该完善自己，因为完善自我会带来每个人都想要的幸福。那就从现在开始吧，让孩子成为我们最好的老师，学习他们通透清明的心性。

我们这一代，有很多人承受着很大压力，职场忙工作，回家忙家务，如果再来一个"添乱"的小宝宝，压力可想而知。这也是现在很多人决定晚育或"丁克"或把宝宝交给自己的父母甚至保姆的原因。对妈妈们来说，宝宝永远是第一的，家务第二，第三才是职场。而对于生下来还处于哺乳期的孩子们来说，妈妈是唯一的！她在妈妈的腹中孕育成人，妈妈是她这个世界上最熟悉的人，只有妈妈才能带给她真正的安全感。

宝宝有无限个可能的未来，而这个未来与妈妈息息相关，也只有妈妈才能带给孩子真正发自内心的关爱，更有绝对的责任来引导他走向未来。所以，在妈妈的事务里，孩子永远排第一；家务关系着生活环境，所以排第二。

也就是说，如果一个家庭有了宝宝，在孩子的哺乳期内，就需要爸爸独自负责赚钱养家。顺便提醒爸爸们一下，如果是妻子带孩子，那么孩子的生长环境舒适与否，很大一方面取决于你如何对待妻子，最好的爸爸会帮助妈妈保持愉快的心情。当然，条件允许的话，妈妈也可以一边工作一边带孩子，这样孩子会学习到更多。

但我还是想为妈妈们重申一下，这个世界上，最累、最辛苦的职务就是带孩子，尤其是3岁以内的孩子。所以，为了帮助妈妈给孩子们营造一个良好的家庭氛围，请爸爸们从职场上回来之后对妈妈们说一声"辛苦了"，会非常有效果。

公平法则无处不在，虽然带孩子很辛苦，可是看着一个捧在怀里的小不点儿慢慢长大成人，从躺到坐，然后爬，再然后慢慢站起来晃晃悠悠地开始走路；从不会说话到发音不全，再到和我们一样清楚地开口说话，这是一个充满成就感的奇妙过程,一个孩子一点一滴地成长,都带给监护者非常巨大的喜悦和成就感。所以妈妈们虽然很累,但是脸上却洋溢着幸福的笑容。

或许就是妈妈们的脸上的笑,让大多数爸爸们觉得其实带孩子并不累。但不是的,妈妈们笑,是因为她们在做一件世界上最重要的事情,并且是用爱在做这些事情。所以那个累变得不那么重要而已。

初为人母的姐妹们,我们都经历过新生儿呱呱落地的喜悦,也饱受了刻骨铭心的产痛。但是与孩子的珍贵比起来,产痛是可以忽略不计的,苦和累自然也不在话下。我们能够接受难以名状的产痛换来一个婴儿的新生,当然也可以忍受去除体内毒素的辛苦,何况那根本算不上是辛苦,来换取自我的重生。

这将是非常值得的一件事情!同时,也给宝宝们一个全然不同于现在的未来。必然的,充满喜悦的生活与丰富的内在,将在逐渐完善之中将我们带往至美的所在。从你和我开始,成为一个快乐的人,这也是我们一直在追求的东西。

但是,因为错误的行为,我们正在背道而驰。每天看看新闻,看看身边的人和事,就会发现我们所处的世界是多么混乱,充满了暴力与欺诈。这些无处不在的错误行为,将会带给人们越来越多的痛苦。有谁会愿意将自己怀抱中的婴儿交给这样一个世界?你会吗?我一再说这些废话,只是想多帮你擦拭一下内心,因为你正在清理自己。如果你不愿意清理,那这本书对你来说就毫无意义。你可以放下它出去打个球什么的,至少对身体健康有益。

谦卑一点,让这个婴孩帮助我们找到去往快乐的通道,并维护他们本有的清明心性。教导孩子其实很简单,只需要做好自己,做一个快乐的、正直的、真诚的自己。非常简单,只需要做到"众善奉行,诸恶莫作",孩子自然会从你的行为中去学习;我们做了相反的事情,孩子也会从中去学习,这是天性使然。所以,如果做不到真正的引导,那么至少别把自己的错误习惯带给孩子。我们需要做到以下三点:

1. 请留出足够的空间,让孩子自由地做自己;
2. 尊重孩子;
3. 孩子有犯错误的权利。

3. 孩子有犯错误的权利

关于孩子犯错误的权利，是指我们不能在他们往牛奶里加入玩具时，或在他们尿裤子时发脾气、大声责骂，这都是监护人无能的表现。孩子们还不知道这些"规则"，譬如不能把玩具放入到牛奶里面。

监护人的任务就是在他明白这些规则之前，防止他把玩具放入牛奶里，并在恰当的时间，用他能听懂的方式告诉他为人的规则、生活的规则、处事的规则、游戏的规则，等等。孩子们拥有非常好的记忆力，如果你能准确地告诉他们：这个不能做、那个不允许，他们一定会记住。除非孩子们对你感到非常讨厌，讨厌到一定要与你作对才可以的话，才会做出违背你意愿的事情。如果孩子讨厌你，那你真的是失败了。

当然，让孩子不讨厌你，并不意味着所有的事情都要顺着他们来，要有适当的、合理的拒绝。首先自己要明白，哪些事情是要防止发生的，然后让孩子明白，这件事是不能做的。

譬如我家宝贝两岁左右的时候，我经常带她去公园，有时候会带她去玩淘气堡、旋转木马或小火车，等等。但有时候，我只是想去这个家门口的小公园里走走，去晒太阳看游鱼，听听鸟叫。但是那个小游乐场就在公园的入口处，而那些花花绿绿、色彩鲜艳的游乐设施正在唱着歌，还有一个人站在那里问："宝宝想玩些什么啊？"这些会很吸引小孩子们。

于是，为了阻止她可能会有的纠缠，我会提前告诉她："妈妈今天没有带钱，所以不能玩这些东西哦。"宝宝非常懂事，她从来不会在我没打算带她去玩的时候要求去游乐场，并且，如果我自己忘了说这句话，宝宝就会用稚气的嗓音说："妈妈今天没有带钱，所以不能去玩木马。"

嘿，这就是我们聪明可爱的小家伙，他们有非常强的学习意识，并且很听话，有很多事只要告诉他们就可以了。譬如说，在家玩水的时候，不可以把水溅得到处都是，玩完之后要把玩具收起来，彩笔是不能到处乱画的，诸如此类。

只需要提前、恰当重复地告诉他们，孩子们就会自觉遵守。必须是恰当的！什么时候是恰当的？当他们拿起笔正要画的时候，就是恰当的时机。如果他们本来没有这样的想法，你提前告诉他不能往墙上画，那会恰恰引起他想要画的好奇心。

而其他的，譬如吃饭、睡觉、玩游戏、读书的时间安排等习惯，都是妈妈们给养成的。孩子们满月之后，一部分习惯就要开始形成了。妈妈们在照顾孩子的时候要按照正确的习惯，孩子渐渐长大之后，这些习惯会成为他们自然的生活方式，自然不必再费心了。

我家宝贝两岁半时，在玩完积木之后会自己收纳在盒子里，然后放回原来的地方。而我只告诉过她一次，并在她第一次做到之后夸奖了她。当然，第二次、第三次甚至第四次我还会夸奖她，那么第五次、第六次她就已经习惯了。让孩子养成一个习惯就这么简单！

但是，孩子毕竟是孩子，他们确实有"蛮不讲理"的时候。譬如说在做饭时间，妈妈正在厨房里忙碌着，小家伙跑过来张开两只小胳膊要求抱抱。这个时候，妈妈一定不能停下来，但是一定要告诉她，妈妈在忙，不能抱宝宝，宝宝需要等一会儿。如果她不愿意的话，我会这样说："那宝宝就哭一会儿吧。"因为我看到她好像要哭的样子。

好吧，宝宝开始哭了。过了一会儿我家宝贝会说："我哭完啦，哭完啦，妈妈带宝宝去洗脸。"好吧，我也差不多忙完了。在洗脸的时候，我会告诉她："妈妈忙的时候你就不能要求妈妈抱，你要自己玩，明白吗？"宝宝当然会说："明白了。"一次记不住，就多重复几次，这样的话，宝宝会在你忙的时候去做自己的事，也刚好锻炼她的独立能力。

记得我对自家宝贝说过这些话后，有一次我做饭的时候，宝宝拿着一只碗对我说："请妈妈和宝宝一起去洗碗。"

因为卫生间有个水龙头她可以够着，但卫生间光线不好，所以她要求我和她一起去洗碗，于是我说："现在不行，妈妈在做饭，不能和你一起去，你需要等一会儿。"

事实上，当我开始说"妈妈在做饭"的时候，她就已经乖乖等在那里了，而这一等，有时候就可能等到吃完饭。

但是，我认为最好别让孩子等太长时间，在适当的时候就可以带她去做她想做的事。一定要带她去做，不能忘记，当然更不能假装忘记。因为你已经说了让她等一会儿，所以在她等一会儿之后就要满足她想做事的愿望。妈妈必须守信用，宝宝才会听话。或许有些妈妈不用自己做饭，那么"妈妈在做饭"这句话可以换成"妈妈在看书"、"妈妈在打电话"、"爸爸在工作"，等等。

有时候，孩子真的很需要妈妈和她一起玩儿。这个时候无论你在做什么，有多么重要的事，都要停下来陪陪他们，这需要妈妈们有较敏锐的观察力和耐心。

譬如有段时间我需要尽快完成一部稿件，第一天我几乎把大部分时间用来码字了。第二天，早饭后我再次打开了电脑，小家伙开始要求我陪她一起玩积木。嗯，好吧，我告诉她只能陪她一小会儿。然后我又坐在电脑前。小家伙过了一会儿又跑来说："妈妈，再陪宝宝玩一会儿，然后去写字，好吗？"好吧，一会儿之后我又坐到了电脑前，宝宝自己在旁边玩积木。

但是，我发现她有一点点烦躁，当某块积木掉下来或者没有搭好时，她就甩开小手张牙舞爪的。于是我停下来陪她一起玩，小家伙变得非常开心！而这个上午，电脑可以靠边站了。从这天开始，我就极少用电脑来占据小家伙的时间。

如果有个"喜欢哭闹"的宝宝（一个喜欢哭闹的孩子背后一定有一个混乱的妈妈），在他哭闹的时候，妈妈不要烦躁。否则你体内的寄生虫会跳出来抓住你，你会开始发怒、大声喊叫或者责骂。而孩子来自天国的笑声，就在你的责骂声中开始变得黯淡，你会在宝宝们心里种下恐惧的种子。

孩子无理取闹的哭声或许可以帮助你，让他成为你"禅修的对境"。如果能在宝宝的哭闹声中让心安住不动，你就已经迈出了成功的第一步。对于妈妈们来说，暂且叫它"宝贝禅"吧。

但是，如果已经很生气了，马上就要爆发，有一个很方便的窍门告诉你，拿起你给宝宝预备的"咬咬乐"，狠狠地咬下去，咬几下之后怒气就会消失了。咬完之后，要回想一下刚才的动作，以及在愤怒要爆发时的心理活动。最好是对着镜子看看自己如何对待这个可爱的"咬咬乐"的。试试看，会不一样哦。

如果妈妈没有控制住脾气爆发了,那也是可以补救的。事后可以抱着孩子告诉她,你为什么生气、为什么发脾气,最重要的是告诉孩子们,你并不想发脾气,但是因为她做了错误的事情(前提是孩子真的做错事了),所以妈妈才发脾气。最后告诉孩子,你很爱她,并且希望下次不再发脾气,也请孩子帮助你不再发脾气。

刚开始孩子会有些难以理解,但是,时间长了她就会明白。她会变得很懂事,在日常行为中,一定会给妈妈们很多惊喜。当然,这只是错误酿成之后的补救措施,是有裂缝的,很容易就会碎了!所以,最好的方式是不要发脾气,别让他们生活在恐惧当中!

在孩子们还小的时候,若是监护人能做到上面说过的第三条,也就是允许他们犯错误,那么慢慢地做到第二条基本上是没有问题的。如果做到了后两条,第一条就比较容易做到,我们不会干涉孩子的自由生活,不再是把孩子们逼到想要逃的家长了。也许到那个时候,有些家长会认为自己的孩子不够独立,想让他"尽快断奶"呢。

六、让一切成为可能

在一辆公交车上,一位父亲问儿子:"孩子,长大后想做什么啊?"

十岁的儿子说:"想做一个出租车司机,这样爸爸就不用再挤公交车了。"

"什么?你居然有这样一个愿望!你知不知道这个愿望烂透了?一个出租车司机!开出租你什么也得不到,没有金钱,没有地位,连起码的体面都没有。我告诉你,你要去做一个一流的演员、艺术家,这样你要什么有什么。"父亲对儿子的体贴并不买账,在众人面前,儿子的这样一个愿望让他感觉丢人。

不知道这个小男孩长大后会做什么,但是我知道,这个父亲将会慢慢失去将来会梦寐以求的东西——孩子对父亲独有的体贴。因为父亲在对儿子的愿望表达不满时,会给儿子幼小的心灵造成困惑,他觉得父亲对自己的体贴也表示了不满。这样的父子谈话重复几次之后,儿子的心扉会对父亲慢慢关闭。

1. 父母的愿望与孩子的理想

也许,这位渴望儿子追名逐利的父亲老了的时候,他的儿子会成为一位知名的演员,每天都会很忙,连与父亲一起吃顿饭都会很困难。父亲一定会非常难过,会想念儿子小时候的体贴,他会问:"你小时候的体贴都去哪儿了?"他可能意识不到,正是自己扼杀了儿子的体贴。这也正是很多父母对孩子很难满意的原因:孩子体贴的时候,他们希望孩子拥有名利金钱;当孩子拥有了名利金钱时，他们又想要孩子的体贴。当然，两者可以同时有，奈何此心不知足。

那孩子呢？如果他满足了父亲的愿望，就会失去自己独有的一些东西，他会感到失落，会不快乐。一个不快乐的人，就算拥有这世上所有的东西，也只能算是一个看仓库的吧。

来吧，爸爸有钱。爸爸带你去吃好吃的、买好玩的，别走啊！

小心！你正在培养一个见钱眼开的势利小人！

前面说过的那位画画的小姑娘，在妈妈毫无来由的唠叨、诘问下，将会慢慢失去自己的想象力，甚至失去画画的兴趣和热情。也许她会成为一个绘画工匠，却不太可能成为一个有创意的艺术家了。

为什么我们如此热衷于为自己的孩子"塑形"，仅仅因为"我们吃的饭比他们多"吗？吃的饭比较多，智慧也会比较多吗？即使真的是这样，孩子的饭也要她自己吃，她才会有自己的智慧，父母的勉强"塑形"只会破坏孩子的天赋和自然成长过程。

监护人扼杀孩子天性的种种事例太多，不一一列举了。

世界上的职业难以数计，但是，大多数人看来，除了总统、权贵、富豪这些职业令人羡慕和尊重之外，好像其他职业都得不到人们发自内心的尊重，甚至得不到应有的重视。譬如出租车司机、小商贩、农民、渔民、环卫工人、建筑工人、保洁员，等等，这是一个数目庞大的人群，但是他们得不到作为一个人最起码的尊重！

当一个腰缠万贯的人钻进一辆出租车，他会用自己一贯的口吻问："你一个月赚多少钱啊？"当一个刚够糊口的小数字报出来时，这个富翁就会用一种优越的怜悯说："唉，真不容易啊！"

你怎么知道人家不如你幸福呢？虽然他生活清贫，但也许他心思简单，夫妻和睦，儿女孝顺，生活得很幸福。而你虽然腰缠万贯，但事务一大堆，保不齐会无意中用金钱毁了自己儿女的心志，使他们唯利是图、冷漠无情。

你的优越感是脆弱的，建立在一个相对的基础之上，它在另一个比你更富有的人面前将会变成卑下。这善变的优越感不会为你带来好处，却会在无意中伤害到他人甚至是你自己。

没有谁是不重要的！不信试试看！如果这些工人、农民、保洁员、小商贩全部都下岗罢工，社会将停止运转，那些富豪、总统、权贵会饿死在垃圾堆里。

可悲的是，我们这些普通的劳动者，在这种大环境下，也认为自己是低下卑贱的！权贵、富豪虚假而空虚，工人、农民自卑而疲累，所有人都怀着一颗潮湿黏腻的心，在社会这个大容器里病态地存在着，都活在一个阴谋里面，这个阴谋叫"尊贵的观念"。

这个观念本身没有问题，但人们对这个观念的认识出现了问题。大多数人以为，有钱有权就是尊贵的体现，甚至有些男人以有"小三"为荣，以至于后来出现了"小四"、"小五"、"小六"，等等。媒体也热衷于报道某些明星的第一、第二、第三个爱人如何如何……人们的眼睛已经严重短视、斜视，只能看见鼻子尖上的那一小块肉，还不如一个盲人——虽然他的眼睛看不见，但至少心里是清静的。

什么人是尊贵的？一个双手残疾、靠双脚刺绣来养活自己、脸上有着灿烂笑容的女孩，她是尊贵的！一个自尊自爱、靠自己的能力获得荣誉与金钱的女人，她是尊贵的！一个溺水男子，为了救其他人而放弃上岸的机会，他是尊贵的！一个靠自己的诚信、勤劳取得财富、地位的人是尊贵的！一个做事凭着良心的商人是尊贵的！一个洁身自好、修身齐家的人是尊贵的！一个受到伤害却并不追究对方责任的人是尊贵的！一个真实面对自己、面对生活的人是尊贵的！一个在逆境当中，凭自己的勇气和汗水谋取生活，并且拥有快乐的人，他是尊贵的！

2. 难忘的遇见

虽然大环境里大家都在追求种种浮华，但是真正美好的东西还是存在的，它会在不经意间绽放在某个角落，令人难以忘却。我曾经在路上遇见这样一个人，一个令我记忆深刻的乞丐。如果你正好开着车，透过车窗瞥一眼这个人，会觉得他卑贱而落魄。因为我是步行去上班的，所以刚好看得比较真切一点。

当时，我正要穿过上班必经的一个桥洞时，迎面看见了一个双腿残疾的乞丐，确切地说是一个捡破烂的。他坐在一个手摇三轮车上，目视前方，缓缓地从远处驶了过来，手摇三轮车上放着一些零散的破烂。

这一切都平淡无奇！

但是，很奇妙的，这个穿着破烂的乞丐却给我一种非常华贵的感觉。真的，一种无形的力量吸引着我，使我无法移开目光。他的双眼在闪光，脸上的表情非常柔和，似乎也在放着一种光。他行动缓慢，有一种内敛的优雅，全身上下仿佛充满了一种不可思议、令人着迷的魔力，甚至有种威严的感觉。路过的十多个人都停了下来，一起注视着他。他没有因为大家的好奇、注视而停下，依然目视前方，手摇着机车缓缓远去。

这件事已经过去十年了，我却从来没有忘记过！我很想再遇见他一次，哪怕只是遇见当时为他驻足的那些路人，我一定要问问他们在看什么，是不是与我所见相同。当时因为赶着上班，我匆忙地走了。

在我最后的印象里，他摇着手摇机车缓缓地走了，后面留下了一群为之注目的路人。唯一值得庆幸的是，我为这次遇见留下一首短诗："卑微·崇高"，这也是目前为止，我写过的唯一一首诗，也许你能从这首十年前的诗里看见当时的真实情形：

孤独的老乞丐
智慧的火花
闪耀在沉思的脸上
于是，这个早晨
你不再卑琐
满身的破衣烂衫却如着华服
有节奏的缓慢
体现出你的从容
坐着手摇车行走在路上
眼里闪耀出智慧的光芒
你在思考着——
——人生？
精神游走在只属于你的世界
凡俗的躯体

> 因为思想的闪光
> 而体现出不同往日的华贵
> 车上堆放着你从垃圾堆里捡来的
> 属于你的财富
> 为你驻足的路人
> 无意中做了你的信徒
> 或许,他们在你身上看到了从未见过的景象

我是他的信徒之一!

我相信如果是你的话,也会停下脚步,让这个乞丐散发出来的某种光映入你的眼里,或者,进入你的心里。

可是现在,为什么我们无法平等地给予人们尊重?就算是一些达官显贵也未必能真正得到人们的尊重:你怎么知道人们尊重的是你的地位还是你本人呢?对那些"平凡"的环卫工人、建筑工人,就算是看在每天可以走着干干净净的马路、街道,看在这城市越来越繁华美丽的份儿上,也应该给予他们应有的尊重和感谢吧?

但实际上,一些建筑工人在公交车上担心弄脏了座椅,再累也不好意思坐下!原因是别人的眼光让他们觉得自己很脏很卑微,所以不愿意坐椅子。他们把自己放在最卑微的地方,同时还为别人保留了干净的座位。你怎么看?谁才是尊贵的?

3. 让孩子成为他自己

我们的社会是一个整体,就像身体的各部分一样,需要团结协作。如果你仅仅认为头脑很高贵,而嘴巴比较贪吃令人鄙视,或者排污的部位太脏实在下贱,那么早晚,你的这具肉身不是被饿死,就是被憋死,"高贵"的头脑自然也在劫难逃。"高贵"的头脑让其他部位活在被否认的状态中,这就是冲突所在,也是疾病的起源,而这完全是由一种可怜的自大和盲目造成的。

若是连最基本的尊重都没有,有尊严地活着便会成为一件困难的事情。不尊重他人的人也终将失去自己的尊严!

六、让一切成为可能

尊贵的头脑应该走在前面

孩子,当你生下来的时候,世界就是这样子的。当然,它不会一直都这样下去,也不可能永远就这样了。只是,我们所处时代的社会很现实,现实到令人无奈。可如果你的爸爸不是权贵、富豪,你应该感到庆幸,因为你不会被虚假的尊重所淹没,以至于找不到自己。我们都是从一个小婴儿开始长大的,为什么要在一些没有意义的事情里迷失自己呢?要记着自己是谁!

还记得那个说"我爸是李刚"的孩子吗?如果他当时说的是"我是XX"的话,发生在他家里的事情一定会改写。

古人云:"人不为己,天诛地灭!"这句话的意思是:人若不修身正己,天地都不容其存在。若是我们连自己是谁都不记得,又如何"为己"呢?记得自己是谁,要清醒,要自尊,要自爱,修身正己,这也是自我保护的方式!

虽然目前的情况堪忧,但是有一种声音顽强而自在地存在着,看似弱小却不卑不亢:"我就这样卑微地存在着!如果你嘲笑我,那只是因为你的短视,而不是我本身的原因!我没有任何问题。我也不在意任何人的指责或是评论。我就是我,按照自己的步伐,坦荡荡地一路走来。就算你不愿意给我一些认同,也请允许我成为我自己!成为我自己并不需要得到谁的同意,我这么说也仅仅是出于对人的尊重。仅此而已!"如果仔细聆听,就会听到每一个向往自由的人的心底都在说着类似的话。

这世界有千种姿态、万般妩媚,山有山的静默,水有水的喧哗,就连风也有百般不同,我们又怎能用自己的标准去要求别人呢?

如果真的有非常"标准"的一个世界，我猜，没有一个人会满意。想想看，当所有的人都是一流的演员、总统、演奏家……所有的人都是一流的，这个世界并不会变得更好，而疯人院将会像现在的医院一样越来越多。

电脑的复制和粘贴工具十分方便，但它们不应该成为人们对生活的追求。一个千篇一律的世界一定是死气沉沉的！没有谁能够在这样的环境里鲜活地生活下去。

我们这些对小孩子指手画脚的监护人，总是对自己很满意，常常自以为是、颐指气使；总能发现别人身上的缺点，却看不见自己的不足。经常听人说："这孩子若能像某某人一样就好了。"

在你我的世界里，环游地球是个很大的梦想，但我们又怎么知道，未来的孩子是不是要环游宇宙呢？让一个活生生的人成为第二个你，或者第二个我，这实际上就是一种"扼杀"——语言为刀刃，暴力为砍斧，修剪了孩子身上所有你不认同的品质。

不要得意于你有一个唯命是从的孩子，因为这样的孩子已经没有了创造力，变成一个被监护人利用的工具。这是一个在和风细雨下隐藏着刀光剑影的悲剧！当你的孩子比其他孩子听话时，做父母的都会很得意。而实际上那只代表这个孩子让你不那么费心而已，并不值得得意一番。

一些小时候很乖、很听话的孩子，由于受限于自己的父母，长大之后往往平淡无奇；而一些叛逆的孩子，他们会用自己的头脑去思考，对世界有着自己的认识，并会坚持走自己的路，无论在哪一个行业，或者在任何一种环境下，他们都会成就自己，而不再是复制品！所以，他们与众不同。

没有谁知道怀抱中的这个小婴儿将来会释放多大的能量。但是我想，如果我们不去塑造他们的形状，他们一定会比我们的想象要有力量得多。我们眼里的"坏孩子"，并不真的是坏孩子，也许只是没有听你的话，也许只是打扰了你的休息，也许只是无意中打碎了你的鱼缸，或者仅仅因为你们观点不同。

他不是坏孩子！请不要给这些小天使贴这样的标签。没有坏孩子，只有不合格的监护人！如果有人认为自己的孩子是个实实在在的坏孩子，那一定是监护人把他们变成了坏孩子，责任不在孩子们身上。

请尊重这些孩子，让他们成为自己！别用我们这些普通人的标准来要求

六、让一切成为可能

他们。在没有束缚的情况下长大的树苗,有可能成为参天大树,而被修剪、被扭曲的树苗只适合做盆景。如果你觉得盆景就很不错,那一定是因为你没有见识过参天大树的伟岸。

除非你已经是总统或者稀有的大成就者,否则不要让孩子重复你的思维方式。就算是总统,也不能让孩子复制自己的思维与行事方式,因为世界在不停地变化着,适合现在的东西并不一定适合未来。孩子们在未来遇到的境况一定与你现在的不一样,你不能让他们拿着你对付熊的武器去应付鲨鱼。不要等到你的孩子已经成为鲨鱼腹中餐的时候,才发现原来自己是真正的刽子手。

对于一个溺爱孩子,不让孩子受任何"苦"的家长来说,社会就是一片处处潜伏着鲨鱼的大海。在社会中,只有适者生存、智者生存、不怕苦者生存。若是没有把握培养出一个智者和适者,最起码也要培养孩子吃苦的勇气和决心,这样的人才能在社会中有一席之地。

勇气和决心将带着一个平庸的人去往适者甚至是智者之路。吃苦往往意味着成长,就像走上坡路身体会感觉累一样,当身心受苦的时候,也正是成长的时候。苦头永远是心灵向上成长的阶梯。

那些真正幸福的人,一定是心智成熟的人。他们散发着快乐、祥和的能量,与他们在一起,会成为一种疗愈。让心智成熟的食物,就是吃苦和不断的学习,包括从书本上向圣贤学习,也包括对生活的反省和参悟。

"儿子,长大以后,别像爸爸这样没出息。"别对自己的孩子说这样的话,宁愿什么都不说,也别把气馁传给他们。只要快乐地陪在孩子身边,让他们自由地成长,自主思考,他们就会创造奇迹。不需要给他们一个既定的模式,只需要提供一个健康的生活环境,让小天使们自己去感受、去摸索、去体验。我们的人生路是自己走出来的,孩子们的人生路也将如此。

对于每个人来说,从出生到 7 岁,是奠定人生基石的阶段(据说男孩子是到 8 岁)。这个基石却不是孩子们自己能够做主的,而是取决于我们这些为人父母的人。并不是说我们给孩子预备多少钱,金钱不是最重要的,对于人生来讲,性格才是最重要的!人的性格将影响人生路上的每一件事,不同性格的人处理同样的问题,会有不同的方式。这就是为什么有些人很成功,有些人却沦为阶下囚。

阶下囚并不是穷人的专利，权贵、富豪的子女也一样可能沦为死刑犯。所以，唯利是图的人要注意了，好好想想看，你耗尽心血与时间换来的一切是否能让人生圆满无缺，是否能够与你的生命等值？当你停下来思考的时候，你的孩子将与你一起思考。

让孩子去做任何他们想做的事。我家宝宝过完3岁生日的第二天中午，就在厨房拿着小刀帮我切菜了。而我只告诉她正确的拿刀方法，然后就在旁边看着小家伙把整只茄子切成一个个小块，她开心极了！然后我夸奖了她，她很开心，有些得意地摇晃着小脑袋。

在孩子们成长的阶段，不妨多让他们得意一些，这会增长孩子们的自信心。一些家长会阻止孩子做一些看起来比较危险的事，譬如洗杯子，使用刀具，或者在高处爬来爬去，等等。但是，如果孩子们要求去做某件事，在危险可控的情况下，不妨让他们试试，他们会觉得自己被肯定了。如果拒绝了他们，反而会起到反作用。

我的小家伙3岁左右时，几乎尝试了我在家做过的所有事情，譬如洗碗、扫地、叠衣服、手洗衣服或袜子、晾衣服、用电脑打字，等等。尽管不认识自己打出来的字，但她依然很开心。她每次都非常认真地做这些事，譬如，碗会一只一只洗，筷子会一根一根洗，然后都摆整齐了。我用两分钟做完的事，她会很认真地做十多分钟。在这个过程中她很快乐，并且觉得自己很能干。

她总会嘟着小嘴对我说，宝宝会做这个、会做那个，宝宝是个大人了。每次宝宝提出她想做某件事的时候，我都会支持她。还有一件事是宝宝一定要自己完成的，那就是晚上睡觉前把玩具捡到箱子里，我从来不会帮助她。

没错！除了孩子们身体还小之外，我们有必要将他们当成一个大人来对待。并不是说所有的事情都要与成年人一视同仁，只是我们需要给予他们与成年人一样的尊重，像好朋友一样的尊重。同时，让孩子明白，自己的事情要自己去完成。

对孩子来说，如果有了一个梦想，需要你做的事情只是鼓励他坚持，用行动去完成梦想。

我家宝儿的梦想是想要有一对翅膀，我说：只要你能听懂蝴蝶说话，它就会送给你一对翅膀。于是，小家伙经常会追着蝴蝶想听它说话。

对于人来说，如果梦想是一只小鸟，那么行动力就是翅膀，没有行动力就像小鸟没了翅膀。没了翅膀的小鸟还不如一只鸡，一只鸡有时候还能飞个一米多远，没了翅膀的小鸟将成为一个爬行动物，空有鸿鹄之志！

时间就像沙漏，在一直不停地溜走，与其把时间浪费在左思右想上面，还不如把它用在行动上。如果有事情你想去做，那么现在就开始做吧，不要拖延！这个世界就像一棵圣诞树，只要你决心拥有，就踏踏实实一步步朝目标走下去，最后你一定会得到！

4. 给孩子一个充满爱的家

有很多父母对孩子是不够尊重的，认为他们还小，必须依附于大人才能生存下去，所以无意识当中，心里就会产生某种"轻视"。尤其是当小天使们开始影响了大人们的"正常生活"，为成年人带来很多麻烦，或者哭闹不停的时候，这种轻视就愈加明显。

有些人可以很好地去开解心情郁闷的朋友，而面对一个沟通起来比较困难的婴孩，却失去了最应该具备的耐心。有一点我非常坚信：对婴孩们多一些耐心，等他们长大成人之后，父母的生活就会省心多了。

在幼年时被正确对待的孩子们，将会成为父母晚年幸福生活的保障，如果相反，孩子或许会成为父母晚年幸福生活的绊脚石，而这都取决于父母自己。

一些世人眼里的成功人士，譬如美国总统，他的父母应该没想到自己的孩子将来会做到总统，尤其是黑人；首富的父母也同样没有想到自己的孩子长大后会拥有如此多的财富。也就是说，让孩子们成为自己，是我们给他们的最大尊重。

同时，孩子本身就具备无限的可能，只要"气候适宜"，环境许可，一切都有可能！也许，下一个改变世界的人就是你怀抱中的柔软小婴儿！你一定会为之欢呼，但是，在欢呼之前，你自己要清楚，对怀抱里的这个婴儿，你将如何去影响他？

让孩子们具有创造力和想象力，需要一个充满爱、没有束缚与恐惧的家庭环境。而现在，这样的家庭环境少之又少。在离婚率一路飙升的今天，为孩子们创造一个适宜的环境似乎变得比较奢侈。成年人整天被一些无聊琐事打扰，自己本身都心绪难宁，何谈给孩子们一个安宁的环境！

借用一篇网络文章的话说："一些家长，就像没孩子的货色！一些孩子，就像没爹妈的主儿。"一点都不夸张，这是非常普遍的现象。有没有人觉得很惭愧？为人父母，你合格吗？

一幅漫画里，孩子对自己的父母这样说："你们剪断了我的翅膀，可现在却要求我飞翔！"这是99%的家庭存在的情况，家长们一边扼杀孩子们的天性，一边对他们提出各种要求。社会大环境也是如此，严重地毁坏了他们的心智。

一个濒临离婚的家庭里若是有个婴幼儿，那种压抑与争吵就是对这个孩子最大的伤害。但是很多父母并不知情，他们在无意识当中，用自己愚蠢的方式，每天在争吵和暴力中生活着。他们在意自己心理和生理的各种感受，却觉得这个小婴儿就像是一个不省事的小木偶，只要吃喝拉撒睡就行了。记住，婴儿绝不可能是个只知道吃喝拉撒的小木偶，他们在用自己的方式感受着周围的一切！

离婚与生孩子一样，会有一个阵痛期。有些人"生得很快"，双方都很冷静，考虑到不合适就痛快地分手；有些人"阵痛期比较长"，反反复复，经年累月，很久都离不了，总是要经历无穷的痛苦；有些婚姻则让生活直接死于难产，纠缠一辈子，记恨一辈子。当然，也有真正幸福的婚姻。要我说，你在婚姻里幸不幸福，是真正由你的个人修为决定的，不关对方的事。

对于濒临离婚而家里有个小宝宝的家庭，我只想说，真想离婚就痛快地离吧，除非你们能保证自己的纠结情绪不会影响到孩子。也别假模假式地考虑离婚会不会对孩子有影响，当然会有影响！而且，如果两个监护人痛苦地"拉锯"战的话，对孩子的伤害会更大。

在离与不离中挣扎的人，除了把你的无助、自私、冷漠、愚蠢带给无辜的小婴孩之外，其他一无是处。如果你被生理或心理的感受牵着走，那就走吧，将孩子托付给能真正负责并能带给孩子安宁的一方。或者，"万能"的分居也可以缓解一下，至少不会在孩子们面前吵闹甚至出现暴力行为。

分居之所以"万能"是因为它可以解决很多问题：让双方冷静下来思考，给两个人合适的空间和距离，避免继续互相伤害。如果有了孩子，首要考虑的应该是孩子而不是自己自私的心理或生理感受。在这方面，一些动物的监护者都要比人类做得好。

如果孩子现在是0—7岁，或许再大一些，你可能是40岁、50岁，或者30岁，甚或更年轻一些，你是用自己几十年的经验在给孩子的人生编程序。可是你知不知道这个世界已经存在了亿万年甚至更久？如果你走得更久远一些，也许就不会那么急于给自己的孩子编一个笼子了，你会帮助他长满羽翼，让他自己去飞。

孩子通过父母来到这个世界，并不代表他是任你自由处置的私有财产，他有自己更远的路要走。放开心胸，解开束缚，让一切都成为可能。让孩子保留天性中的快乐，让他以真诚、无欺诈、慈善、充满喜悦的态度去生活。他们将超越我们现有的一切！

现在，让每个母亲环抱中的婴儿都成为他自己，让每个人都充满爱，这世界才能变得真正丰饶多彩。那个时候，虽然也会有穷富之分，但是无论是穷人还是富人，都将拥有同样健康、幸福的生活，每个人都将生活在自尊和被尊重之中。这个世界上将有最出色的富翁、最出色的权力执行者、最出色的出租车司机、最出色的环卫工人和最出色的保洁员，他们将带着快乐的心态工作在自己的岗位上，并且会以一种发自内心的爱去创新自己的工作，并影响身边的人。

没准儿有一天，一个热爱自己工作的出租车司机，会想出一种解决堵车的方法，或者发明一款零排放的汽车；一个热爱自己工作的环卫工人会发现所有垃圾包括IT垃圾循环利用的办法，真正做到物尽其用。以我有限的头脑能想到的改变就是这些，而人类的创造具有无限种可能。

如果一个人出于爱，或疯狂地热爱一项事业时，他的创造力将非常惊人，世界也正是这样一步步改变的。如果你的儿子或者女儿正好是这个对世界做出改变的人，你还会嘲笑他的愿望吗？我的意思是，如果你的孩子想要做一个出租车司机，那你就帮助他做一个快乐的出租车司机。

人们只有在做自己喜欢的工作时，才会产生真正的创造力。所以，我们这些为人父母的人，不要将自己未完成的心愿强加到孩子们身上，不要用各种功课压弯孩子稚嫩的脊梁。孩子喜欢玩，并不仅仅是贪玩，如果你仔细观察就会发现，孩子们在玩的时候是非常具有创造性的，同时也是大脑发育的最佳时机。

如果我们用自己的一堆愿望强加到孩子身上，并强迫他们学习的话，孩子们将来可能会拉小提琴、会弹钢琴，但那只是模仿，不会有创造。如果他爱小提琴，就一定会有创造在里面。他会把自己的爱、激情还有梦想全都融入小提琴里面。在一个热爱小提琴的琴手那里，你会听见生命最真实的声音，那是宇宙中最变化无穷的声音。而一个训练有素的琴手，只是一个活着的琴谱，他与真正的音乐无关，就像藏书丰富的图书馆与创作无关一样。

世界就是一篇乐章，如果要演奏出宏伟大气而又绝美的曲子，我们需要的不仅仅是激情与爱，还需要真诚、善良、信心、尊重、信任等正能量。只有这样，我们和子孙后代才有可能走向喜悦与完满的人生。这世上的每一位母亲，或者每一位监护人，都有这样的责任去引导未来。最重要的是，我们每一个人都具备将自我被污染的部分转化的能力。当污渍被清洗掉之后，其原本的本质会自然呈现出来。

目前，孩子的出生以及生存环境，皆仰赖于父母的婚姻。而大多数婚姻充满了太多的冲突。当然，身边也不乏你浓我浓的婚姻生活。但是从离婚率及家庭暴力的统计数字来看，显然大多数家庭并不幸福。

孩子们的成长离不开家庭环境，在一个和平、有爱的环境中长大的孩子，成年后会更加从容地面对社会事务，更具备融入社会的能力。而在冲突不断的环境中长大的孩子，会像一个小刺猬一样，把自己紧紧地缩起来，容易刺伤别人，也容易被他人所排斥。而我们，都是这样的人。

我们总是有意无意地伤害别人或者被他人伤害。我们都是带着刺的人。

作为女人，不论是即将进入婚姻或即将成为妈妈的女人，都必须意识到，在家庭教育过程中起着非常关键作用的正是我们自己。结婚之前，我们柔柔弱弱、小鸟依人，因为我们想给自己的家庭找一棵大树做遮雨的地方，不仅是我们自己需要，我们的孩子更需要。

一只鸟儿在森林里，能够一眼看出哪棵树上更适合做窝。但在人类社会的丛林里，我们比较难以辨认哪棵树比较适合垒个窝。所以，我们结婚之前需要约会。

六、让一切成为可能

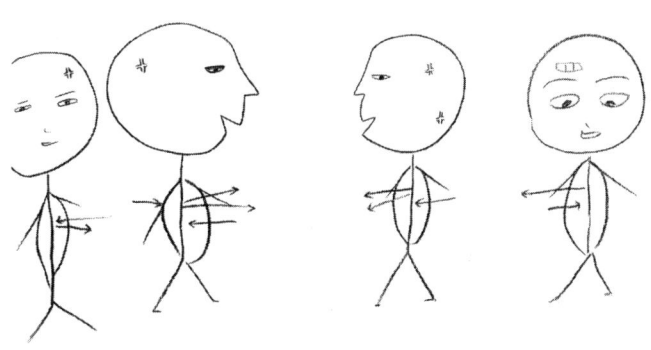

我们都是有刺的人

可是,我们经常忘记约会的功能,它原本是为了辨认对方是不是一棵适合自己做窝的树,现在变成了一种娱乐方式。嗯,出去吃个饭、逛个街、看个电影、旅个游,啊,生活好幸福啊!与他在一起好幸福啊!我们结婚吧!荷尔蒙的作用让人无法思考。然后,激情褪去,有可能你突然发现自己把窝建在了荆棘丛上。

当然,将要成为父亲的男孩子们也一样。要知道,当我们到了结婚的年龄,就意味着我们是一个成年人了,将要担负起一些责任,先不说对人类社会的什么责任,仅仅是对于你自己以及你的家人和未来子孙的责任,你意识到了吗?你要幸福地生活,你的孩子也一样。所以,婚姻绝非儿戏,要认真地对待。如果要娱乐的话,这个世界可用的方式还不够多吗?

由父母之命、媒妁之言成就的婚姻比起现在的约会要靠谱多了。毕竟飞过千山万水的老鹰,比羽翼未丰的雏鸟毕竟更有经验。但是,社会发展到今天,通过约会来选择伴侣,也是有一定的道理的。我们更自由了,却在飞的过程中碰了很多壁。究其原因,依然是教育的问题。学校学来的所谓一技之长,也不过是让我们有个谋生的工具而已。很多人从有一个谋生工具开始,自身也慢慢地变成了谋生工具。

我们的社会应该教会年轻人明白择偶时的责任,以及婚姻对幸福生活及未来的直接影响。婚姻绝非儿戏,约会也并不只是一起娱乐那么简单。就像要自己吃饭才能饱一样,生活也要自己修为好了才能幸福。

5. 立己与树人

我们不知道如何认识自己，不明白利他才是真正的利己，不明白作为人应该双眼闪着喜悦的光，而不是疲惫地抱怨。我每次看到一些人为鸡毛蒜皮之事纠结，就会感到心痛。这些人过着一种混乱的生活，整日守着电视剧度日，没有网络好像活不下去，但熙熙攘攘的电视剧和网络真的有能让人活下去的空间吗？他们看电视时会为里面的人哭泣，不看电视的时候就为自己哭泣，就这样日复一日被现代"毒品"操控着，两眼空洞无神。

我想，我们这些身负成家、育儿重责的女人首先应该学习立人之本、圣贤之道。如何自立、立人？何以知己、识人？

以往只听人说男人要成家立业，很少听说过女人成家立业，但是，一个家，没有女人能叫作家吗？所以成家并不只是男人的事情。而立业，难道在某个高档办公区建个公司就是立业？那叫赚一碗饭吃。真正的立业，应该是立人，修身正己，正本清源，将我们的小婴儿教化好了，慢慢长成一棵能经风雨的大树；若能成圣成贤，那才是我们真正的千秋大业。

每个正常的家庭都会有个孩子，我们称为"爱的结晶"。但现今能有几个家庭能将这个称呼保持十年以上，有些人怕是孩子不到周岁的时候，就已经厌恶这个称呼，并对自己当初死去活来的爱情嗤之以鼻了。如今的单亲妈妈，或是挣扎在离婚边缘的哺乳期妈妈多到让人揪心。唉！这样的婚姻对双方的身心影响自不必说，又有几个人考虑过这样的生活对幼小无辜的孩子会产生怎样的影响呢？

我遇到过一位母亲，与丈夫已经生活了二十多年。她经常穿着一身灰衣、发髻散乱、戴着墨镜。大多数时候，她都会在公园的小树林里练太极，虽然看起来有些邋遢，但面容清秀，想必年轻时一定很漂亮。她对我说，自己家里存了一瓶有毒的酒，是她丈夫某一天拿回来的，当时丈夫说是药酒并逼她喝下去，而她没有喝。

这瓶酒在她家里放了十年，没人碰过，包括他嗜酒的丈夫。她曾经建议丈夫用它泡脚，但丈夫拒绝了。那有毒的酒就这样陪了他们十年，并且还将继续下去。这个女人对她的儿子说，如果有一天自己有什么不测，那么他的父亲一定脱不了干系。她还说，她的丈夫之所以没有轻举妄动，是因为她对他说："如果我死了，马上就会有人报警。"他们长时间处于离与不离的状态。不知道这对她的儿子会产生什么样的影响，也无法想象两个彼此仇恨的人伴着一瓶有毒的酒如何过日子。

他们一定曾经非常相爱，所以才有了今天非常的恨。太极是很美的，但是她的动作既不到位，也没有任何美感。确切地说，她看起来就像一个提线木偶，那不是在练太极，而是一个个连续的生硬动作。就像她的婚姻，那不是婚姻，而是内耗。

每次看见她，我都会想起她家里那瓶有毒的酒。有一次她告诉我，家里就她一个人，她很孤独。她的年龄大我许多，阅历也比我深。我无法告诉她，她的孤独来自一个影子的投射，那并不是真的。这个世界上，没有谁是孤独的，只是找不到自己罢了。若是人们一直向外寻找，必然会是孤独的，真正的你不在外面而在内心。找到了自己，孤独就永远不会存在。

当两个人在婚姻里争吵甚至大打出手的时候，受影响最大的是在旁边观战的孩子。两个成年人逞一时之快，唇枪舌剑，你来我往，孩子在一边瑟缩不宁。成长中的孩子正处于学习阶段，好坏不分、来者不拒。父母用争吵、打斗来解决问题，那么，这种方式也会成为孩子日后解决问题的方式。

所以，想要成家的女孩子们，真正重要的事情是了解自己到底需要一个什么样的人生，弄清楚自己的世界观、人生观、价值观，然后在这个大范围内缩小目标，去寻找具有相同观念的另一半。

当然，并不是观念相同就可以相安无事。在很多方面，譬如生活习惯、处理事情的方式等细节方面，两个人也要合拍，能够建立一个良好的沟通方式，才适合进入婚姻。但是，这一切都建立在双方均懂得"仁、义、理、智、信"的基础上，若有一方不仁不义，无智无信，婚姻之路将很难通顺。即便是磕磕绊绊走过一生，也毫无意义可言，除非你能在逆境中提升自己，但这不是婚姻的本义。

所谓无智无信、不仁不义也不是永久不变的，你可以等待转折点的到来，可是这注定你将要走的是一段不平整的路。除非你对自己有足够的把握，否则还是要慎重选择。

实际上，就婚姻本身来说，任何两个人都是没有问题的，婚姻只是提供了一个完善自我的机会，世界观、人生观完全不同的两个人，也能很好地相处，因为他们拥有更好的特质：包容、理解、爱。真正圆满的婚姻，是两个人互相完善对方，携手走向圆满的至善。

人的成长就像树一样，最初只是一棵小苗，要不停地吸收养料、经历风吹日晒才能长大。人们常常在某一天突然发现一棵树长大了，会觉得树的成长似乎毫不费力，平常的日子看不到它的任何努力。人就是如此迟钝，看不到一棵树的成长，看出自己身边的人的变化更是困难。

也许，每一棵树都要用很大的力气吸收养分，用很大的劲儿将根向泥土深处不断延伸。它一定一直在使劲儿，不然你就不会见到在石头缝里扎根的大树。你能看到树冠的美丽，却看不到那比树冠还要壮美的庞大根系。

我想说什么呢？真正的成长在于内在！就像树的成长取决于树根而不是树冠一样。一个人从生下来到结婚，就像一棵小苗儿长到开花，需要不断地汲取营养、努力成长，为开花做准备。

当一个人具备了爱人的能力，意味着他开出了自己的花朵，可以成为一个爱人，也许这就是为什么我们要称呼另一半为"爱人"的原因。只有当一个人具备了爱的能力，才有资格成为一个父亲或者母亲，才有能力结出爱的果实。

我们的环境如此混乱，是因为我们不懂得如何去爱！不懂得爱的人应该独善其身，但几乎所有的人都会选择进入婚姻。如此匆忙地进入本是为爱设立的殿堂，却没有准备好去爱，所以会走向另一个极端，那就是恨。当然，不是一概而论的。用目前的离婚率百分之四十多粗略地计算一下，还有差不多百分之六十没有离婚。其中，应该有一半以上是合格的婚姻。这已经很美好了。

我们所处的世界看起来尽管很混乱，但幸福的婚姻还是有迹可循的。虽然它并不圆满，因为你浓我浓的婚姻里不只是有爱，还有嫉妒、占有、控制欲等烦恼。

但既然我们到了这儿，就要尽自己所能，将人生进行得更近于完善、圆满，至少让自己满意，让身边的人满意。抱怨是痛苦的，但奇怪的是，喜欢抱怨的人却如此之多！难不成大家都很自虐，喜欢痛苦地生活？事实上，人所做的一切，只为了一个目标，就是寻找幸福和快乐。但是，有多少人能在晚上闭眼之前告诉自己：我今天过得很幸福。这很奇怪，所有的人尽一切力量寻找幸福，可他们所有的作为却带来了更多的混乱和冲突。那么根源只有一个，就是人们自己本身是混乱的。

如果意识到问题所在，我相信人们会愿意做出一些改变。为了我们深爱的孩子们，为了我们自己幸福的生活，从现在开始正确地对待自己，正确的对待身边的人或物。年轻人在步入婚姻之前，必得学会如何做一个合格的爱人，在成为父母亲之前，要有准备有担当，父母的角色固然重要，但更重要的是，父母亲是另一个新生命的全部所有。

6. 如果爱……

我想告诉孩子们，在这样一个世界里生活，可以奉行的准则是：自爱、爱人！让自己发光，爱身边的一切。最重要的是要自爱，一个不自爱的人是没有能力去爱别人的。但是，什么是爱？说实话，我不想写这个话题——这个被千百人歌颂、被千百人疑惑、被千百人写过的话题。

可是，一种急迫感促使我要把所知道的爱写在这儿，希望对孩子们有所启发。首先，我想告诉你什么不是爱。你看到某个东西，或某个人，你想得到他（她），那不是爱；你的亲人想要一些陪伴，但是你穷到只能给他们一些物质的东西，那不是爱；虚假、傲慢地对待身边的人，那不是爱：撒谎、用言语或行为使他人受伤，那是自毁！

爱是心里的柔软，温润如玉。你看到一个很喜欢的人，微笑地看着他（她），没有任何想法，那正是你的爱在开花，不要去打扰它！不要有任何去得到他或她的行动。

让爱在心里开花！当它遇见某些事，某些闪光的美好的事物，就会继续开放。譬如某种令人惊叹的艺术、帮助某人或接受某人帮助之后内心升起的悲悯和感激、与动物的片刻对视、用心对陌生人表现出的善意、做到不伤害他人或物，这些都是我们的爱。当爱在内心里开放，当它饱满到一定程度，果实自然就会出生。

如果爱，我们就会被爱；如果恨，就会被恨！当充满爱的时候，周围的一切都会感受到你的爱，会被你感染和吸引。即便遇见一个心里充满恨的人，在你的爱面前也会退缩。相反的，如果心里充满了恨，周围美好的一切会越来越远，没有人愿意长久地与一个充满怨恨的人待在一起。你爱的时候，内心是轻盈喜悦的；而满怀怨恨的时候，痛苦会噬咬你的心，疼的也是你自己。

我家宝宝很喜欢笑，哭的时候很少，我衷心地希望小家伙一生都能保持这样纯净的笑脸。有人说，人只有在做小孩子的时候才会拥有真正的快乐。这话不是绝对的。在我看来，之所以会这样，大概是因为在孩提时代，人的心灵都很纯净。所以，保持心灵的纯净是人生获取快乐最简单的方式。

一切都源于爱！

七、萤火虫与猕猴桃

萤火虫是一部动画片里的可爱小动物,我家宝宝非常喜欢,她管这只萤火虫叫"倪胡彤"。并不是宝宝别出心裁想了别名出来,而是宝宝两岁左右时叫萤火虫的直接发音。宝宝把猕猴桃也叫作"倪胡彤"。

但是宝宝有时候会在我把萤火虫听成猕猴桃的时候,很认真的纠正我:"不是倪胡彤(猕猴桃),是倪胡彤(萤火虫)。"然后我作恍然大悟状:"哦,是萤火虫啊!"宝宝就会很满意。宝宝对这两个词的发音稍有一点点不同,萤火虫的那个"彤"音稍微长一点点儿,并且往上扬。如果不注意听,当宝宝说出来的时候,无论是萤火虫还是猕猴桃,都是"倪胡彤"。

但是毋庸置疑,萤火虫就是萤火虫,猕猴桃就是猕猴桃。无论它的发音如何近似,它们都是完全不同的东西。但是宝宝却把这两种完全不同的东西,用"同一个词"就表达了出来。这就像是我们现在很流行的一种穿衣时尚"混搭风格",这样的感觉很不错哦。

1. 倾听与分享

其实,在我们发音清楚的成年人世界里,当两个人坐在一起开始对话的时候,这种"倪胡彤"现象也非常普遍。当两个装得满满的人相遇之后,出现这种情况是必然的。譬如:

甲乙两位好友,甲最近面临工作瓶颈,而乙刚度假回来。两个人见面,甲有一堆的心事想要倾诉:"我最近不太好……"

乙想要分享自己的旅途见闻:"啊,是吧,你要注意啊,希望你能尽快好起来……哈哈哈……我最近去加拿大了，那里的草地真漂亮，你知道加拿大的冰酒是世界上最好的吗？"

甲："嗯，我知道，确实很不错……我的工作出现了一些问题。"

乙："这可不太好啊，但问题总是能解决的……我在加拿大遇见一个人，她……"

在成年人的世界里，我们管这个叫"谈话"。这种情形经常出现在好友聚会上，大家都装得满满的，每个人都有自己的心事，有自己想要表达的东西。大家都在喋喋不休地说话，但是没有谁在听。尤其是听起来貌似很热闹的那种谈话，一个话题接着一个话题，但事实上，始终只有两个或多个在说话的人，而没有听话的人。但是最后，两个人会很满意地对彼此说："有个朋友听我说话真好。"他甚至没有注意到自己说的对方根本没有听进去。

自从我家宝宝有了"倪胡彤"之后，我便把这种现象称为"倪胡彤"现象，或结合现实称为"迷糊虫"现象。因为说个不停的人连对方有没有在听都不知道，而貌似在听的这位心里不停地翻腾着一些想要告诉对方的事情。"迷糊虫"这个词虽然比较贴切一点，但还是尊重宝宝的原创吧！

倪胡彤

在我的好友苏珊身上曾经发生过这样一件事儿：她家住在一个环境较好的社区里，社区的物业为了治理乱丢垃圾的现象，做出了以下规定：若有人将垃圾掉在或扔在地上，将会面临大额罚款。一天，苏珊拿着家里攒了好几天的垃圾准备去扔掉，但是走到垃圾桶跟前的时候，却发现垃圾桶已经堆满了。如果扔上去的话，垃圾必然会掉下来。为了不被罚款，苏珊只好又将垃圾带了回去。一个有一堆心事想要倾诉的人，就与想要扔掉手里垃圾的苏珊一样，他需要的是一个空着的垃圾桶。

当一个人对另外一个人说出一些事情，初衷是希望可以分享或者是分担，他只是需要一个倾听的人，倒出内心的那些多余的伤感，或是分享喜悦。而倾听的这个人要准备好自己的心，把它倒空了，去接受对方倒出来的委屈，或者静静地听，去感受他想要分享的喜悦就足够了。若能真实地感受对方的存在，就会知道根本不需要评论，仅仅倾听就够了！

但很多人往往都是躁动不安的，无法安静下来倾听另一个人把话说完，总有一个人会去打断另一个人，做一个评论，或给个建议。每个人都认为自己知道的很多，或者说人们都愿意表现出一副自己知道很多的样子。还有另外一种情况，或许是因为他们更需要倾诉，所以有很多话要说，没时间听你把话说完。

经常会听到两个人的谈话没有交集，只有两个在说的人，但是没有听的那个人。有很多话只要有一个人听就足够了，但是很难找到一个能听进去别人话的人。所以，就有了很多喋喋不休的人。他们不停地在说，有机会就会说，把一件事情翻来覆去地说。

但是没有人真心倾听，人们都很孤独！如果你幸运的话，会找到一个真正懂得倾听的人，会发现在倒出委屈之后，心里的委屈会消失，再也不需要诉说这件事了。若是某件事说过很多次之后还想再找人说，那一定是不曾有一个人真正地倾听过你。

听孩子们说话需要用心，因为他们发音不清楚，表达能力也不完全。如果不是很懂孩子的话，我就听不出小家伙究竟在说什么。其实不只是听孩子们说话要用心，当"听"的时候就只是听，这世界就会不一样。

无论是听身边的人说话，还是听虫子、鸟儿的鸣叫，或去是听池塘里游鱼的声音，甚至是听那种静谧之声，只要心在这儿，这一切便都是鲜活的。若是心不在焉，哪怕有人用大喇叭喊，那个声音也只是表面的存在。没有心在那里，那就是活着，而不是生活。作为父母，不能只是在粉雕玉琢般的孩子们身边活着，而是要用心让周围的一切都活色生香。

2. 波里的故事

下面给你讲的故事，虽是同一件事，却彰显了两种不同的人生。希望你能先放下自己的事情，让我讲来给你听听。若是能清空自己的话，那自然最好不过了。

第一种人生：

波里一个人在路上走，被另外一个拿着很多东西的人撞倒。波里很生气，他挥起拳头揍了这个人，这个人道歉之后走了。但是波里剩下的旅途却毁了，他在心里不停地责骂那个已经离开的人，因为那个人将他的衣服弄脏了！于是，他的一大半旅程就在怨恨和指责中度过，沿途的风景根本无暇顾及。

第二种人生：

波里一个人在路上走，被另外一个拿着很多东西的人撞倒。虽然衣服被弄脏了，但是波里却一点都不在意。他注意到这个人需要帮助，这个人拿的东西太多了，而且有很多是没必要的。于是，波里告诉这个人：你拿的东西太多了，而且这个像小山一样叫作愤恨的东西，背着它毫无益处，完全可以把它扔了。这样的话，它就不会那么沉重地压在你的心上，你将变得更加灵敏，也不会再撞到别人。你还有一些快乐，我愿意和你一起分享！

这个人听从了波里的话，将沉重的东西都扔掉了，然后他们一起分享快乐。于是，波里的一大半旅途充满了愉悦，另外一个人也变得轻松而愉悦。

这是关于爱与憎的两个故事！重申一下，我讲的是一个猕猴桃，希望大家准备好自己，不要把它听成了萤火虫。希望我能够表达清楚那是一个猕猴桃，不要把它说成是萤火虫。

爱和憎是人们感受最深、使用频率最多的两种情绪感受。我们看见任何东西都会生起喜欢或者不喜欢的心态，或者给个好与坏的评价，而好与坏的标准则每个人都有所不同。譬如街边的臭豆腐,有人闻见味儿就会逃之夭夭,另外一些人却趋之若鹜,你不能给他们定义谁是正确的!

但是,这个世界有很多人为了各自的信念或习惯吵吵嚷嚷,甚至大动干戈。他们都坚持认为自己是对的,造成了很多混乱和冲突。我们的观念不同,甚至是心情不同,看事情的结果就会不一样。在同一件事情里,不同的人感受也不同,此地寒冬风啸啸,彼处已是春三月。事情一样,但是心境不一样,感受就不一样。

我们这些走在路上的人,其实目标都是一样的,很简单,都想要幸福地生活!但是,如果幸福成为一个终点的话,你就会很辛苦,就好像住在自己的房子里,却认为幸福是在另外一幢房子里一样。事实上,它就在你的房子里,无论是你租的还是买的,它就在那里。

故事里的人看起来好像要去一个爱的终点,事实上爱不是终点,而是一个起点。它也不遥远,不需要走过万水千山,反而是越起劲地追,它便会越遥远。当你发现它的时候,就明白了它不是与你有距离的某个东西,而是一直与你在一起的一种"存在"。而我所看见的是,人们都在追它的影子。一个影子能带给你什么呢?它是空洞的,没有东西能够传达给任何人,除了让你看不见自己之外,什么都没有。我们所有外在的寻找,都不过是在追逐影子罢了。

3. 一个人的旅程

来吧,让我们再回到这个故事里吧!

波里一个人在路上走……

在人生的路上,我们都是一个人在走,而且必须是一个人走,必须是单独一个人走!不是孤独!我们单独地来到这里,单独地去。就算有慈爱的双亲,有一个尽如人意的爱人,有孝顺的子女,但在生命的尽头,还得一个人走,你们无法约定好一起走。这就是人生,我们一个人来,也将一个人走!

如果一直处在人群当中,我们会找不到自己,会迷失方向,找不到回去的路。这不代表我们不能与众人相处。在这个世界上生活,我们需要与各种人打交道,每个孩子将来都有同学、同事以及周围一起生活的人,都是他们生命里不能缺少的。曾有人说，单独是你和自己在一起，是圆满；孤独，是别人不在，是缺憾。试试看，去了解一下单独与孤独的区别。

单独很美，它是一种在，是自己的在。也可以说是"我"的不在，因为"你"不在，所以"我"也不在。想想看，如果没有另一个人或物，那"我"在哪里？如果没有"你"，那么就没有"我"，这就是完整。无论我有多少"缺陷"，但如没有"你"的话，我就是一，是完整的。

所以，人需要独处。一个体会过完整自我的人，会比较少或根本不会与他人产生真正的冲突。我不得不说，古时候没有电视剧、没有网络的生活是多么让我怀念！我不知道为什么要说怀念，大概我在那个年代里生活过罢，哈哈。

现在，我的生活里也早已没有了电视，网络也几乎没有实际的作用，有时候我会停掉它。我喜欢这样的生活。当然，手机还有数字网络，也为我提供了很多方便。我们也不是一定要生活在没有电视网络的世界里，有了网络这个世界多精彩啊，好像连地球都变小了。

可是，我们自己呢？那无限膨胀的自我呢？谁来照顾它？我们可以为电视剧里的某个角色流泪或欢呼，也可以在熙熙攘攘的网络里到处冲浪、游戏、欢天喜地，但也需要与自己相处。独处的意义就在于，与你的自我在一起，它能够治疗你从外界带来的伤痛。

我们的老祖宗要求我们"一日三省吾身"。现在的人越来越忙碌，别说一日三省，一日一省怕是也难以做到。如果我们能做到一日一省（我们对自己的要求通常都不高），也是非常可贵的一种习惯。

自省的时候，一定是一个人。因为只有一个人的时候，才能深入内心。如果有其他人在，我们一定会受到干扰。人也是有磁场的，我们还没有强大到不受任何磁场的干扰。或许有些人可以做到，但是大多数人还不能。所以，要单独一个人，看看今天有什么样的事情给心灵刻写了什么样的痕迹，是要保留还是要擦除。一个人若是很善于与自己相处，他必是一个会爱自己的人，这样的人也懂得如何爱人。

自省、省悟，这些词很美，或者说这些词所描述的境界很美。自省大家都知道，而省悟这个词值得我们好好体会一下。悟是人生的一种境界，"省"在前而"悟"在后面，也许是在说，悟是一种美好的结果，这个结果到来之前有很多事情要省。再比如说"了悟"，我猜这一定是说，世间万事已了，才能达到悟的境界。那省悟就很好理解了，自省、反省而悟。

经常如此，才能活出一个明明白白的人生，这是对于我们普通人而言的。对于真正有天赋的人，当下了悟，万事皆无。这并不是说他的生活里一件事都不会发生了，而是说他的内心纯净无染，所谓"事来则应，过去不留"。

我们经常看到很多人每天都忙忙碌碌，偶尔碰见他的时候甚至都没有时间说几句完整的话；他每天都有开不完的会、赶不完的应酬，大部分时间都在相互奉承的人群里呼朋唤友，混着酒桌、撑着饭局，或是不停地从这个城市赶到另一个城市。我不知道这个人身上会不会沾满各个城市里的灰尘，尽管他可能每天都换一身西装。这样的人生看起来似乎很光鲜，但愿并不仅仅是表面上看起来光鲜。

有些灰尘是看不见的。如果忙到天天飞来飞去，见面连几句话都说不完整的话，他或许更没有时间自省或面对真正的自己，会累积很多东西在心里，自以为是的性格也会慢慢形成。因为他被宠坏了，每到一个地方都会听到奉承。

若是没有及时处理掉这些奉承的话，慢慢地他会真的觉得自己很了不起。他会说："我很重要啊，到处都需要我！"真的很重要吗？如果请他闭上眼睛，诚实地面对自己想一想，他也许会怀疑这个问题。当然，能得到很多人的奉承说明他是一个有魅力的人，他唯一的问题只是太忙碌了。

忙一些很好啊！经常会有人这么说。我也会在某人表示自己很忙的时候不咸不淡地说这么一句。但若它仅仅是一种问候语的话，并不代表什么。但是，在很多人看来，忙意味着身居高位、有钱可赚、没有失业、人缘很好，等等。所以，现在所有的人都很忙，偶尔有两个不太忙的人，在这个环境里也要假装自己很忙。

人其实真的不需要这么忙！应该不时地停一下脚步，不只是看看身边的风景，还需要掸一下身上的灰尘。在这个世界上来来去去，我们很容易被灰尘弄脏了。有些灰尘落在衣服上，有些灰尘则会进入心里。衣服上的灰尘很容易清洗，心里的灰尘却很难去除。所以，人们清洗内心灰尘的次数一定要比清洗衣服的次数多一些才够用！

人们太忙往往是觉得自己的资源不够用。而关于够不够用这件事，在我家小宝身上发生过一件很有趣的事情：

> 她3岁时看《冰河世纪》，迷上了里面的大象。她注意到了大象有四条腿，于是对我说："妈妈，我的腿太少了，不够用。"

> 过了两天，大概她又想到大象可能是把手臂趴在地上，所以再次问我："妈妈，为什么大象要趴着？"
>
> 我说："它在走路。"
>
> 她注意到大象与我们的不同，再次问："那为什么我们要用两只

鞋子走路呢?"她看着自己的脚,脚上穿着鞋。

我明白她的意思,就用课本上的解释回答她:"很早很早以前,我们的祖先都是爬着走路的,后来,慢慢就站起来了。"

我没告诉她为什么要站起来,但是她的问题又来了,她低头看着自己的手:"那我们的手用来做什么?"

我说:"哦,用来做其他更多的事,譬如吃饭什么的。"

哈,生命是很公平的,每个人都有两条腿,可爱的小家伙看见大象有四条腿,所以开始认为自己的腿不够用。不要取笑孩子们,他们的很多问题也会令成年人迷惑。

譬如说,时间对所有人来说都是一样多的,每天24小时,但很多人觉得自己的时间不够用。其实,最主要的原因是他们觉得自己的钱不够用。一个月赚三五千的人,钱是不够用的;赚一万的也会觉得不够用,赚五万、十万、二十万的呢?也不见得够用。赚得越多的人越忙碌,时间就愈加不够用。这与我家宝宝说的腿不够用似乎有异曲同工之妙。

宝宝说,我们为什么要用两只鞋子走路?小家伙说这句话的时候,看着自己的脚,小小地犹豫了一下。我知道她本是想说为什么要用两只脚走路,但是她看到鞋子了,所以才说为什么要用鞋子走路。这也是我们成年人会犯的错误,我们很相信自己的眼睛,所以只能看到表面的东西,内在的实质是看不到的。

当你很忙,忙到没有时间自省,忙到没有时间与亲人相处,忙到没有一个完整觉可以睡,满脑子都是项目、市场、金钱的时候,就会距离生命的中心和你的爱越来越远,或许它尚未开花就已胎死腹中。

单独而不孤独是件很美的事情,很自然也很优雅。一个人在"单独"的时候,也一定是最诚恳、最真实的时候,没有人能欺骗得了自己,也不用因为他人在场而掩饰自己,可以不受外界干扰,完全作为自己而存在着!这时,人的自性也会毫无保留地流露出来。所以,"单独"是了解自己的最好时机。记住哦!要捕捉到自性,我们需要一颗非常安静的心。

虽然人们一直在以各种方式追求着幸福,但是从人们的行为来看,好像更倾向于自虐。

譬如为了舒适的生活,把自己绑在金钱的车轮上停不下来,却不觉得这样其实一点都不舒适;打着爱情的旗帜,将另一方束缚得喘不过气来,因为我爱你,所以你要如何如何。好吧,因为他(她)爱我,所以他(她)才这么做,那么就这样吧。双方居然一点都觉察不到这里有很大的痛苦存在;有个说法叫"享受孤独"(单独更准确一点儿),却从来没有"享受喧闹"的说法。

还有一件事情,每一个人都将要单独面对,无人能够逃脱,而且必须单独一个人,无法邀请另一个人同去,那就是死亡。别对我"嘘",为什么要绕开这个话题?这样能够逃避吗?我很奇怪,为什么人们在面对这个终究要面对的事情时,却一直采用逃避的方式,好像这样一来,就能够永远活下去似的。

事实上,从很多人的一些经验来看,死亡是一件很美好的事情。哦,你知道的,这世上有很多幸运的人有过濒死经验。如果你愿意多一些关注的话,你将会得到更多来自死亡的消息。

4. 背负包袱的人们

故事里说:

被另外一个拿着很多东西的人撞到……

注意,有很多这样的人,大多时候是无精打采的。他们眼神黯淡、脸色灰暗、行动迟缓,要不然就是忙忙碌碌,永远一副急躁的样子。他们背了很多东西:愤怒、抱怨、失去某个人或物留下的创伤、愿望没有达成的急躁、羡慕妒忌恨,等等。

对于人生来讲,这些不是轻飘飘的情绪标签,而是实实在在的一堆包袱,很多人就这样背着包袱而不自知,更不知道自己是什么时候背起了这些包袱。这么多东西压在心上,不沉重才怪。只是何必呢?何必让这些毫无益处的东西来压弯我们顶天立地的脊梁?何必让这些东西来榨干精力呢?难道人生就只是为了验证一下这些无用的东西?

这样的人当然会撞到别人,我们的混乱就是这样造成的。人们不一定是用身体撞到别人,他们会用妒忌刺伤别人、用谣言攻击别人、用冷漠砌一堵墙把他人隔开。有时候你会发现,有些人的眼神里会带着有毒的刺。如果这

七、萤火虫与猕猴桃

些刺刚好刺中另外一个有刺的人,结果可想而知,必然是两败俱伤。

我们经常会看到这样一些人,为了公交车上的一个座位,地铁里的一个扶手,打得不可开交,或者是为了抢一个车道弄得车毁人亡。真的那么需要这个座位吗?真的那么需要抢在其他车子的前面吗?不惜用拳头、用生命去争取?!

往深里看,事情不可能这么简单。这个急躁的人充满了愤怒和暴力,这些愤怒压得他喘不过气来,他已经承受不了这么多了,他必须找一个可以发泄的出口,让发酵的内在情绪发泄出来,然后才能冷却下来。急躁会让他像一个无头苍蝇一样发疯,任何一个可以发泄的出口都会使他们撞上去,在城市里最常见、最无辜的结果便是抢车道抢到车毁人亡。

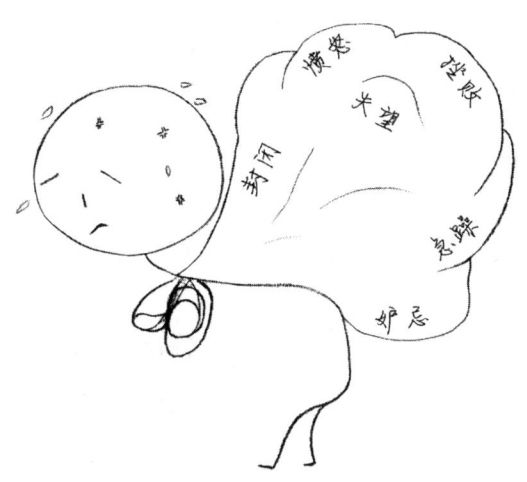

我们很容易撞到别人!经常会听到有人抱怨说:"他怎么会这样啊!真是让人无法理解,不可理喻……"一沙一世界,一叶一如来!在真相当中,不可理喻这个词是不存在的。相对来说,不可理喻只存在于不可理喻的人们的世界里。每个人的世界都有所不同,只是不同而已,没有好坏与对错。我们看待、处理问题的角度、方式、方法都不一样,并不是别人错了。

我们自己不懂的时候,就无法理解别人的做法,反过来也一样,他人也不理解我们。这个时候,冲突就产生了。如果我们能真正地看清楚他人的世界,就能够理解所有存在的事情。

举例来说,有两个人同年出生,一个人活了100岁,一个人活了60岁,在第 70 年的时候，突然发生了一次地震。

假设这两个人后来在天堂里相遇了，100 岁的这位向 60 岁的人说起在他 70 岁时发生的地震，60 岁这位根本没见过，不知道什么叫地震。他说："哪里有什么地震啊，我活了一辈子也没有见过地震是个什么东西，你就瞎说吧。"

他当然不知道了，但是不知道并不等于地震不存在。就好像一个去过欧洲的人见识过巴黎圣母院，而一个没去过欧洲的人听都没听说过。但巴黎圣母院依然存在着。

很多人为了某些事争论不休，甲说这样是对的，乙说那样才好。在这个大千世界里，一个人能看到的非常有限，我们都是在盲人摸象，谁会摸完了大象屁股之后就敢说这是整个世界？

但是，我们这些人，包括我也一样，常常把自己的观念、看法、经验奉为金科玉律，以此来评判别人的是非对错。若有人违背了我们的观点，冲突马上发生。事实上，无论是谁，你的看法，你的经验，你的观点都只是你自己人生一点点的小积累而已，那只是大象的一条小尾巴。当然，你的小尾巴本无可厚非，但是当遇到另一个摸过大象耳朵的人，你们就无法相处了，争斗于是不可避免。

我们便是一群拿着各自经验与观点与他人磕磕碰碰的人，夫妻之间、父子之间、婆媳之间、上下级之间，以至于社会团体、宗教团体甚至国与国之间常常都是这样。这些观点与经验就是我说的，你手里攥着的尺子，你自己觉得它准确无比。

5. 爱人的能力

杀伤力最大的，是人们内心的仇恨和抱怨。观点不同可以化解，但是仇恨就像难以融化的坚冰，冰冷、锋利，或者像一把刀，随时准备着切割什么东西。抱怨看似微不足道，实则更像是化学武器，会让身边的环境慢慢朽坏。所以，在我看来，一个总是抱怨的人，就是一个道德败坏的人，他无益于身边的任何人。

你遇见观点不同的人，可以不交流。虽然说与观点不同的人交流可以拓宽思路，但是人们往往会放弃这样的机会。但是，如果遇见一个充满抱怨的人你会怎么样？他是那么悲惨！你一定想减轻他的痛苦，那么我告诉你，你正陷入一个圈套。

在此提醒年轻的人们，不论男孩女孩，如果你遇见了一个经常利用同情心的人向你示爱，一定要小心，不要因为同情而对一个人付出自己的爱情，除非你真的认为自己内心足够强大。你是天使，但是他会把你当成青蛙，是温水煮蛙的那个蛙。一个利用同情来博取爱情的人，他的内在是很脆弱的。

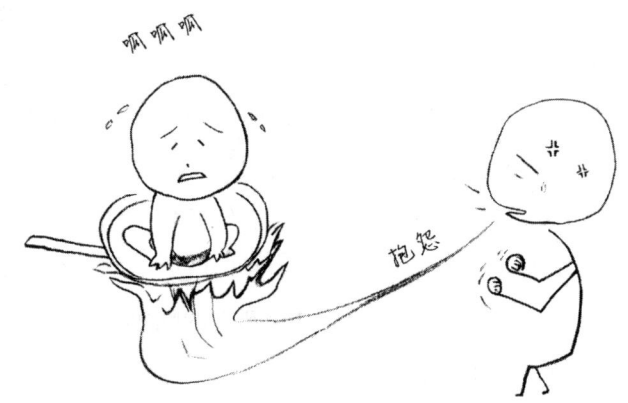

与一个抱怨满腹的人相处是一件很痛苦的事，短期或许可以接受，但若是长期相处，那就像慢火烤灼一样，总有一天你会受不了要跳起来。可是，对于你的反应对方会觉得很奇怪，会觉得过分的是你。他从来不在自己身上找原因，也就是说他从来不反省，这也是他不断抱怨的缘由所在。

事实上，我也不知道是不是应该提出这样的所谓"忠告"。谁知道呢？也许遇见一个抱怨的另一半，那正是你要走的路。这个世界上，对于一个不完整的人来说，没有什么东西是无用的，即便是来自另一个人的抱怨，看似与你毫不相关的抱怨。但对于一个完整的人来说，则没有什么东西是有用的。

而我们，都是不完整的。所以，当你遇见一个充满抱怨的人，那对于不完整的你来说，也是有用的。抱怨就像是刺，如果你的心有一处还是硬的，那刺便会让你感到疼痛。但是，若你有一颗上下、左右、前后都柔软的心，那无论是什么级别的抱怨都不会伤到你。柔软意味着还活着，一颗真正活着的心，是不会被伤害的。只有坚硬的东西才会碎，一个人说他的心碎了，那是因为他的心死了，是他自己死了，与外界无关。

我说也许那是你要走的路，并不是宿命论，而是说对方的刺会帮你提升自己。如果你是一个完整活着的人，对方的刺会变得没有任何意义，他伤不到你。就像一个挥舞着刀子想要砍杀的人，若他砍不到什么东西或者人的话，不用多久他就会放下刀子。

那么，一个抱怨的人，他的抱怨在你这里起不到作用，他也会停止抱怨。从某方面来说，你将治愈他，而这正是一个爱人需要做的事。从外面看来，你实际上什么也没有做，甚至连话都不要说，如果他开始骂人，甚至骂你，也要记住不要被他的话带着走，你是自己的主人。你要自己决定这件事将要怎么样，而不是他。

但是，如果你的手里有一把剪刀，或者你的心里有一把标尺，那事情将会是另外一个样子：对方的刺会碰到你的剪刀，也会刺到你的标尺。那么你们之间只能是一场混战，你们都将是受害者。但愿你能明白，我让你放下剪刀或尺子，是想要和你一起清理你的内在。我们所面对的这个世界是活生生的，你的剪刀会使你伤害到别人，同时引来别人的伤害。你的尺子也根本起不了任何作用，因为我们都在不停地成长。

你只需要保持自己内心的柔软，保持内心完全地活着，别人的刺对你就不会起作用。如果你是半死不活的，那他的刺将会激活你死掉的比较僵硬的那部分。那么借着反省，借着发现自我，你将会让死掉的部分活起来。若死得很透，那些抱怨将会像是心脏病医生手里的电击器具一样，会一遍一遍地对你施行电击。如果一颗心死得很严重，这会起到一些作用。但结果还是有两个，有些人会活过来，有些人会死得更快。但是无论死活，对于你来说，那个想要救你性命的医生始终是你的恩人。

所以，在婚姻里，无论你遇见什么样的人，不管是琴瑟相合，还是摔锅砸碗交响曲，前者固然令人愉悦，后者却也自有其妙用。我们中国人结婚没有证婚词，因为看似简单的两个人相处，却是如此的复杂，充满各种意想不到的事情。对智者来讲，不说是非常好的。但现在我们的世界里没有圣人，也缺少智者。所以我觉得应该补上结婚证词这个缺："我愿自己具备爱人的能力，并衷心感谢遇到你这样一位恩人。"我们应该对彼此这样说，并时时醒觉，提高自己爱人的能力，记着无论对方做了什么，他都是你的恩人，要感谢他。

另一些人背负的重物也许是嫉妒，而嫉妒首先伤的是自己，同时也把别人挡在一堵墙之外。若是再过分一点，嫉妒也会发出自己的箭去伤害他人。其他各种坏情绪带来的伤害不需要一一列举了，我相信人们在生活中已经体会得够透彻了。

我们都是有刺的人！这些刺是无形的，它根植于内心深处。但是，你可以选择不刺伤别人，它就会慢慢消失。如果你使用它，它就会越来越强壮。这些刺本身是有毒的，而中毒的是你。但是最可怕的，并不是你中毒了，而是你中了毒却不知道，或不承认自己是毒素携带者。这样的话，你会觉得那些有毒的东西是很正常的！

而现在，我们就正在用这种方式将有史以来最可怕的毒素往外扩散着，没有任何防御措施！最无辜的毒素接收者，当然是你怀抱里的孩子。

我们一起来反省吧！这乱七八糟的生活，混乱不堪的内心。就是现在，难道非要等到狼藉遍地，满目疮痍？赚钱这件事对一些人来说比较困难，但是人们并不会因为困难而轻易放弃。

但是自省，只是向内心看一下那么简单，却少有人去做。难道是因为太简单，自称天地之灵、万物之主宰的人才不屑去做？人们总是需要一些困难的事情来证明自己有多伟大，但是，这恰恰说明了人的渺小。因为，一个真正强大的存在，根本不需要去证明什么，他只要在那里，你就会知道，他是很强大的。狮子需要证明它是狮子吗？一个需要证明的狮子一定是有问题的。

6. 心理上的发烧

波里很生气……

感冒发烧是生理上的发烧，生气则是心理上的发烧。如果感冒发烧了，身体会很难受，日常事务也无法处理。如果人的心理发烧了，若是没有人提醒，自己也不觉察，你就会被发烧的情绪带着走。这个时候去做事，就会带着愤怒，愤怒会蒙蔽人的明智，这时候做决定，多半会后悔不已；带着愤怒与人相处，也多相处不好。除非恰好幸运地遇到第二个故事里的波里，并且具备信任的特质，但这样的人并不多。

生气的时候，不要让情绪牵着走，一定要找到它！

有时候，一个人生气的原因会很奇怪，譬如一条狗冲他汪汪叫了几声，他就会生气，嘴上或许不说，但心里会说："叫什么叫，我又没惹你。"有的人找不到某个人或物也会大气特气。这足以说明人是多么容易生气的动物。

前面提到过的那个小姑娘的方法，这里也适用。当遇见某个人或某件事就要或已经愤怒的时候，马上停止正在进行的事情，给自己一些时间，闭上眼睛和耳朵，看看内在。你会发现，愤怒很像一个小偷，当你看见它的时候，它就会消失。

等恢复了宁静，再去处理事务。这时候你就像一个完全病愈、体力得到恢复的人，病时无法处理的事情，这个时候手到擒来。没有了愤怒这个有毒的雾霾，你会心明眼亮，从善如流，少有差错。

我有位好友，她的先生很容易生气发火，几乎每次两个人吵架的时候，都会大吼着要"离婚"。刚开始她无法理解，并且挽回了几次。后来他们真的离婚了，因为"离婚"这个词她已经听厌了。而她的先生则在离婚之后想挽回这段婚姻，可是已然都晚了啊！

如果总是被情绪带着走的话，它会一直带着你撞墙、撞人、撞各种东西，你的生活就会变得千疮百孔，自己会受伤，身边的人也会受伤。就像拿着剪刀剪东西，但是自己都站不稳，要如何剪得准确？这很愚蠢，但是你不知道。

的确，有多少人愿意承认自己是愚蠢的？其实，不能说是不承认，你只是不知道。如果你知道了，就会明白确实是这样，并且承认它。相信我，承认自己的愚蠢并不会使你变得更加愚蠢。相反，它是悬崖勒马的那根缰绳，是明智之举。

生气的原因有时候简单到令人发笑。某人说了某句话，并不是针对你的，但是你会很生气。这只能有一个原因，那就是你确实被说中了，所以你才生气。如果你不在对方所说的范围内，你一定不会联想到自己，也就不会生气了。

假设，某个你认识的人在另一个地方说："有些人，简直就是猪，一件事儿都做不好。"你不知道他在说谁，但会联想到自己是个比较粗心的人，经常把一些事搞砸了。你会想到，他会不会是在说我？下次当你见到这个人时，心里一定会提防他,谁知道他以后还会说出什么话来呢?

但是,如果你清醒一点的话,就不会提防他了。因为你要提升自己,有些缺点确实需要克服。你看不到自己的缺点,可是对方看得见。如果他能当着面告诉你,你一定要发自内心地对他表示谢意!

一个能让你生气的人,才是你真正的好朋友。他看到你内在的缺点,会激活你死去的那部分,他才是真正帮助你完善自己的那个人。但一般来说,像我这样的人会把真正的好友当成是敌人,会跟他吵架,指责他:"你凭什么在背后说我坏话?"嘿,为什么要害怕别人说你坏话呢?当然,造谣生事者另当别论。背后说人坏话虽是小人行径,但是他也会帮助你。而且,他的损失也很大,要背负着小人的骂名。

对于喜欢在背后说人坏话的人,我想劝一句,有话当面说,不然你损失大了。当面说是君子,背后说就是小人。当面说的时候,话语委婉一些,毕竟大多数人是脆弱的,脆弱到承受不起一句有分量的话。一个可以积攒很多财富或名声却承受不了一句话的人,注定是失败的。

但是,在我们的生存环境里,多数时候的明智做法是闭口不言。不要以为某人有缺点,我要做一个君子,要帮助他,所以一定要告诉他,那不一定是正确的。如果你要说,你就要确认他能听见。嗯,他耳聪目明,怎么会听不见呢?我不是这个意思。我的意思是,你要确认他能听进去,确认他的心是打开的。只是耳朵听见,那是不够的。一定要心里面明白了、理解了才管用。

事实上,我觉得人们的耳朵形同虚设,或许没有耳朵会好一些。在原始世界里,人们需要躲避猛兽,耳朵是需要的。现在没有那么多危险了,耳朵所听到的都是一些不实的杂音,而且我们的头脑会把这些杂音当成真实的存在。

我都听到了,怎么会没有呢?它是有,但是对本质来讲,它是无。嗯,要怎么说呢?一个人在另一个地方说某人是猪,你联想到自己,但是人家并没有说你,这是无。你实实在在听到了并且认为对方的在说你,然后你生气了,这就是有(这里的无、有,指世间是非无中生有的无、有,可以理解成无事生非)。你要找谁的错,是耳朵的错吗?不对,是你的错。可是没有耳朵的话,你就听不见这些了,所以没有耳朵会好一些。但是,如果没有你的联想的话,会不会更好一点?

闭口不言、内观自省的人才是真君子。你看到某人心门大开，觉得可以开口说话了，但要说什么呢？指出对方的缺点还是夸他的优点？都不会，更不会婆婆妈妈一大堆。如果你整天在一群人里啰啰唆唆，你就根本没机会看到任何一个人的内心。一个心门大开的人，你无法看到他的缺点，如果你看到了，那一定是你自己的缺点。你的心是一面镜子，他的心也是一面镜子。你在一个心门大开的人那里看到的都是自己，看到自己你会怎么样？你会笑！你不会开口说什么了，什么都是多余的。

生气，便是无中生有的过程。本来嘛，不管说了什么，都只是一句话而已。即便他在背后说我，也与我没有什么关系。有人当面骂我，那是他的不幸，他不知道自己在骂人的时候有多愚蠢。不信你注意看看那些骂人的人，所有不好的标签都可以贴上去，无论多帅气漂亮的脸蛋，骂人的时候都是丑陋的，骂得越凶越难看：眼露凶光，像遇到危险时防卫的动物；口吐脏话，简直无法用一个合适的词来形容，嗯，"下流"大概合适一点。

骂人的人以为在骂别人，自己感觉挺痛快。殊不知，那是自毁。你骂了一个人，自己面目丑陋、身心疲惫不说，还少了一个朋友，人生也少了一条路，这是规则。如果想要成功和幸福，处理好自己的情绪和嘴巴是很重要的。当然，人格更重要！

在家庭里，或者说在两个爱人的相处里面，我们结过婚的人是深有体会的，"战争"避免不了。只是要记住，但凡两个爱人之间的事情，没有对错，只有不同。有人好讲理，总觉得自己高人一等，因为他是讲理的。

可什么是理呢？在一方的观念里，吃好、穿好是生活第一需要，而另一方看重的是两人之间的相敬如宾。当生活理念不同的时候，摩擦会多一些。前者的理是物质，后者的理是精神。这时候，你说他们谁是正确的呢？你大概会站在与你的理念相同的一方。而实际上，没有人是错的，只是观念不同，仅此而已。

我们的现实是，组成家庭的两个人观念并非完全相同，总有很多不同的地方。这时候我们就需要包容，需要用智慧而不是情绪来处理事情。智慧从某方面来说就是理解力，理解能力强的人会更多地包容别人。因为他能够从理解当中更多地体会另一个人的感受，会像体会自己的情绪一样去体会他人的情绪，所以包容会成为自然而然的事情。

这并不是说，某件事我本来容不下，硬生生忍下去，这不叫包容，叫"生煎包"还差不多。一个孩子能降临到一个充满了理解和包容的家庭里，无疑是幸运的，不论他的先天如何，他的后天环境至少是令人欣慰的。

做父母的人一定要时时警醒，自己的一言一行都将会对孩子产生深远的影响，也许你的一句话就影响孩子一辈子。结婚是需要慎重的事情，首先你要具备爱人的能力。生孩子则关乎另一个生命的一生，更需要慎重，你的言行都要合乎礼仪，若能用"德、信、智"去为人处事，你就会是合格的父母。

简单点说，你要有足够的爱来给他引导，才配得上父母这个称呼。其实本来是很简单的事情，仅仅只是去爱就可以了。但现在变得很复杂，因为我们连最基本的爱是什么都遗忘了。这很令人伤感，却也无奈。

生气的时候，什么都不要做。无论做了什么，那必定是错误的；无论说了什么，也必然会后悔。事情不一定是错的，但生气却绝对是个错误。别人骂你不一定是错，但你生气了，那就错了！至少，你是在对自己犯错误。

这个错误对你的影响，不仅仅是外表丑陋那么简单，它会深入到你的心灵和身体深处。在心灵层面，它会显现出丑陋的一面，身体方面则会以疾病表现出来，这便是生气对人所起的作用。沉默是金，便体现在这里。这个时候的沉默，比你攥在手里的百元大钞要更有价值。

7. 心灵的内伤

他挥起拳头揍了这个人，这个人道歉之后走了。但是波里剩下的旅途却毁了，他在心里不停地责骂那个已经离开了的人。因为那个人将他的衣服弄脏了！于是他一大半的旅程就在怨恨和指责中度过，沿途的风景根本无暇顾及。

因为心里有怨恨！当某人怀着怨恨的时候，他是丑陋的，富有攻击性的，所以波里挥起拳头揍了这个人。不只是因为有人撞了他，任何一点不如意的小事，他都会挥起拳头，或者责骂别人，不停地抱怨。其实，这种人才是最可怜的。若是以后遇到这种人对你不敬，不要去责怪他，否则你就比他还可怜。你确实有可能会比他还可怜,要知道他可能会"胖揍"你一顿。

从另一方面讲,他一定受了很多伤!他的伤不在身体表面,而在内在。他的心底深处一定有很多让他致病的东西。这些东西原本是可以清理的,但是他没有及时清理,所以现在病得很重。他一点都不快乐,他已经毁了自己的人生!他曾经遇见过让他很受伤的事情,比你更加脆弱。所以要对他慈悲一些,尽可能地慈悲些。

我们总能在不经意间遇见这样一些人,他们可能是父亲、母亲、公司领导、同事、朋友以及路上的陌生人。这样的人现在很多,随处可见。但是结果如何,它将取决于你,遇见这些事的你。你可以让它变得更糟糕,也可以将它化解于无形。化解于无形不等于这件事没有意义,事实上,你的化解会创造一个最好的结果,就是你提升了内在的自己。

这个结果别人看不见,但是你自己会知道。也许看见的人会觉得你像个傻瓜,但是,你很清楚自己得到了什么。那个说你是傻瓜的人,他看到的是自己,你是他的镜子。每个人都具备这样的力量,没有谁会是例外。先清理好自己,让本真显现出来,一切都没有问题。每个人都具备这样的力量,没有谁会是例外。

我还是一个公司小职员的时候,有一次突然接到一个愤怒的电话,我还没来得及说话,他已经哇啦哇啦说了一大堆,总之是指责我们公司做得不够好,以至于引起了一些问题,其间夹杂着难听的脏话。

我只是静静地听着,等他说完之后,我问了他一个问题:"先生,请问您是来吵架的,还是来解决问题的?"如果他要吵架,我会给他找个公司里最会骂人的职员。他似乎愣了一下,然后语气有些缓和,说他想解决问题。那只是很简单的一些问题而已,我告诉他应该如何去解决,电话很快就挂了。过了几天,他再次打来电话,语气很恭敬,态度很客气,向我表示感谢。我不需要他的感谢,只是天生对吵架没兴趣而已。

没错,如果你是一个对吵架有兴趣的人,也许你会被他的话带着走,会回骂他,或是会责备对方毫无来由的脏话。如果你是一个很容易与别人争吵的人,那一定是你对吵架比较感兴趣。即便你自以为对吵架不感兴趣,但你心中有愤怒在,那么,当你遇见一个莫名其妙发脾气的人,必然会将你的愤怒激发出来，然后你会被愤怒会带着去反击对方的辱骂。人们会被愤怒带着走，却以为那是他们自己本身的力量。

你从来都是一个无法自主的人，却要自称是天地的主人、地球的主人、万物的主宰，类似的称呼人们已经自封了很多年。

还有一次，因为情况特殊，我需要离开宝宝一小会儿。于是，我请旁边站着的保安大叔帮忙照看一下小宝宝。结果他很愤怒，生气地说："为什么要我帮你看孩子，我又没赚你的钱。"我哑口无言，只好请他人帮忙照看。是啊，他确实没从我这里赚钱，大概也没有从其他地方赚到多少钱，不然，50多岁了，还要在这里做一个愤怒的保安。

可是问题的关键不在于他有没有赚钱，关键是他的愤怒！他从哪里来的愤怒，还要把它随意丢出来？一个50多岁的保安，该是儿孙绕膝的时候。他在这里工作，站着看人来人往，本来应该开开心心的，但是他很愤怒，并且一定是愤怒很久了！所以他会随意向某个人，譬如向他求助的我，表示出他的愤怒。他一定积攒了很多，几乎要爆炸了，处于一个比较危险的境地。

不知道为什么，我突然想到倪妮的侄儿贺南，那个我们亲眼看见的第一个小婴儿。我们亲眼看着他出生，直到他悲惨地结束。如果那个贺南活到50岁，会是什么样子？我无法想象。谁知道呢，也许他学会了如何去爱，也许会变成另一个版本的保安大叔。

我们可以简单想想这位保安大叔的人生：

当他还是个小孩子的时候，某一个愿望没有被满足，于是他很愤怒；上学时，成绩不如其他人，老师的批评让他很愤怒；到工作的年龄了，没有一技之长，难以找到如意的工作，于是他非常愤怒；婚姻中的争执当然也会使他更加愤怒；他50多岁了，人生路已走过一大半，但是还有种种不如意，他当然要愤怒！在他以后的人生里，他将还会有更多的愤怒！

他已经不是刚出生时的那个自己了，他很早就被愤怒主宰了，自身已变成了一个"愤怒"。他将会"撞"到很多人！如果，他撞到一个比他有更多愤怒的人，会有怎样的结果？

8. 婚姻里的人们

现在,人们的怨恨无处不在,尤其是在原本应该是爱的殿堂——"家"里面。家是人们短兵相接的地方,每个人都赤裸着自己,因为没有束缚会很舒服。你希望所有的一切都要如意,但是你赤裸着,露出自己丑陋的一面。你不知道对方是不是能接受,甚至根本不在意对方是不是能接受。你只想着,家里是休息的地方,想怎样就怎样。于是你赤裸着、懒散着。你忘记了有另一个人在,另一个需要你尊重的人。你随意地放屁、打嗝、说粗话,把你的吝啬、粗鲁,甚至是暴力统统呈现出来。

恋爱的时候,你绝不是这个样子。你会精心打扮自己。你不会在恋爱对象面前说粗话、挖鼻孔,偶尔放个屁都会觉得非常不好意思。但是有一天,恋爱结束之后,这个你用爱取得欢心的人成了你家里的一员。大家理所当然地觉得,家里是可以随心所欲的地方。哈,你本有的一切开始慢慢呈现,对方也一样。然后你发现,你们的观念如此不同,你们的性格相差甚远,就连你们的生活习惯都有很多矛盾的地方。每天如此,痛苦不堪!你们开始指责对方,都说对方与以前认识的时候不一样了。但是,你根本意识不到,你自己的所作所为也与以前恋爱的时候不一样了。

恋爱的时候,你会本能地隐藏起自己的某些"缺点",因为你要吸引到对方,就必须呈现出好的一面。或者说,你想要找一个好一点的另一半,就需要呈现出一些好的特质。你会有意无意地将自己对某事的观点隐藏起来,因为与对方的观点有冲突。那个时候,你的首要任务就是取悦对方。

当成功地吸引对方成了你的另一半后,取悦对方的"任务"似乎结束了。我们恢复到以往的日常生活,与对方一起打理柴米油盐过小日子。我们舒展开来,要做真实的自己了。能在另一半面前做真实的自己,是件很幸运的事情,我们都想成为幸运儿,我们的另一半也想成为幸运儿。于是,我们舒展开来,呈现出所有的美与丑,只想着做自己,忘记了最基本的规则:我们要尊重别人。

著名作家村上春树的婚姻生活听说很幸福,与夫人携手走过了甜蜜的一生，没有像我们大多数人似的，整天嚷嚷要离婚。据传，村上春树先生就是在家里办公时也会穿上西装，他说："要尊重自己的妻子。"这么一个小小的细节，足以窥见先生是个懂得尊重他人的人，我们也可以想象出他是如何对待自己妻子的。一个懂得尊重他人的人，也一定会得到他人的尊重。

爱一个人，首要的是尊重他，尊重是爱的最基本因子。如果连尊重都做不到，还奢谈什么爱呢？譬如说，你第一次看见一个女人或者男人很美丽或者很帅气，但是他或她却得不到你的尊重，你会去爱这样一个人吗？必然不会的。首先，你要尊重他或者她，然后才能去爱或者得到爱。

当然，我们一般人在家里的时候没必要穿上西装，但是，我们有必要将自己装饰一下，将心里装饰好再晒出自己的所有。心里的装饰品就是尊重他人和自己，友爱、温情，如果愿意再加上一点点浪漫，一点点就够，太多了浪费时间并且容易养成浮华习气。那么即便是我晒出一个很丑陋的自己，但是基于尊重、友爱和温情之上的话，我的丑也不会显得那么突兀，也不会那么容易刺激到对方。

我们在家里只想做自己，但是又不具备完善的人格，我们的内心有自私、懒惰、吝啬、贪婪、嫉妒、占有欲、傲慢、刻薄的种子。有时候我会觉得很奇怪，一个人内心里有这么多令人窒息的东西存在，他脸上的笑容要从哪里来？当然也有爱、温情、宽容、喜悦、慈悲的种子，哦，大概笑容是从这里出来的。这些种子一直在心里，遇到合适的土壤就会生根发芽。

譬如，你爱的人对另一个异性多看了几眼，多说了几句话，你的嫉妒就开始发芽。你的爱人总让你觉得无法控制，你的占有欲就会来告诉你，它可以帮助你。事实上，如果没有占有欲，你就不会想控制自己的爱人，或者其他的人和事。

顺便说一下，我们应该帮助自己，让内在的"爱、温情、宽容、喜悦、慈悲"的种子生根发芽，并用行动去滋养它们。当它们在心里长成大树的时候，你会发现一切都不成问题，那些"自私、懒惰、吝啬、贪婪、嫉妒、占有欲、傲慢、刻薄"等，如大树下的杂草一般，无法长到无法收拾的地步，必将自行枯萎。

如果一个爱人是完整的人，你会懂得如何去爱，会给他全部，包括自由。

但是，没有几个人的内在是完整的。

我们携带着的各种东西，美好的、丑陋的，都会摊开在婚姻里，因为我们的家是"放松"的地方。我不反对在家里放松，但我反对借口放松将自己的丑陋"发扬光大"，并且一定要对方接受这些丑陋。

婚姻不仅是两个人一起生活那么简单，它还承担着我们对彼此的责任。因为我们都是不完善的，所以婚姻的责任在于完善自己的同时也完善对方。因为你不会在其他地方如此近距离地观看另一个人，同时也被另一个人如此观看。

我们存在丑陋的地方是一个事实。婚姻里的战争大多是保卫战，不是两个人一起保卫婚姻的那个保卫战，而是两个人各自保卫自我的保卫战。说实话，我们对自己真的是太好、太宽容了。所以，无论我们内在有一个怎样的自我，哪怕丑陋到无以匹敌，也容不得别人说半句不是。只要有人戳一下你的痛处，或者只是陈述你自己晒出来的自私、吝啬抑或是其他什么，你就会马上不痛快，怒目相向。

我们对自己的爱已经不分是非对错，但是，对另一半或别人，我们很容易就发现其缺点或丑陋的地方。这就是为什么大多数婚姻里的男女会互相仇视和抱怨。事实上，在这种状态里，我们对其他人根本就没有爱。

在婚姻里，尊重是一个很微妙的尺度，它不像爱那么热烈，也不像恨那般冷酷，恰到好处地维持了两个人的和谐关系。我们可以把自己所有好的、坏的东西都晒出来，或许你的丑会刺激到我的神经，但是我尊重你，不会指责你。若我再借着这个刺激内省一下，就会发现，真正的问题并不在你，那是"我"的问题。同样的，如果你尊重我，那么你会在我的丑陋里面找到你自己。不是丑陋的那个自己，而是完整的那个自己。

尊重就像是一个堤坝，它维系了内与外两个门，能确保我们是安全的。如果婚姻里没有尊重，我们便不会向内去观察自己，只会走到外面去跟人吵架。譬如你看到我的丑陋，如果你没有尊重我，便会赤裸裸说出来，甚至是带着情绪指责我。如果我接受不了你的说法或是指责，就会开始跟你吵架，因为我要保卫自我不受伤害。每个人的自我都很脆弱，容不得别人说三道四，哪怕确有其事也不能说。

说真的，真正毁了我们的正是我们自己。

一切问题都是"我"的问题!刚生下来的孩子是不会称自己为"我"的,他没有我的概念。一个婴儿只知道饿了吃饭、困了睡觉,但是当他有了"我"的时候,一切问题就随之而来了。

我们看到一些不如意——其实不是不如意,只是不如你的意——的时候,就会抱怨。可是,为什么事情一定要如你的意呢?你不是宇宙天地的标准,甚至连我们这个小小世界的标准都不是,你连个圣人都不是,圣人之间还有差别呢,凭什么要如你的意,你在抱怨什么?

如果带着怨恨,无论遇见谁,你总会找到抱怨的地方。事实上,你的生活不是因为别人才成了这个样子,不是因为父母,也不是因为糟糕的朋友,更不是因为你的另一半;最最最不可能的,就是因为你的孩子。如果有人这么说,尤其是归咎于自己的孩子,那你简直就是……就是……你自己说吧!

一个有智慧的人,在婚姻里会是一个很好的清道夫,借着爱人的眼睛,将自己清理干净。清理!再清理!为什么要借着爱人的眼睛,因为我们看自己时都是瞎子,而爱人就是你的镜子,或者情况好一点,让他做你的灯。镜子只能映照出你自己,而灯会在黑暗中给你光明。

9. 你是一个接收器

现在,我们来看看第二种人生:

波里被另外一个人撞到,虽然衣服被弄脏了,但他一点都不在意,他注意到这个人需要帮助。

你关注的是什么,或者说你的内心有什么样的特质影射到外面?我们的身体就像一个接收器,若接收的正向事情多一些,就会具备正向的能量,反之亦然!我们平日里所关注的东西,无论是什么,都将成为我们的一部分。

如果你每天关注电视剧,电视剧将成为你的人生;每天关注五线谱,音乐将成为你的人生;每天关注麻将,麻将将成为你的人生;关注爱,爱将成为你的人生;关注恨,恨将成为你的人生。所以,要照顾好我们的身体,让它在干净惬意的环境里生活。或许身体不懂得好坏,但你本人明白善恶。所以,你要让自己的接收器接收正向的能量。

如果关注的是爱,就算你遇见的是一个强盗,也会向他显示出你的爱。你闪现的第一个念头,不是他会伤害你,而是他怎么会沦落到这个地步?你会同情他,而不是恨他。如果你的爱再多一点,会想到怎么帮助他。这就是为什么有些人遇见被贴上坏人标签的人之后常常会化险为夷。如果有足够多的爱,强盗也会向你臣服。

但是,心里装着恨的人遇见强盗,他的境地要比装满爱的人要危险得多,即使那是同一个强盗。因为心里有恨,遇见强盗的时候,恨便会起作用。好啊,你居然要抢劫我,看我怎么收拾你!如果刚好手边有可以抵御或进攻的器具,一场打斗将无法避免,悲剧也就从此开始。哪怕那个强盗原本并没有打算动手伤人,但你的恨意会让对方不得不出招应对。

这就是爱与恨在同一件事情里发生的作用。不难看出,我们付出爱,不仅仅是为了别人,更是为了自己。无论你爱谁,它将成全你!无论你恨谁,它将毁灭你。

孩子,我们处在一个相对的世界里,有时候需要分出个好坏对错,这会比较方便。我们要保护好自己,让自己不受伤害,同时也不要去伤害别人。保护好自己很简单,就是不要让恨在心里生根,不要让那些杂草"自私、懒惰、吝啬、贪婪、嫉妒、占有欲、傲慢、刻薄"等荒芜心田。你的心是一座花园,好好照顾它,它将开出最美丽的花朵。

用心去了解身边的人和事,那些理论上的好坏对错,并不真的是绝对好、绝对坏,只是为了方便,仅此而已。当你遇见一个人做了坏事,如果你足够多地了解他,就会知道那不是他的本意;甚至那件所谓的坏事,也并不真正完全只起到一个坏的作用。要用心去理解,然后才能看到事情的本质。

人的一生不会太长,我们要遇见的人也不会很多,也许最终真正遇见的人只有那么一两个。但无论是谁,都必将遇见自己。无论你遇见谁,在你这里,那都是自己的投射。你有没有准备好要遇见谁?强盗?无赖?圣人?智者还是爱人?那取决于我们自己。

有人这么问,如果一个很慈悲的人遇见了一个很残酷的人,那要怎么说?那个残酷的人是这个慈悲的人的投射吗?哦,怎么说呢?这样两个人相遇,也只会从彼此的身上看见自己。慈悲的人看见冷酷的人时,心里的慈悲会产生作用；冷酷的人遇见慈悲的人，起作用的也将是他的冷酷。如果冷酷的人拿出自己的刺或武器伤害了慈悲的人，慈悲的那个人也不会出于报复而有所行动。

一个慈悲的人具有无限地了解的智慧，也正是这种无限的了解才使得他具备了慈悲的特质。一件本来可能很坏的事情，也会在慈悲里终结。

你关注的是正向的还是负向的？或者说是爱还是恨，这样听起来比较清楚，虽然事情本身要复杂得多。

在传说当中，佛陀和耶稣都曾说过：在别人打自己左脸的时候，把右脸也伸给他。你能理解他们的话吗？那是出于一种非常深的爱！他们的心非常柔软！他们在爱和慈悲中生活着，愿意用自己的慈悲去化解他人的愤怒。在我看来，他们其实是在说："如果打我能减轻你的痛苦，那就来打我吧！我如此爱你们，不愿让你们那么痛苦。"

处于爱之中的人与处于恨之中的人，有着完全不同的外在，当然更有着截然不同的内在！爱是恨的另外一极，就像光明是黑暗的另外一极一样，所以他们必然有着完全两极化的表现。一个充满愤恨的人脸色是晦暗的，而充满爱的人脸上会有某种光。这种光来自内在，与肤色没有关系，即使一个皮肤很黑的人，若处于爱之中，他的脸上也会有一种柔和的光。

顺便说一句：宝儿，你的父亲脸上曾经有过这样的光芒。

孩子，作为一个平常人，如果希望一生幸福快乐，就要选择正向的事情去做！如果爱，你将会被爱；如果恨，会有更多的人恨你。

我们生活在一个没有圣人的时代，大家都很迷茫，在社会丛林法则里各自寻找出路。食物有很多，可供选择的也多，从某方面来说也加重了一些人的迷惘。

10. 生活里的假好人

生活中总有这样一些人，非常善良，可以说是标准的老好人，会出于自己的好意去帮助别人，平生不会犯什么大错，身边人也都会称赞他们。但是，他们过得并不幸福，只是因为内心混乱。除非特例，一个自身不幸福的人很少能够带给他人正能量。心里的杂草似乎是看不见的，实际上处处可见端倪。

一个真正的好人，应该内心清净明朗、觉察力敏锐，随时清除自己内心的杂质，没有一些乱七八糟的东西投射到外面，对其他人不会产生不好的影响。他用纯净之眼来看这个世界，知道对错，明了善恶，却不执着于对错与善恶。

我们大多数普通人内心都存在着阴暗的东西，可能是嫉妒、吝啬、偏执等负面情绪。如果不经常自省，它们就会跑出来，不但殃及他人，也祸及自身。当这些东西影射到外界时，人所看到的东西都已经被扭曲了。

但人们绝对相信自己的眼睛和耳朵，认为自己看得如此真实，听得如此真切，从来也不会想自己的内心可能有嫉妒或偏执在作怪，所以，他"看见"或"听见"的那个"真相"也是扭曲的。

譬如，我不喜欢某个人，因为他总是比我过得好，他的任何一点都要超过我，所以我非常嫉妒甚至是讨厌他，从来都是用嫉妒的眼光来看他。那么，在他的身上，我将看不到任何闪光点，哪怕他有一天做了一件有益于很多人的事情，我也会说："哼，那是因为坏事干多了，所以做点好事来平衡一下。"好吧，你应该明白了，这就是一些人做了好事之后反而批评如潮的原因。

再譬如我是傲慢的，自以为了不起，除了自己谁也看不起，好像全天下的人都不如我，我鲜少承认他人比自己高明。无论我是谁，哪怕是一个小小的最底层职员，也会找出一大批不如我的人来。我听不进别人的话，看着一个个傻瓜在我的生活里不停地来来去去。哪怕是总统做了某件事，我也会说，哼，那是他运气比较好，换作是我的话，会做得更加完美。

我相信很多人都有过这样的想法。有人说，我们如此自信，实在是一件好事啊！但是，真正的自信是建立在相对稳固的实力基础上的，这只能算无知加盲信罢了。若不省过，长此下去，我必将成为世界上最大的傻瓜。

八、信任是生命里的钻石

1. 谁是"我"?

孩子,你生下来的时候是没有"我"的,你从来不称自己为"我"。但是,为了方便,我们会使用"我"这个代号。代号本无可厚非,但我们很容易认此"我"为本我,受不了一点委屈。或许是因为这个"我"原本无足轻重,所以有了一个机会之后,就开始拼命地找存在感。所以,它把各种感受、各种对外界的印象、意识层面的认知、对物质的占有,等等,统统拉来作为自己存在的依据。

就像是一个身家亿万的富翁出去旅行,将家产托付给仆人照管。仆人从来没有如此大的权利,或者说从来没有见识过如此多的财富,而这些东西现在全部由他接管,飘飘然中他开始模仿富翁的一言一行,开始过起像主人一样奢侈的生活,开始对他人颐指气使,俨然一个派头十足的大富翁了。

终有一天,那个真正的富翁是要回来的。我们自称的那个"我",就是帮主人管理财富的仆人,主人貌似要离开很长时间,我们要时时提醒自己,否则,一不小心就拿自己真当了主人,这个"我"必将成为世界上最大的傻瓜。如果夺了主人的财富走人,那就是强盗了。傻瓜可以被原谅,但强盗是要坐牢的。

我们的作为其实比傻瓜更严重,一个傻瓜只是一时认不清自己,当主人回来的时候,他会将财富还给主人。但是我们这些有着贪婪本性的人,会不自觉将主人的财富据为己有。我们不经意间就会干起强盗行径,所以被囚禁在自我的牢笼里没有出头之日。这才是真正可怜的坏人。我忽然明白了，为什么基督徒会说"我的主"。

那不妨让我们来看看，"我"在这个世间是如何积累的。假设，很久以前，尚未形成现有的社会状态，你从山上拿来一颗漂亮的石头说它是钻石，并且标明是你的。另外一个人看到标签上写着某某的钻石，钻石是真实在眼前的，但是上面的文字说明它是某某的，那么对他来说，某某也一定是存在的。为此他开始仰慕你，因为你有一颗稀世珍宝。接着他想要追随你，因为他想得到同样的稀世珍宝。他成了你的部下，你带着他去找新的钻石。现在，你有了一颗钻石加一个仆人，或者说员工，他们俩都属于"你的"。

现在来看看，你们两个之间有什么不同？从本质来讲，你们没有什么不同，但是从世俗的眼光来看，你们有很大的区别。这种区别使得你们看起来似乎有非常大的不同，你会被世人标为榜样，大家都推崇你，敬拜你，你的那个"我"开始被这些东西再次充满放大：我是这个世界上最厉害的，不然大家为什么要给予我如此礼遇。

假设这个时候，又来了第三个人，他拥有三颗钻石，相比之下，你的一颗钻石根本不算什么。想得到更多钻石的人们又会去追逐第三个人，把自己的敬拜与奉承都转给了他。你的那个"我"会觉得受冷落、受伤害，觉得这些人站在了你的对立面，他们不再把你习惯得到的给你了。你感到被背叛了，曾经追随你的人就会变成你的敌人，你的怨恨开始在心里堆积。为了得到你曾有的荣耀，你要找到更多的石头。而第三个人，就是你的竞争对手，尽管他无意与你竞争。你将单方展开与另一个人的竞争，因为你想得到那些人给予你的尊重，想让他们做你的追随者。稀世珍宝能带来如此多的好处，大家都想拥有，慢慢地人们会将寻找稀世珍宝作为人生唯一有意义的事，除此之外，再也没有其他事情值得做了。

主人离开太久，我们已不记得他的模样，并且他迟迟不回来，那"我"就这样混下去吧。我们过着他人的生活，挥霍着大把的青春。我们享受生活里的一切，唱着歌做了这个世界的主人，做主人的感觉如此之好啊！贪婪使我们更进一步，还想做任何人的主人。所以，当我们找了另一个人成立家庭之后，还想做对方的主人。一个家庭里争吵不断就是因为主人太多了，一个男主人和一个女主人。大概是惯性的原因，我们想把一切都变成自己的附属品。

而我自己，更是狂妄到不可一世，我曾想要做"某个人的神"，现在看来，这是绝不可能的。但是，我来做自己的神，如何？会是另一个狂妄的开始吗？

神的开始就先不管了，作为人的开始确实很不容易。我们毫无准备地来到这里，两手空空，却不知道自己要面对一个什么样的世界。但我们必须要在这个世界里活着和死去，不知道为什么而活，也不知道如何死。好吧，孩子，我比你先活了30多年，希望你能接受我这30多年的"经验之谈"。

2. 管理好内外两扇门

在我看来，人生来要面对的环境有两个，一个是内在的，一个是外在的。对于内在，我们自己要做好保洁工作，清理负面垃圾。而外在的环境，尽管确切地讲，它来自我们内在的投射。但是，当我们还看不清楚的时候，还不知道自己的内在究竟是个什么样子的时候，我们要注意来自外界的污染。

说实话，我们的环境并不尽如人意，有很多糟粕，尤其对于一个孩子来说，在他来之前，这个世界就是这样子了。所以，接受来自外界的东西，是一件需要慎重的事情。我们这些监护人，是第一个将外在世界展示给孩子的人，他将要传承来自我们的一切。

我们通过听、看、闻、触来了解来自外界的东西，并对自己的判断如此信任，以至于忽略了来自内心的爱、恨，或是自私、贪婪、嫉妒、傲慢，当我们透过它们感知外界的时候，我们并不知道它们的作用，以为那是我们眼睛的作用，或是耳朵的作用。我们如此相信自己的眼睛、鼻子、耳朵，所以我们认为这些必然是真实的，哪怕透过"自私、贪婪、嫉妒、傲慢"所感知的，也会坚信它是真实的。

一个有教养的人会照顾别人的感受，即便你做了一件令人尴尬的事情，他也不会使你难堪，这是社会交往应有的态度。有些事很多人一辈子也不会去做，因为他们尊重别人，同时也不愿使自己受到污染。这就像尊重在两个爱人的城堡里非常有必要一样，教养在社交里也很有必要。

人来到这个世上，就已经开始了社交。来自外界的东西就像空气一样存在，它不用征得你的同意，就会显现在你的周围，很多东西、很多声音并不会征得你的同意之后才让你看见和听见。所以，我的孩子，你要做一个有教养的人。有很多声音，你不必听见；有很多人或事，你不必看见。

要知道，并不是听不见，看不见，而是不必听见和看见，你明白我的意思吗？举例说，你身边有一个喜欢议论他人是非的人，你无法避开他，因为你们是同事或是同学甚至是家人。他经常会在你面前说一些他人的是非过错，而你无法阻止也无法逃开，那么听而不闻将是唯一正确的选择，你不能让对方的灰尘进入到你的内心。

我的意思是，无论他站在任何一个角度，当他对另一个人的是非对错做出评断时，那都是不完全和有失偏颇的。如果你接受了这些看法，你的内心里就会有一个有失偏颇的概念在里面。当你下一次遇见那个被议论的人时，你会不自觉地通过这个概念去看他。当你通过一个既有的概念去看的时候，你就成了一个瞎子或半瞎子，会看不见那个人当时所呈现给你的一切。

譬如说，一个职员犯了错误，领导对他大发其火，还要扣他的工资。这位下属很沮丧，找你哭诉这件事。如果他是一个真诚的人，他会客观地向你叙述事情的真实经过。如果他是一个喜欢夸大其词的人，他就会把他的愤怒加在里面，夸大某些事实。事实上，即使他仅仅想告诉你事情真相，但因为他正处于失望和愤怒之中，他的情绪会同话语一起投射出来影响到别人，将自己对领导的印象传给了你。

于是，你对这位领导也会有一个尖酸刻薄的印象。当你下次要见这位领导的时候，很自然地也会带着这样的印象，那么你也会从你们的谈话里找到他尖酸刻薄的影子来。假设这位领导如果在见你的时候给了乞丐一张大票子，而之前你对他也没有刻薄的印象，这件事情会很美很圆满，你会认为他是一个爱心满满、出手大方的人。但是，因为你先有了别人传达给你的印象，而那个先来的印象一定会占上风。

或许，你会推翻别人传给你的印象，但不会彻底消灭，它会在你需要的时候跑出来兴风作浪。如果有一天你和这位领导成了竞争对手，甚至是他不小心得罪了你，那么，那个曾经尖酸刻薄的印象就会成为你对付他的武器。

这就是人与人之间关系的小小的缩影，社会就是这样慢慢膨大出来的。

各种教派、各种社会团体，都是因为你、我、他之间的观点差异和所见不同造成的，仅此而已。家庭、社会是这样，世界也是这样。

这一切的根源似乎都是来自我说了什么或另一个人对你说了什么。他人的说法与真相必是有差距的，但变成了你固定不变的概念。且不说他人对自己正在说的事情究竟了解到什么程度，单从语言和情绪来讲，一般人也很难具备把真相表达出来的能力，不然我就不用在这里废话了，直接把我想要分享的东西呈现出来就可以了。

语言传达给人的概念是会有误差的，这也说明了为什么我们不应该对任何一个人轻易下结论，人也处于不断变化之中，永远不要搞什么"盖棺定论"那一套。否则，事实真相最终会证明我们自己有多愚蠢。我们的祖先也曾说过"闲谈莫论人非"，谆谆教诲，亦是此理。

现在，你可以放下你的尺子了吗？

世界很大，什么人都有，我们免不了会遇见一些好说是非之人。这样的人不会成为良友，要避免与他做朋友——这样做只是保护自己的内心不受干扰，不让一些垃圾、灰尘随便裹进心灵。但是，很多时候我们无法选择不听，对方在说，我们不能阻止，也没办法转身走开，耳朵也不具备关闭的功能，我们只好听他说。

说实话，这很令人讨厌，但生活当中随处可见。这时候，我们就需要听而不闻，保持自己的心如空谷一般，不要把他人的是非印象保留在心里。当下次见到被议论的人时，你就当是第一次遇见，不要从一个刻板的印象里观望他，要从此时此刻活生生的真实里去感受他。这样，你会看见他此刻的全部，而不仅仅是别人给你定论的狭隘印象。顺便提一下，独处的好处之一就是你会避开一些这样的人。

我们可以对一些死的东西下结论，而对一个活着的不断变化的东西是无法下结论的。每个人处于不断变化之中，从外表看，婴儿的变化最快，以我们如此迟钝的眼睛都能看出一天一个样儿；从内心看，成人的变化更快，堪称瞬息万变，如光速一般。

你知道，自然界里有很多声音因为太大了我们才听不见。若某个东西变化太快，我们也是看不见的。小时候和妹妹玩过大声和小声的游戏：我们俩相对大声喊叫，或者小声喊叫，当我们表示声音最大的时候，是一点声音也没有的，只有一个张开的大嘴和夸张的表情。那时我们就知道，是因为声音太大了，所以听不见。现在想来，那时候我们不识几个字，更没过学过自然课，也没有听说过老子的"大音希声，大象无形"，却知道声音很大的时候人是听不见的，是不是很奇妙？

我们听不见的声音，一些动物却能听见，这就是地震之前动物会察觉到的原因。成人内心里的变化太快了，所以你根本觉察不到，因为成人有一个貌似不变的外表，容易让人误会成人已经具备一个静态的存在。所以，当一个人展现出他某一时刻的特质之后，我们就会留下一个印象，然后下结论，某人是如何如何的。

然而，时间不会静止不动，成人被各种事情搅扰转动的内心也没有静止不动。这个时刻，他展现出自己的吝啬；下一时刻，他又会是另外一个样子，也许会变成慈善家。人们就是这样选择性对待别人，意思是说，人们并没有对所有人都一视同仁，并给予他们同等的态度。为什么会这样？这还是取决于你。

如果你要让一个人对你仁慈，首先需要看到他的仁慈。也就是说，当你第一次看见他的时候，也许他本人并不是想要表现仁慈，那只是他在那一个时间里所做的很自然的事情，无所谓仁慈、虚伪、对错、好坏。但是，你从中看到了他的仁慈，会认为他是一个仁慈的人，而他将会以这次会面的标准来对待以后的你。

假设同时，另一个人从这个人所做的事情里看到了做作或者虚伪，那么这个人将会被虚伪地对待。我们又回到原来的话题：即你是怎样的，世界就是怎样的。同样一件事情，你看它是仁慈的，它就会仁慈地对待你；你看它是虚伪，它便会虚伪地对待你。这很有趣！

每个人内心都有仁慈的种子。你看一个人是仁慈的，那是因为你的内心有仁慈存在，所以在这件事情里你看到了仁慈。而内心装着虚伪的人，只能从这件事情上看到对方的虚伪。譬如慈善家陈光标做慈善，按道理讲应该被所有人称颂才是，但舆论还是两边倒，有的时候贬的声音还要大一些。这说明目前的社会不正常，善恶的天秤处于倾斜状态。

八、信任是生命里的钻石

3. 让孩子决定自己是谁

你是谁？你将成为一个怎样的人？

我们的孩子生下来后一般都是父母给取名字，我有一个想法，那就是在孩子懂事之后，或在18岁成年之后，让他为自己取一个名字，让孩子自己决定自己是谁！

一个孩子成为怎样的人，也许先天因素会决定一部分，但后天占更大的部分。如果父母想要一个慈悲、善良的孩子，那就要展现出这样的品质。哪怕自以为内心没有慈善的种子，做一个慈善的样子出来也是好的。总有一天，当我们的孩子具备了善良的本质时，这慈善的果子会反馈到你的身上，在你老去之时，他一定会善良地对待你，这是必然的。

假设有人说，哼，我就是邪恶的，我做了很多坏事也没有人知道，那只好随你便，你所受的痛苦将会成倍地堆积你的孩子身上，并且你的孩子一定会恨你。我们这个世界的法则是：你是好的，则世界也是好的；若你是坏的，则世界也是坏的。有时候，我不知道该怎么说才更清楚一点。善恶、好坏都是相对的，既然我们处于一个相对的世界，那也只好追求一个相对的幸福。

我的意思是，恶所起到的作用并不仅仅是坏的，也可能是一个好的转机。譬如说某个人，从他人对自己的恶里面，找到一些善的种子，那就是真正的至善，就像是落入淤泥的莲花种子。他从此以后看待世界的眼光将会处于一个较高的层次。但那行恶之人，只是为他人作嫁衣，于自己似乎没什么益处。如果你无畏无私，并且准备好面对内心的挣扎，也可以选择做一个恶人，但还要有一个度。毕竟没有人愿意受伤害，尤其是非常过分的伤害。

另外，就算你有万分之一的幸运，用自己的恶帮助了别人，恶果却是要自己承担的。况且，你的恶并不一定会帮助到别人，如果他不具备在淤泥里发现莲花种子的资质，那你也仅仅是伤害他而已，对你也有害而无益。

总之，善有益于自己、身边人乃至社会；恶，对别人伤害的概率是百分之九十九，而对自己的伤害大概是百分之二百。所以，你自己要做一个什么样的人，是好是坏，对他人影响差不多，对你自己则有着天壤之别。一句话：

善者坦荡荡，恶者悲戚戚。

问问自己，你是谁？你将成为怎样的人？我的孩子，在你成年之后，你有为自己命名的权利，当然也可以放弃。世界很民主，并没有强行规定你要从善或是为恶，但是我们要为自己负责，为我们的人生负责，为我们所爱的人负责。我们的祖先苦口婆心劝人"众善奉行，诸恶莫作"，那实实在在是为了我们好，并不是为了他们自己。

你所关注的，就是你将成就的，也将是你在这个世界上所看到和感受到的。若我们关注的事物都是正向的，行为是正当的，内心便不会有恐惧。话说不做亏心事，岂怕鬼敲门。不做坏事，对他人没有亏欠，没有愧疚之心，就算是鬼来敲门又如何？鬼看到你没有行恶，也不会伤害你。

关注正向的人，对于一些负向的事情渐渐会感觉迟钝，会觉得这件事不值得你关注，也就是说，一些无聊的事情根本不会打扰到你。不就是衣服脏了吗？它已然都脏了，何必为它心情糟糕？何必让一件无关紧要的脏衣服来打扰自己的生活？不就是别人说了我几句坏话吗？那是别人说的，关我何事？

4. 内心的杂草

只有快乐的人才会注意到别人的悲伤，才会有能力帮助别人抚平伤口。故事里的波里一定是个非常快乐的人，所以会注意撞到他的人有很多悲伤。换句话说，一个悲伤的人是不会看到别人的悲伤的，而只会盯着自己的悲伤，并将悲伤持续放大，所以悲伤的人就总是悲伤的。快乐的人在任何地方、任何境况下都会散发出快乐的气息。

我有个好朋友，第一次见她的时候，她两手揣兜里，脸冲着天空呵呵傻乐着，当时她与男友的感情很不稳定，正经历着与这位男友的第N次分手。我很喜欢她，当然，很多人都喜欢她，大家都愿意和她交朋友。这样一个家伙无论在什么境况下都会很幸福啊！

在现实生活里，内心的杂草总是以各种姿态存在着或呈现出来。有些人表现出嫉妒，有些人表现出吝啬，还有傲慢、残忍、虚伪，等等。我自己也有，我自己就有恶的种子存在。如果某事恰巧将它激活，而且我自己再疏于

八、信任是生命里的钻石

清理的话，它就会茁壮成长。

如果我喜欢嫉妒，就会不自觉地去关注、发现别人的缺点：因为他们都比我强，所以为了平衡，我得找找他们的缺点才行。不然，这嫉妒会噬咬我的心，让我难以安宁。"嫉妒"喜欢别人倒霉，一直在找机会看别人的笑话。若是"嫉妒"做了我的主人，那么，我喜欢听到的消息不是你升职了，而是你工作不力要降薪了。

如果有机会，"嫉妒"还很愿意对别人落井下石。看着别人过得不如意，嫉妒的我才会有优越感。我可怜的优越感是建立在你的落魄之上的，这足以证明我自己有多可怜。嫉妒的我，很有可能会以朋友的面目出现在你的身边，因为这样你对我才会不设防，便于在你不注意的时候推你一把，不是推你往上走，而是推你去深渊。这样我才会有优越感和安全感，因为你再也无法爬到我前面了。

无论当时事情如何，也许有一天你会感谢我，因为掉下深渊也正是你学习飞翔的机会。有个损友并不可怕，怕的是你自己是块顽石，我推一下，你就真的掉下深渊了。

被人推并不可怕
怕的是你是个顽石

但无论如何，顽石还是较多的，所以我们别轻易用恶毒、伤害、诋毁去推别人。你推人家下十八层地狱，你自己就会下八十层地狱，这不划算。借祖先的一句话说："勿以恶小而为之，勿以善小而不为。"要修身正己，不要随便推别人下苦海。先管理好自己，这个世界就好了至少一半。如果我们与一个"敌人"不期而遇，他不小心"推"了你一下，我们也不需要用敌对的态度去面对。要借着这件事的表象去了解更多的本质，你会知道这些"敌人"才是你内在成长的阶梯。

所以，应该感谢这些"敌人"，它们推着每一个具备正能量的人走向完善、强大。从某种意义上来说，这些所谓的"敌人"才是我们真正的朋友。

尽管我们需要独处，但我们从来都不孤单，无论你到哪里，都有一大群人围在身边。也就是说，我们在生活里是不可能孤单一人的。我们总要与人相处，有家人、朋友、同事，上下级之间的关系要处理。在关系处理当中，对每个人来说，别人是怎样的不重要，你是怎样的才最重要。

所以，波里在别人弄脏他的衣服之后，还会伸出援助之手。若是你具备波里的慈悲，也会对推你下深渊的人伸出援助之手，而不必为此大动其火。生气不但会使你心理痛苦，还会令你的身体生病。爱是令你愉悦的，就算从最自私的角度来考虑，我们也应该选择爱。

别人无法真正污染你本身，也许是流言蜚语，也许是恶意中伤，他只能污染到你的表面。若有瑕疵存在，也是你自己本身的瑕疵，与外界无关。若你将它治愈，外界或许会起一个引导的作用，但是，真正能治愈自己的，还是我们自身。我们追求幸福的心，使得我们需要生活在一个有爱的环境里，去帮助身边需要帮助的人。总有一天，那个帮助会回来找你，你是最终的受益人。

5. "正当的"贪婪

这个人拿的东西太多了。而且有很多是没必要的。于是波里告诉这个人，你拿的东西太多了，而且，这个像小山一样叫作愤恨的东西，背着它毫无益处，完全可以把它扔了。这样的话，它就不会那么沉重地压在你的心上，你将变得更加灵敏，也不会再撞到别人。

我们空着手来到这个世界，来的时候内心没有杂质！你看看一个小婴儿的脸，看着他的眼睛，看他对一切的反应，你会知道他是怎样的纯净无瑕。但在这里，这个五光十色、光怪陆离的世界充满了诱惑！第一声啼哭之后，我们的肚子很快就会饿，没有了母亲脐带的供应，我们需要吃东西。吃东西

八、信任是生命里的钻石

是需求,但是吃完东西之后会发现巧克力很好吃,薯片也很好吃,于是,冰箱里、抽屉里塞满了各种零食。这些零食就是人们贪欲的产物!

吃饱肚子是必要的,但是将肚子吃得圆圆滚滚、吃得百病丛生又是为了什么呢?我们只是无法遏制自己的贪欲罢了。问题是,贪欲这个东西无色无味,不痛不痒。它自己是丑陋的,并且会让自己的附属品也越来越丑,这就是为什么一个守财奴会让人厌烦。

但是,它展现出来的不像一个丑恶的便便那样,不然你就会自动避而远之。它表现得很美,色香味俱全,看到美食你会忍不住多吃一些,看到美丽的衣服一定要穿在身上才甘心,看到长相好看的男女要忍不住多看几眼,若能彼此执手相惜,幸福感就来了。

贪婪善于伪装,伪装成幸福、满足或良好的感觉。它给了你一个正当的理由,去做一些不那么明智的事情,你会不自觉地沿着这条"正当的"路一直走下去,走得光明正大、气宇轩昂。

这也是我们很多人正热热闹闹走着的一条路,看起来坦坦荡荡、一马平川。我们走得匆匆忙忙、欢欢喜喜,可以追逐的太多了啊,大家都来吧。前面"扑通"有人掉了下去,有人看见他死了。嗯,这是陷阱所在的地方吗?大家开始小心翼翼地避免落入这个陷阱。大家都兴高采烈地走着,没有谁愿意停下来看看死亡到底是什么。就算有人愿意看,但惯性也会推着他继续走。

死亡是存在,就像生一样,但人们会将它当成陷阱。若死是陷阱,那么生是什么,难道不也像一个陷阱吗?

生之到来,令我们何其喜悦。

我的小家伙给我带来的喜悦足以等值于这世上所有的东西,你就是把地球写上名字标明归我所有,我也不会与你交换。因为我要地球没有用,并且,那名字,当我死去之后连个符号都不是,我只需要少量的东西就足以满足生命所需。

我的孩子也一样,在她刚出生的一段时间里,吃点奶粉穿暖和了便很满足。记得有一次因事耽误了宝宝吃奶粉的时间,小家伙伸着两只小手哭叫着"即奶嚯—即奶嚯(吃奶粉吃奶粉)……",忙不迭赶紧冲奶粉,吃完之后宝宝很满意地呜呜哇哇又开始玩了。

我们曾经都是这样，吃饱肚子就会觉得世界是天堂。但是，随着年龄的增长，我们的欲望也在慢慢膨胀，要求越来越多，超出需求之外越来越远。

我家宝宝现在已经开始有更多的需要了，当我带她出去玩的时候，她会伸着小手要各种形状、各种颜色的玩具。但是，我家宝宝是个乖孩子，很懂事，只要我说这个东西不能要，宝宝便不会再要，很少哭闹和纠缠，这是让我非常得意的地方。当然，在陌生的环境里偶尔有所纠缠另当别论，毕竟她还是个极需安全感的孩子。

我会适当地给孩子买些玩具。但是说实话，孩子的玩具从来就没有适当过，总会超出我甚至是孩子的需求，因为总有七大姑八大姨会给孩子买礼物，无论需不需要，东西总会满满地堆放在那里。

无论任何事情，都要有一个度。"度"很容易被人忽略，但在生活中它是很重要的。譬如，喝水要等到适合的温度才能喝下去，适合的气温和湿度人们才会觉得舒适，饭要吃得适度才不会饿着或撑着。

这些大家都知道，但在其他方面很多人会忽略"度"的重要性，譬如，爱有度、事有度、说话有度、拿有度、娱乐有度，等等。如果我们能在任何事情上都把握好一个度，生活将不会有那么多紧张，那么多冲突，一切都会变得简单起来。相信在这样的环境里，人们的幸福指数将大幅提高。

事以度为之

八、信任是生命里的钻石

孩子们在小的时候，什么东西只要颜色、形状吸引到他们，他们都会要，并不明白哪些东西适合自己或需要拥有，但妈妈们一定要知道。现在，这个地球上供人选用的各色商品太多了，而且还在不断地创新，已经远远超出了人类的基本需求，每个家里都会有很多可用可不用甚至根本用不着的东西。就像我们的内心，也有很多不需要甚至是必须扔掉的东西。

6. 打开另一扇门

人生路上，每个人都背有不必要的东西往前走。不单是在物质上积累了很多，在心里也积累了很多。爱欲悲愁、贪嗔疑妒、苦怨烦恼等，像小山一样堆积在心里，这颗心无时无刻不在变化着！我们要遇见的情景是如此之多，多到脑子里都装不下。记录事件的是脑子，记录事件带来的情绪的则是心。也许是心很大而头脑太小的原因，所以才有了这样的分工。

你还记得第一件让你感到喜悦的事情是什么吗？第一次愤怒又是因为什么吗？你不会很容易就想起来，但是你会很容易将这些事情带来的情绪灰尘存放在心里。一个人的心变小了，是因为里面的东西装得太多了，以至于无法再装下其他东西。俗话说"人越大心越小"，这是真的啊！因为你不停地装东西，它的空间自然就越来越小。

我们的心生来就不设防。一个个小婴孩长大了，怀着纯净无染的心奔向未来的生活，充满着美好的憧憬，对身边的人和事都充满好奇，他们想知晓一切，用不设防的心面对所有事情。但这个世界是有污染的，当事情呈现出来的时候污染已经很严重了。

孩子们的心就在这样的世界里沾满灰土。我们的镜子落下灰尘，需要擦拭才能继续使用。但我们的孩子不知道如何擦拭心里的灰尘，或者说根本意识不到自己心里已经落下了灰尘，更不知道如何保护自己。

我们把世界毁坏到如此乱七八糟的地步，让一个个纯净无染的孩子在这脏水里游泳，而我们居然自称爱着他们。

灰尘就发生在日常生活每天都会发生的事件里，我们是事件的导演兼演技逼真的演员，孩子是观众，有时候我们会把孩子也拉进剧本。在剧本里，我们的喜怒哀乐、恨烦愁怨都如此真实。然后我们会说,这就是生活。我们活着,就只能是这个样子。我们都过着一样的生活,因为"生活就是这个样子"。喜怒哀乐、恨烦愁怨,你得在里面打滚儿。

孩子们会接受你的观念,因为他没有看见其他东西的存在,或者你会阻止其他东西进入他的生活,你说那是危险的。你一直在建立着自己的权威,如果外界不认可你的权威,那么弱小的孩子将会是竖立权威的良好对象。

你想让他过着你自己认为的"最好的生活",我们都过着这样的生活,大家都验证了这很安全。我爱你,我要你安全地在这里,哪怕安全地死在这里。我要你沿着我的轨迹去生活,因为它是"安全的"。我们没有良莠不齐,有的只是不一样的自以为是。

但这不是你的错,因为你生下来的时候就是这样被教导的,我也一样。但是,我们都应该知道,有一个方法可以让我们跳出这个"爱"的漩涡,有一把钥匙可以打开另一扇门,那就是了解,用心了解你身边的一切,而那扇门就是真正的爱。你会发现,在你的后院,还有一处风光无限好的所在。

所有的妈妈们都不知道自己的孩子会有怎样的性格,但我希望他们既能享受宁静的快乐,也能了解聒噪的本质。有位圣人说过一句话,我引在这里与所有人共勉:需要关注的是你本身,而不是那些来来去去的事情!

去了解!就像你小时候把玩具拆开来玩一样,把你所看到、所经历的事情全都肢解开来,去看看最终它们还有什么。我不知道除了你自己之外,你还能找到其他什么东西。

7. 所谓"经验"

孩子们,我们是如何在内心里积累灰尘的呢?举个例子说:我现在吃饱了,但看见小朋友在吃巧克力后,就也想吃巧克力。这是欲望产生的灰尘!但是小朋友不愿意给我吃,于是我失望了,感到很难过,这是第二粒、第三粒灰尘!从这件事情上,我推断这个小朋友是吝啬的,这是第四粒的产生!因为他人很吝啬,所以我也开始吝啬地对待他人,这是第五粒灰尘!就这样,我们慢慢地让很多灰尘住进了心里,并给它们取了名字叫作"经验"。然后,

八、信任是生命里的钻石

我们就开始用这已经死去的经验来应付将要发生的事情。

一个劫匪的经验是被劫之人的恐惧。也许劫匪自己也会怕，但他们手里一般都会有武器，且是有备而来，所以最怕的当然是突然情况下被劫的人。劫匪们知道如何利用被劫之人的恐惧来达到自己的目的。但是，如果被劫之人不按"常规"出牌，劫匪就会不知如何应对。

有这样一件真实的事儿，发生在我的一个很"缺心眼儿"的女友身上。一个大清早，她挎着包在街上走，突然有一个男子抓着她的包，低沉地说了句："把包给我。"女友从来没有遇见过这样的事情，也没有意识到是遇见劫匪了，还以为是某人跟她开玩笑，睁着大眼睛傻傻地看着那个陌生男子问："为什么把包给你啊？"然后脑子里想着这个人我认识吗？哈哈，那个男子居然就走开了。整个过程中，她一直处于一种懵懂的状态。事后回忆起来，她对我说："感到很后怕！"

假设，这位"缺心眼儿"的女友并不是感到后怕，而是当时就害怕了，或者说她曾经有过被抢劫的经历，脑子里留有一个劫匪的印象，那她当时一定会感到恐惧。恐惧或许会让她把包乖乖地交给劫匪，也或许会引起劫匪的恐慌而做出不利于她的事情。

这位劫匪很幸运，他拥有了一个从未有过的经验：这个傻妞居然很傻、很天真地问他为什么要把包给你呢？没有害怕！没有慌张！甚至连愤怒的反抗都没有。劫匪从来没有遇见过这样的情况，所以他不知道该怎么应对，只好走掉了。劫匪一般是这样想：如果她害怕，会把包给我；如果她愤怒，我就抢走她的包，但是她像个天真的白痴，我该怎么办？

也许我的白痴女友下次遇见同样的事情，就没有这么幸运了，因为这一次令她感到后怕的抢劫在她的内心留下了一个印象，她已经没有像白痴一样的天真来救她了。她会担心害怕，而害怕只会让事情更加糟糕。

另外一件事情是这样的：一位中年妇女，曾经被人骑着摩托车抢走了财物。从此以后，她看见摩托车就会感到害怕，哪怕只是一辆停在路边的摩托车也会让她胆战心惊，就算那辆车是自己亲友的。她心里的害怕已经茁壮成长到可以独立门户，不需要外界的支援。

从这两件事情来看，经验并不是一种很正面、很积极的东西。它没有什么用处,甚至会限制我们的感受,让人在未来处理事件时受到局限。如果有人自觉老道有经验,那并不值得骄傲,从另一个角度来说,那是内心的灰尘足够厚的缘故。

一颗无染的心面对世间琐事时,会觉得一切都很简单。一个很有经验的人会将事情变得复杂。我们内心的灰尘就是这样,对一些事情产生固有看法,然后一点点累积起来,一层层包裹着原本纯净透明的心性,并在生活中应用这些"经验",对下一次遇见的类同事件做出类同的反应。如果所有的事件都是完全的重复,那经验无疑是非常有用的。譬如打字是需要经验的,如何让一部车子好好地运行是需要经验的。但是,如果你要造一辆新车,就需要跳出经验之外。

对于掺杂了情感、感觉、喜好,甚至是身体健康状况的各种事务来说,所谓的经验并没有实际用途。世界上每一件类同的事情发生的时候,都有它完全不同的地方。所以,那些所谓的"经验"根本派不上真正的用场。从某种意义上来说,相信自己的内在力量比相信外来的经验要来得实惠些。

在我小时候发生过这样一件事:山脚下有一条长年不断、清澈见底的小溪,中段有一个自然形成的小池塘。我有一次在池塘边玩耍,觉得溅起的水花很漂亮,就不停把一些大大小小的石头扔进池塘里,直到池塘里的水浑浊不堪才住手。也许是水底的淤泥太多、水太脏的缘故,有一条两寸多长的小鱼翻着白肚皮浮了上来。那个时候,我觉得鱼是池塘的灵魂,而这个灵魂让我给弄死了,为此难过了很久。

每一颗心原本就像一个平静的池塘,有人往里面丢一颗小石子,便泛起了浪花和涟漪。有更多的人继续丢石子进来,池塘里的水便浑浊起来了。从儿时到老年,一个人要经历很多事情,这些所谓的"事情"便是一颗颗小石子,它们一次次地敲打着人们的心。大多数人还不确定人到底有没有灵魂这个东西,也经不起人生中各种事情的敲打,但他们的内在有某种类似生命能量的东西确实会死掉。或许,我们可以称这个死掉的东西为灵魂。

人心是很脆弱、很敏感的,外界任何一点事情都会影响到它。有人反对,你便会觉得受挫;有人称赞,你便会得意;有些事会让你抑郁,有些事会让你快乐;甚至天气阴晴、身体状况也会影响到它。

八、信任是生命里的钻石

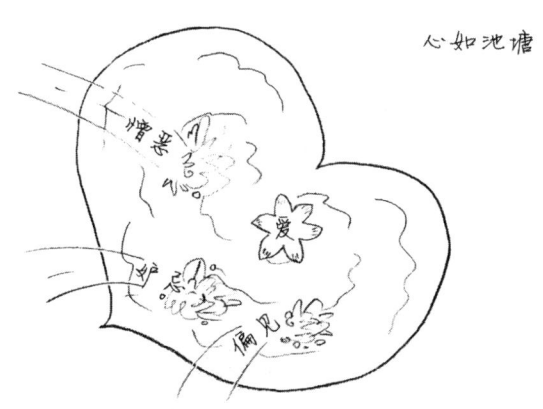

人心的变化只在万分之几秒之间,每一天从早晨到夜晚,不知会发生多少个变化。一日三省,那也不算多啊!若长时不省,这些看似轻飘飘的情绪灰尘便会累积,并会日益沉重起来。这些情绪在我们的内在,没办法像丢一个玩具似的把它扔掉,或者像擦桌子似的把它擦干净。真要扔掉还会疼痛,因为它就在你的心里面,已经成了你的一部分,你要像做手术一样把它们切掉扔出来,且没有麻醉剂可用。

譬如说,我一直很贪婪地索取着,突然有一天,你要我不再贪婪、停止索取,并将以往所拥有的东西都交出去,我一定做不到。我会像保卫自己的生命一样保卫这些因贪婪积累下来的东西。

我们没有能力把它们一次全丢掉,有些已经背负很多的人,他们实在无法承受那些来自内在的"情绪之重",他们内心的空间已经越来越小,没有地方可以盛放外界源源不断的灰尘。所以,他们就像一个随地扔垃圾的人一样,把自己内心的各种情绪垃圾到处扔,以便腾出空间容纳其他的垃圾。

一个内心有垃圾的人,他的垃圾会越来越多,因为他通过自己的垃圾去看世界,自然到处都是垃圾。所以,他也会吸收来自外面的更多的负面东西,会把自己搞得最终像个大垃圾堆。

一般来讲,人们会通过一些人或者事情把垃圾扔出来。譬如对别人发脾气,或者去做某件比较激烈的事情,或者去挑战一件从未做过的事情。无论怎样,得为它们找一个出口,否则心里背着这么沉重的东西一定会疯掉。对别人发脾气并不是一个好的选择,因为另一个人很可能也有很多愤怒,你把自己的愤怒扔给他,他就会把更多的愤怒扔给你。

现在有一种娱乐项目,专供发泄情绪使用:在一个相对安全的空间里,放置一些日常使用的东西,杯子、桌椅什么的,需要发泄的人一通乱砸。这些人进来的时候很愤怒,出去的时候会轻松很多,因为他们把自己的愤怒扔了出来,扔给了那些杯子、桌椅什么的,而杯子并不会把愤怒再扔还给他,杯子是空的,它没有情绪。这个项目真的不错,会有更多的人越来越需要它。

没有愤怒的人是优雅自在的,优雅与愤怒无法在同一个人身上共存。我们都喜欢美好的人和事,一个优雅的人当然是美好的。尤其是像我家宝宝一样的女孩子们,一定要优雅地活着,要有智慧,不要被愤怒或者嫉妒之类的情绪所占据。

还没长大的孩子们,在以后的生活中会不断面对愤怒,或许会不知所措,被愤怒牵着走。但别担心,慢慢来,情绪垃圾不像你的手脚一样本来就有,只是些脆弱的外来品。我相信你们会找到它们,在你们的智慧下让它们无所遁形。

还有一句话想告诉同我家宝宝一样的孩子们:不要期望自己花容月貌,但求心地净善。老祖宗说"红颜薄命",那是实在的经验之谈。当然,并不是所有红颜皆薄命,但若一个女孩自恃花容月貌而轻视他人就是薄命的开始。如果你同时有了花容月貌和心地净善,就是天地之间的幸运儿,命运之神一定会眷顾你——眷顾你的心地净善。

如果你幸运的话,也许会遇见一个像波里一样的人。他会善意地提醒你,你背负了一些不必要的东西,这些东西正在妨碍你的生活。这些话可能并不如你想象得那么好听,就像你不愿意听别人说你家里很脏一样。

这是因为那个非常自大的"我"用脆弱的"自尊心"做了防护措施,这个"我"只有自己至上,哪里容得下他人的真话?这个"我"是虚假的,需要一些虚假的食物,比较喜欢蓄意奉承、甜言蜜语之类的东西,而容不得真实的东西。因为事实的真相是,这个"我"只是代替主人保管财物的仆人,如果要一切还原为真实的话,主人的归来才是最终的真实。所以,这个"我"最害怕真实。

当我们还年轻的时候,会讨厌一些人,一些自以为明了世间规则并按规则办事的人。他们被拘在贪婪与懦弱里面,或者被囚禁于偏见与自私里。我们认为他们是坏的,不希望自己变得与他们一样。如果你是我们中的一员,一定要坚持下去,不要让自己被同化。

要让自己活着,而不是让某些规则活着。不要苍白无力地告诉孩子们,这个世界只有规则是活着的,而人只是规则的实施者。你忘记了规则是由人来定的,你自己才是规则制定者。

当然,我们不是愤怒的青年,只是真实存在的人,是至善的捍卫者。当有一天,我们不再年轻,鬓角染霜,依然没有掉入贪婪与懦弱或者自私的泥坑里,应该感到庆幸。在人生的过程中,我们对自己及他人的了解会越来越多。当我们完全地了解了,将会原谅所有的人,包括你曾经特别讨厌的人,并且会去爱他们。

因为你的了解,慈悲的种子便会慢慢发芽。

或许你不会成为一个很受欢迎的人,但是,你将会成为你自己,而不是所谓世间规则的一部分。若有人愿意走近你,那也必是因为某个真实的原因与你接近,而不是因为某个虚假的规则。

8. 分享是人生的神奇钥匙

……你还有一些快乐,我愿意和你一起分享!

分享是一件很美好的事情!无论是分享秘密还是快乐、悲伤,或是美味的食物、动听的音乐,都是一件很美好的事。我曾经和一位好友分享自己的秘密,这位好友是个非常感性的人,有一颗非常柔软的心,听我说完之后,她什么都没说,只是眼眶里闪着泪花。我永远都记着她透过泪眼看着我的样子,虽然现在联系较少,但我永远当她是好朋友。

分享并不是一件十分简单的事情,需要耐心,需要一颗安静的心。评论是无用甚至多余的,只需要倾听就好!如果没有一颗安静的心在听,那一定会出现本章开头时所提到的"倪胡彤"现象,你在说萤火虫,我在说猕猴桃。我们共同把彼此说的话理解成"倪胡彤",然后对彼此说谢谢。但是,那个萤火虫或猕猴桃并没有被倾听,它还留在你和我的内心深处,并慢慢开始发酵。

这就是为什么我们需要不断找人倾诉！如果有人真的听进了倾诉者所说的话，那么就不需要继续找人倾诉了。若是真正地被理解，所谓倾诉一次就足够了。会分享，会倾听，才有能力做别人的好朋友。

在家庭里，分享尤其重要。一个小小的心情也是可以分享的，一个人给自己的爱人打电话："哇哦，亲爱的，你知道吗？今天我们这里大雾，我在阳台上除了白茫茫一片什么都看不到，这是真正的空中楼阁啊。"

对方会有两个或者多个版本。

版本一：那真是太美了，我多想亲自感受一下啊！若能与你一起感受空中楼阁，那一定美极了。

版本二：你打电话来就是为了说这个啊。好吧，我还忙着呢。雾是有毒的，要关好窗户啊！

这是好一点的情况，更差一些的还有很多。分享，表示两颗心之间的联结，如果两个爱人之间分享的东西越来越少，那就表示他们之间的感情越来越淡了。分享就像黏合剂一样，将两颗心粘在一起，因为大家都有相同的感受、相同的观点，彼此理解起来会更容易一点。要真正理解一个人，并不是一件容易的事，尤其当两个人之间没有任何可以分享的东西时，理解会变得更加困难。分享就像你们之间共同的基因一样，当你看见自己，就会看见对方，这会使理解变得更加简单。

一般来说，人与人之间的交往都是从分享开始的，无论分享的是什么。当两个陌生人坐下来开始谈论时，或讨论一方做过的事，或谈论彼此双方的某些观念，等等，我们都是从这些分享过程中去了解对方。我们很年轻的时候，都渴望着了解对方并被对方所了解。但这是一件非常困难的事情，年轻的人比较喜欢分享，而活得时间越长的人，越不想随意地与他人分享自己的事情，因为他明白那是十分困难的。

萤火虫的世界里有飞翔和亮光，猕猴桃的世界里满满都是"VC"。你要如何让他们彼此感同身受？猕猴桃永远无法体会飞翔，也不会发光，当然更不知道如何去发光；同理，萤火虫也无法理解一个一动不动的猕猴桃是一种怎样的存在。这也同样是我们很多人之间无法彼此理解的原因。所以，分享彼此之间的生活琐事，或者观念经验，那正是理解之门打开的契机。

八、信任是生命里的钻石

我愿意分享你的快乐，也愿意与你一起清理悲伤和愤怒。愤怒是要清理的，它太沉重，且杀伤力太强。快乐会让我们心情飞扬，你有一份快乐，分成两份我们一起去感受，并不会因为你的分享而变少，相反会增加它的能量，原来你只有一份，现在有了两份。

愿意分享是在表示，我向你打开我的门；愿意接受分享，则是你同意进入我的门，同时自己的门也保持敞开。或许有些人会为自己留一扇小门，里面关着不愿意让别人知道的东西。有时候那并不意味着此人危险，那或许是他的伤口所在。疗伤这件事，除了医生，其他人没必要参与。所以，若一个人向你有所保留，别去深究，除非你能让他相信你是一个合格的医生。

很多人要求对方毫无保留，将过去翻出来查看一番；再与对方一起探讨未来，以便对未来有一个明晰的查看。这种状态经常存在于两个恋人之间，因为想要了解对方，所以对过去、未来的事情都要查看个清楚。殊不知，这是一种病态的索取。如果对方自愿毫无保留地告诉你，那没有问题，但是，通过盘问这样的方式来了解，就像强行拿走人家不愿意给你的东西一样。

就算对方与你一起在发热的不理智状态，与你一起回忆过去，畅想未来，你们一起画一个理想的生活蓝图，其中有一部分是彼此给予的承诺，你也不能将对方说的话当成是必须实现的诺言。不然，你会不自觉地以此来挟制对方，最后你自己也会受伤。

有人说婚姻是爱情的坟墓，如果婚姻会说话，它一定会大声喊："我是无辜的！"每个人自身才是个大坟墓。在你的身体里面，很多细胞每天都会死去，很多鲜活的事情你经历过后也会死去，包括你的爱情。但是，我们从来不愿意承担责任，说那都是别人的过错。所以，我们把爱情的死去归罪于婚姻。

事实上，你的爱情在它发生的那一刻就已经开始死亡了。你用各种东西加速它的死亡，当你沉浸在爱情里的时候，心里会想着各种问题：他有多少存款？她的性格好不好？他有没有房子？她会不会是个贤妻良母？他对生活是什么看法？她能温柔地对待我吗？他能不能给我一份安稳的生活？她能与我的家人相处很好吗？他会上缴工资吗？她会不会每天为我做早餐？想着这些问题的时候，你的爱情就已经开始衰亡了。有些人说爱情很痛苦，那不是爱情的原因，而是你的原因。你自己是个很痛苦的人，所以你的爱情才会痛苦。

为什么我们的上一代人爱情会更长久一些？那是因为在他们的爱情里，不会有上述的问题。他们谈论的爱情话题最多是彼此的理想，然后一起为这些理想而奋斗。

让我们一起看看我们这一代人在爱情里对彼此的承诺，它是如何死亡的。事实上，承诺这个东西，它从来就没真正活过。它的存在是基于一种发热，所以它本身就是病态的，是存在于未来的东西。但是未来尚未到来，它要怎么存在？一个人对自己暂时没能力做到的事，用语言描述出来，并许诺给别人。说好听点是为了让你开心，说难听点是花言巧语。

但是，我们这些以"我"自称的人，愿意并热衷于将所有虚假的东西拉来作为自我存在的证据，即使是他人的花言巧语也能成为虚假的自我愿意享受的美食。我说过，它以所有虚假的东西为食物，虚假的情绪、虚假的奉承，包括虚假的花言巧语，都是虚假的"自我"为证明自己存在所做的努力，就像一个穷到一无所有的乞丐，在地上拣点碎纸片也当作自己的财富一样，实际上是非常可怜的。

病态的承诺可以医治好，但只有真正具备智与信的人才能让它活起来。智是智慧与理智，信是自信及能够被他人信任的特质。

也许幸运的你遇见一个将承诺当成是自己一部分的人，他会不断地为实现自己的诺言去努力，直到圆满地呈现在你面前，这样的人，你一定要珍惜！但一个真正具备"礼、智、德、信"的人，极少给他人承诺，他明白"一诺千金"的道理，也明白未来充满变数、不可把握的可能性。所以，不能随便给出承诺，除非自己有把握。

然而，世间多的是莽撞之人，发热时诺言满天飞，冷下来时诺言变谎言。如果你用五笔打字的话，你会发现它们的字根是一样的，你只要敲击"yayy"，"谎言"和"诺言"就会同时出现，这是非常有意思的巧合。不过，也得归功于中国字的巧妙意境，才会有这样的巧合。所以，说话要当心，要恰当、合适。

世间多愚痴之"我"，花言巧语当作真，诺言亡去悲自来，但不知道诺言本来就是死的，只因"我"是瞎的所以看不见。经历过爱情之后，愚夫愚妇变成怨夫怨妇者大有人在。哈，大家都喜欢看电视剧，却看不见我们自导自演的生活有多逼真多热闹。好吧，我们都是瞎的，只能看见别人，看不见自己。

爱情应该是世界上最大的分享。单恋也是恋，姑且称之为爱恋，但它不是爱情。没有人会说我的爱情是我自己一个人完成的，我爱她，但是她不知道。爱情是两个人的事，两个人分享着彼此的一切。

在爱情当中，"我"会消失，我们首先考虑的是对方，而不是自己，甚至连对方也不会考虑，什么都不会考虑，就只是在爱当中存在着。处于真爱中的人，即使遇见一些坏事，譬如说不小心碰翻了家里名贵的古董花瓶，也不会有责怪。因为心里满满溢着爱，所以其他东西就不那么重要了。反过来说，若觉得外在的东西很重要，那是因为心里没有爱。

爱情，非常好地诠释了分享会将快乐放大的原理。单恋也是爱，但是它只发生在一个人身上，所以喜悦度很小；若两个人一起发生爱情，因为分享所以喜悦会无限放大。悲伤若是分享出来则会减少，你看看，生命对我们是多么慈悲啊，给予我们的都是最好的安排。

让你的爱情活着。它与真正的爱有万分之一的相似，像生命开出来的花朵，但不是真正的生命之花，所以很快会凋谢。你可以尽可能地让它多活一段时间，但它终究会死去。要让它多活一段时间，就不要让自己的偏见参与进来，包括嫉妒。

两个人相爱了，若用自己对生活的期望去衡量对方，把自己的要求加入进去，就像给爱情之花浇灌热水一样，它只能枯萎得更快。譬如在爱情发热的时候，你给对方一个为期三年的承诺，或是对方向你索要了一个承诺，你们将守着这个承诺进入婚姻。然而，出于种种原因，这个承诺始终没有达成，有一方就会成为失信的人。另一方若是缺少宽容，就会追究不舍或抱怨不止。接着，你们会发现生活中有更多不如意的地方，婚姻的灾难就来了。最终，我们发现婚姻与爱情完全是两回事——恭喜你清醒了，它们本来就是两回事。

没有爱情也可以有婚姻，但是有爱情的婚姻会显得更完美一些。这就是锦上添花的意义所在，锦是婚姻，花是爱情，只有锦是完全可以的，锦上再添花，看起来会更完美。

因为爱所以接受对方的全部，如果两个爱人都只是爱着彼此，相互之间没有任何期望和要求，也没有抱着对婚姻的期望进入婚姻，这样才是两个合格的爱人。他们会在婚姻里学到更多，也将得到更多，会比那些相互有要求的人过得更幸福。

不要在爱情里索求，如果对方有，因为他爱着你，他将会给你；就算有一个承诺，如果他始终没有，能拿什么东西给你？那个承诺将会成为一个伤害。如果你被伤害了，要明白那不是婚姻的问题，也不是爱情的问题，而是你自己的问题。

9. 与孩子一起分享

要走近一个人，就与他分享一些东西；要打开一颗心，也可以从与他分享开始。恋人之间是这样，家庭关系也是这样。

父母若想儿女对自己保持心灵敞开，首先就要对子女敞开心怀，与孩子们分享你的事情，不要以为与孩子无关，那是打开心门的钥匙。很多父母发现孩子长大后就不与自己沟通了，那是因为你很少与他交换心情与看法。

小时候，孩子会毫无保留地将一切都告诉你。稍大一些，他会将幼儿园里、学校里发生的事情告诉你。因为听得太多了，很多父母一听到孩子说话就开始"嗯嗯嗯"地敷衍，或者说"好好，我知道了"，等等。

你没有事情与他们分享，孩子们单方面的分享会显得很单薄，而且你对孩子的分享表现出了不耐烦，所以孩子们渐渐就不愿对你多说话了，他们的心会在这种沉默里慢慢对你关闭。如果你想让他再次敞开心扉，就会变得非常困难。

分享并不意味着毫无保留地把自己知道的所有事情都倒给对方。假设你的朋友"小一"与你分享了属于他的秘密，你就不能把它告诉另一个朋友。如果你将"小一"的秘密告诉了你的朋友"小二"，那对"小一"有可能是一种伤害。如果你告诉了更多的人，那你的作用就只是一个垃圾桶。

但是，分享本身并不是要做一个纯粹的垃圾桶，而是意味着你要帮助他人保守一个秘密，否则分享就会变得令人难以忍受。你可以分享自己的事物，但是，属于他人的事物，你要替他们保管好。对于你的人生来讲，它就像一个藏宝箱一样，你会借着它获取到别人的信任，这才是朋友之间真正的宝物。

分享有两个抽屉，一个是要倒出去的，另一个是要锁起来的，你自己的事物是垃圾要倒出去，他人与你分享的事物则是宝物，要放在藏宝箱里锁起来，那个宝物叫作"信任"。这就是为什么当某人告诉你一件属于他的秘密时，你要说谢谢的原因，因为他是信任你的。

分享是神奇的钥匙，用它来打开生活里关闭的门，生活将变得比较容易些。除非你真的是一把锁，并且生锈了。如果你意识到了，那是一件好事。借着你的"意识到"，你会知道自己的问题所在，就会找出办法、找到钥匙，然后把门打开。故事里的人听从了波里的话，将沉重的东西都扔掉了，然后他们一起分享快乐。于是，波里剩下的一大半旅途充满了愉悦，另外一个人也变得轻松而愉悦。

10. 信任是生命里的钻石

……这个人听从了波里的话，将沉重的东西都扔掉了，然后他们一起分享快乐。于是，波里剩下的一大半旅途充满了愉悦，另外一个人也变得轻松而愉悦。

一个明智的人会明白，所谓古董也不过是自欺欺人罢了，但我们却把它们当成是宝物。而在内心，我们还有另外一种"古董"，也被人们像宝物一样珍藏，那就是我们内心的各种情绪。各种情绪本身是一个个大麻烦，但那是"我"的财富。

自从我们有了《十万个为什么》这本书，我们的为什么就越来越多。以至于到现在，我们遇见任何事情都要问个为什么，把科学的怀疑用在了所有地方，疑惑越来越多，信任越来越少。

对于个人来讲，我们的很多疑惑都是盲目的，只能怪罪于我们自己内心的多疑。

其实，我们都是"迷"中之人，不知道生从何来、死往哪去，事情开始了也不知道它的结尾。但是，所有人都不承认自己的"迷"，人们表现得更像是明白这世间所有事情的样子,最不济也要弄一顶某个领域的"专家"帽子。不知道他相不相信自己,但他一直致力于让别人相信自己。

人往往把"迷"和"信"放在一起。我不明白,"迷"的时候,你要如何去"信"?事实上,大多人的境况是只"迷"不"信"。若能真"信",我们的世界早就不是这样子。睿智的祖先们留给我们的箴言多到能装一个小图书馆,但就是没人信,更少有人去"行"。

故事里的人很简单,没有怀疑,他只是听从了波里的话,然后就变得很快乐!似乎很简单,也确实很简单。他只是无条件地信任,然后听从。一个简单的人需要扔掉的东西不会太多,也更容易快乐,那是因为他的生活是简单的,心思也是简单的。

在人生的旅途上,穷人会轻装上路,富人会更麻烦一些。不信你看看,地震了,穷人和富人都逃了出来。穷人会很开心,他家徒四壁并且还漏风。富人也会开心,在地震中活下来当然值得开心啊!但是接下来他会很难过,家里的那些名贵字画、古董玉件都是他用尽平生一切心力得来的东西,现在被埋进地下了,他一定会为这些东西哭泣。

对于我们这些普通人来讲,各种情绪就是一个个大麻烦,但那是"我"的财富,不然这个"我"要怎么活下去?悲伤、忧郁、妒忌、忧虑、烦恼,这些大麻烦会让人生变得很黯淡,让人心很迟钝。一个人内心有很多抑郁、烦恼的时候,对外界的反应灵敏度会降低很多。要真正扔掉它们也是件很难的事情,人的大脑是很机械的,任何事情只要重复多了,慢慢地就会上瘾,不自觉地在下一个事件上选择同样的反应。

举一个我自己的例子:我丢了很多次手机,大概七八部的样子,每一次丢手机后的第一反应是拨打自己的号码。丢手机很多次以后,其他东西找不着了,譬如钥匙,我的第一反应居然也是——打个电话。可是,钥匙的电话号码是多少呢?这就是我那可怜的大脑。

如果让一个人从悲观的角度去看事物,久而久之,这个人看任何事物的结论都会是悲观的,因为他习惯了,他不自觉地会用这种思考方式。如果现在忧郁,那么未来会有更多的忧郁。所以,最好是一开始就不要在心里积累这些无用的东西,这样少走一些弯路。

八、信任是生命里的钻石

但是，在人群里生活总是要经历各种事情的，所以我们要一边经历一边清理，就像你在家里享受过美食之后要刷盘子一样。或许你可以不用刷盘子，家里有人代劳，但是你自己内心的垃圾，别人却无法帮你清理。

我们的世界正在经受一次非常严重的信任危机，人与人之间很难互相信任。无论是同事、亲友、同窗，甚至是夫妻之间，都没有百分之百的信任。如果没有亲身经历，不可能相信鸡蛋会有假的。一只鸡怎么可能会下一颗假鸡蛋呢？可是，还有更加令人瞠目结舌的事情呢，如食用的黑米有假的，黑豆也有假的。这样的事情荒唐到让人发笑的地步，这是利欲熏心的结果，人心被严重污染了。

尽管环境不如人意，还是要信任，不是我要把信任强塞给你，而是你需要它，不然会错过很多很美好的东西。如果我遇上了一个能帮我扔掉包袱的波里，却因为多疑而拒绝了他，那就太不值得了。

一个处于信任当中的人，心里是踏实的，不会睡不着觉。而一个疑神疑鬼的人，整日就像走路踩在沼泽地里的水草上一般，每一步都走得战战兢兢，总怕掉进沼泽里。这样比较后，我愿意选择信任，哪怕被骗了一百次，我也愿意在第 101 次继续信任。因为我不想战战兢兢地活着，我想踏实地睡个觉，踏实地走好每一步。当然，大概也没有谁会那么幸运地被骗一百次。

大家都知道这么一桩真实事件，报纸上曾经报道过：一位老太太收到一个中奖的短信，然后按照骗子的指示汇了一些税费过去。后来老太太打电话给骗子，问为什么奖品还没送过来？骗子就用其他理由继续向老太太要钱，没完没了。

老太太一共寄去了二十多万元，已经超出了她所中奖的物品价值。最后老太太再次询问为什么奖品还没送来的时候，骗子自己也没招了，直接告诉老太太，我们是骗子，您就别等奖品了。老太太居然不相信对方是骗子，通了那么多次电话，每次都说得很真实，怎么可能是骗子呢？

一些人大概会说，轻易相信他人的人都是傻瓜。大概您没看清楚，这位老太太并不是基于真正的信任才这么做的。我们来看看骗术是如何进行的。骗子给出一个中奖的信息，被骗的人也并不是出于纯粹信任才继续受骗，她只是看见那个奖品了，占便宜的心理使她一步步上钩。

至于汇款总额超出奖品的价值，那完全是因为糊涂，稍有常识的人都不会这么做。而且，她的信任也不是完全百分之百，因为在骗子告诉她自己是个骗子的时候，她却选择了不相信，那并不是她选择了信任，只是不愿意接受自己被骗的事实。这一切的起因皆因她想要得到一个奖品。

这个叫什么？你知道的，我就不说了。

一个信任别人的人，自己就具备被信任的特质，所以他才不会怀疑别人。一个单纯信任的人，必是一个将自己内心打扫得很干净的人。

心怀叵测的人，是很难完全信任别人的。如果他自己是一个虚伪的人，会认为其他人也是虚伪的。一个吝啬鬼对他人出手大方的举动，会怀疑为好出风头，或者花钱买名之类，总之他绝不会相信这个人是大气而慈悲的人，他无法体会。

在家庭里，总是怀疑对方会出轨的人，大多是因为自己总想出轨，所以才会怀疑对方。若是遇见这种情况，被怀疑的一方最好的应对方式是用自己的行动打消另一方的疑虑，不然情况会越来越糟糕。

我们都是拿自己的尺子在量别人，你的尺子有多长，决定了你对他人能看多远，而你尺子的内容也决定了你将看见什么东西。我们就拿着这样的尺子不停地在衡量别人。

但是，这无疑是很愚蠢的。尺子是死的，人是活的。你拿一个死的东西怎么衡量一个活生生不断变化的人呢？但是，大家都在这么做，不仅你手里拿着尺子，几乎所有的人手里都拿着尺子，而且每个人的尺子都有所长、有所短。

当你单纯地信任时，你没有任何杂质，你的笑像是春天里的太阳，你的眼神像是无瑕的璞玉，你本身就像一件艺术品，其他人不会忍心伤害你。这是真的，相信我！一个很粗鲁的坏人拿到美丽的艺术品，也会小心对待的。一个总是完全信任他人的人，有可能会被当成一个傻瓜，你会对一个傻瓜做什么？他是个傻瓜，傻瓜不会伤害你，你也没必要伤害一个傻瓜。

说到傻瓜，我想起在楼下公园里经常会遇见的一对父子。父亲大概 50 多岁，儿子 20 多岁的样子，儿子是个有智障的人，他们穿着普通，但总是干净得体。父亲一定很爱自己的儿子，他从来不像其他老人似的与同龄人聚在一起打拳或玩牌,我甚至没看见过他与其他人在一起过,他总是陪伴着自己的儿子。或许是因为他人对他的智障儿子有一些看法,从而使他远离外人也未可知。

一个有智障的人长得与正常人是不一样的,他的儿子便长着这样一张脸,看上去有些怪异,但是很纯净。智障儿子的腿也不太好,一条腿有些瘸。每次遇见他们的时候都是在公园里,父子两个人互相搀扶着,父亲给儿子说着什么,儿子发自内心地呵呵地傻笑着,父亲的脸上也总是洋溢着笑容。我总觉得那个画面很美,每次看到他们,都觉得心里暖暖的。因为他们父子俩脸上的笑是暖暖的,有时候他们不说话,只是互相搀扶着,脸上也是暖暖的笑。

这位父亲应该也痛苦过,当他发现自己的儿子有智障的时候,一定悲痛无比,愿意用任何东西来换取儿子的"正常"。但是随着时间慢慢过去,他接受了儿子是智障的事实,心就安定下来。

我猜,现在的父子俩一定很满足,他们彼此陪伴亲密无间,就像是情人一般。真的,每次看见他们相互依偎、暖暖地笑着的样子,总觉得胜于看见一对情人之间的甜蜜。

"正常"的子女经常在外奔波,无法陪伴双亲,对他们的父母来说,这位老人,或者说这对父子,无疑是很幸福的。若是一位自认子女不孝的老人看见这对父子,一定会羡慕他们。

如果这对父子就是故事里的波里和另一个人,他们之间谁会是波里?以我看来,父亲是那个撞到波里的路人,儿子则是波里。当发现儿子是智障的时候,父亲很受伤,他一定求助过医学,一定抗争过。但是,儿子从咿呀呀生下来开始,就是一个整天呜呜哇哇玩得很开心的小婴儿,他的天生智障并没有让他本人觉得受伤,对他根本没有影响,他根本不知道什么叫智障或者非智障。他生下来就是这样,嘻嘻哈哈、呜呜哇哇地长大了。

因为智障受伤的人是父亲,那是他内心里无法承载的沉重,但因为不可更改只好接受事实。当他真正接受这个事实的时候,他扔掉了内心里的包袱,然后才发现智障儿子其实很可爱。

从此,智障儿子成为父亲生活的全部,儿子用他天生无染的笑声来报答自己的父亲。因为要照顾儿子,父亲减少了不必要的社交活动,从而也避开了一些来自外界的乱七八糟的事情，人生也相对简单很多。当生活简单下来后，人就会变得很轻松，一个简单轻松的人就会很容易得到快乐。然后，我们才能看见满溢在他们脸上的阳光般灿烂的笑容。

还记得那位保安大叔吗？那位愤怒的保安大叔，也是50多岁的样子。他的子女大概也应该是二三十岁吧，应该都有了自己的工作和奋斗目标，就像你我一样，不停在为人生添砖加瓦。他们很正常，或许还智力超群。但是，他们的父亲很愤怒，他们自己大概也少有智障儿子那般发自内心的灿烂笑容吧？

公园里父子两人之间的信任程度，一定要比保安大叔与自己家人之间的信任程度要高出许多。智障儿子与父亲之间绝对是百分之百的信任，这就是为什么他们的笑容会如此温暖。

这并不是说我们应该像智障人似的去信任他人，"正常人"这个身份并不妨碍我们去相信别人。我们的世界相对要复杂很多，但我们是具备常识的正常人。常识会让你明白世间规则，知道对错好坏，明白善恶，什么是应该做的，什么是不可为之事。一旦失去原则、做事无底线的话，无条件信任无疑是危险的，并且也做不到，看人也会与自己一样。

想要睡觉安稳，做事要踏实，不离原则。心里不踏实的人一定会睡不着，身体生病的人也会睡不着。善良之人的原则应该是"不以恶小而为之"，否则你便不能算是良善之人。千里河堤，毁于蚁穴，一次小小的恶事，你可能觉得不算什么，但会继续为恶，一件件小恶累积起来，若还良心能安，那便是恶人。恶人一定会招致恶人在身边，老祖宗说恶人自有恶人磨，又说人以类聚，物以群分。这都是人间至理！

若我们都能毫无瑕疵地去信任，这世界就简单多了。真正的信任不是对方做了有益于自己的事情后才会发生，而在于某人做了有损于我的事后我也会继续信任，无论经历怎样的事情，信任之心始终不渝。

譬如说两个爱人之间，如果缺少真正的了解和信任，当一方许诺的时候，另一方会记住这些诺言，并会在将来拿着账本对账：你不是说要买个带游泳池的房子吗？你不是说要环球旅行吗？你不是说还要有个游艇吗？这些东西现在在哪里？这样一来，安宁的生活大概就要结束了。

信任之人会怎么做？他听到给自己的美好许诺后，会享受这些梦想带给

八、信任是生命里的钻石

自己的快乐,但不会有一个账本。他了解对方对自己说这些话的时候那颗真正想给予的心。当然,虚假的花言巧语也存在,但与出自真诚的许诺是有区别的。或许后来的情况会有所变化,但是当对方说这些话的时候,他想给予你的那颗心是真诚的。

信任之人的信任基于一种理性的了解之上,他明白一个恋爱中的人是发热的,他真的想摘天上的星星给你,如果可能的话,他也一定会去做。他一直没做到,那不是他不想做,事实上他比任何人都想要做到,除了无赖,没有谁想失信于人。当你明白了这些,下一次,当然还会选择信任。

但是,随口给出诺言不是一件好事,做不到就会失信于人,若不是出于了解,别人才不管你是出于什么样的原因没做到。当你失信于人的时候,也就是说另一个人已经不再信任你的时候,要再次获取别人的信任将会非常困难。要让别人信任并不难,不要有害人之心,做事不要敷衍了事,认真对待自己及他人,就是一个值得信任的人。

现在很多人心理上出现问题,要我说是因为疑神疑鬼太多了。整天怀疑这个、怀疑那个,不出问题才怪。不过,别把抑郁症什么的看成很严重的问题,那都是假象。

一个心理上有问题的人,大概会希望遇见一个像波里一样的人,几句神奇的话就能解决所有问题。这也是现在很多人正在做的事——找心理医生。现实中也有很多波里,他们的身份现在叫精神导师。

当然,"神经导师"也是有的,说是替人治病,如何如何,弄一大堆噱头,还引经据典。因为市场需求,一些"神经导师"明码标价,来吧,给我钱,我为你减少痛苦。这些人的出现,足以说明市场需求已经很大。

拿公园里智障儿子对其父亲的影响过程来说,智障儿子其实什么都没做,但父亲心里的伤被治愈了。当然,主要归功于父亲的自我调整,但说智障儿子没起一点作用是不可能的,其作用就是他一直保持智障的样子。而一个正常的儿子带给父亲的,是更加复杂的生活需求。作为父亲,会被这些需求牵着走,会经历更多的事情,保不齐会成为另一个保安大叔,或成为公园里玩牌争输赢的老头中的一个。

当然,可能性不是百分之百,但在目前社会的状态里,一个底层人成为保安大叔的可能性会大许多——不是职业，而是愤怒的心态。

但是，他的儿子一直是个智障，所以，他彻彻底底接受了。当他能够接受自己儿子是智障这样的事实后，在生活里他就能接受更多原本不能接受的东西。所以，他的脸上总是带着温暖的笑容，没有成为一个愤怒的保安大叔。从某方面来说，是他的儿子防止他变成一个愤怒的保安大叔，彻底治愈了他内心的忧愁。

我说这么多废话的原因是，一个心理疾病严重的人可以求助于心理医生，但真正能够治愈心理疾病的，一定是生病的人自己，外界的环境只是一个引导的作用。

话说我们的信任到底去哪儿了？它就像沙子从指缝里漏下去一般消失在时间的河流中。你想留住的东西、看似已经掌握在手里的东西，随着时间慢慢溜走了，消失在日常生活里，你的信任也随之溜走了。

譬如说一个女人，丈夫出轨后觉得备受伤害，曾经那么相信的一个人居然背叛了自己。那么，这个受伤的女人对于其他男人的信任从此也就受损了。即使后来的丈夫恪守本分，她也会常常有所怀疑，杯弓蛇影，一点点迹象就会激起这种怀疑。男人也一样。

这种现象在城市里已经非常严重，而在偏远的地方，民风比较淳朴，夫妻之间彼此信任。一个家庭往往是丈夫出去打工，一走就是一年或好几年，为家里赚得一些家用；他们的妻子在家里照顾一家老小，等待丈夫归来。妻子绝不会怀疑丈夫有什么出轨的行为，而丈夫则会感谢妻子为家庭的操劳，对妻子更是不可能有任何怀疑。他们的新年才是真正的新年，夫妻之间恩爱、喜悦，一家老小充满幸福。

他们不知道什么叫作道德，但绝对是道德的典范。他们不知道什么叫爱情，但绝对互相信任、充满恩爱。城市里的所谓爱情，虽然一直标榜热烈真诚，但实在不堪一击，因为信任变得越来越脆弱，小夫妻分居个一两年准得出问题。偏远农村夫妇之间的信任就是爱情与家庭的铜墙铁壁，不怕风吹雨打。两人之间的信任比钻石婚戒要珍贵许多倍。

八、信任是生命里的钻石

11. 大灰狼来了吗？

城里的每个妈妈都会讲小白兔与大灰狼的故事，这几乎也是幼儿园里的必修课之一，甚至电视台也来凑热闹。

大家都在教孩子们如何辨别生活里的大灰狼，如何不会被坏人带走。且不论这样的做法对错如何，单说信任，就反映了我们如此害怕生活里的意外事件，尤其是一些恶性的意外事件。

有些妈妈教育孩子拒绝别人给予的任何东西，说是锻炼孩子的防范意识。一次，我家宝儿拿零食给一起玩耍的小女孩吃，她的妈妈赶紧拒绝了。我感到有些诧异，问她为什么。她说为了让孩子有更多的防范意识。我有些愕然，但只好选择沉默。

如果因为害怕遇见坏人就闭门不出，那等同于因噎废食。当然，并不是每个妈妈都这么做，更多的人还是愿意选择信任。我们成年人为了确保孩子的安全，做了很多防范并教给孩子们。但是，不知道有没有人想过它的副作用，当你教给孩子防身术的时候，孩子们会觉得这个世界很危险，而这种危险因为不了解，所以会被放大许多倍，孩子将会带着某种恐惧生活，对孩子的人生影响非同小可。

在恐惧中长大的孩子，思维一定会受到限制，长大后只有在一个局限的环境里才会觉得安全，他将成为一只在笼子里才能生存的鸟儿。在动物园里的笼子喂大的狮子，放归山林之后就难以生存。这也是不能把自己的愤怒发泄在孩子身上，更不能将你的恐惧传达给他们的原因。

小孩子具有非常珍贵的、无条件的信任感，他绝对无条件地信任你所说的话，模仿你做的每一件事，你是他认识并适应这个社会的第一个窗口。如果你和孩子在一起的时候遇见了鬼，你一定不想让孩子害怕。你会装作没看见，更不会提醒孩子去看鬼，避免吓到他。

社会的某些事情就像鬼影一般，为了保证孩子安全，我们告诉他鬼是什么样子，让孩子在看见鬼的时候避开。你描述了一个可怕的东西给孩子，即便那个东西现在不存在，可你的恐惧却很真实。你的恐惧将会很真实地传达给孩子，并在他心里生根发芽。可能在他的一生里也遇不到鬼，但那个恐惧会像鬼的影子一般跟随着他。

在孩子们还小的时候，我们就已经开始破坏他内心的信任了。孩子们将来会更难信任，不安全的影子总跟随着他。孩子们的心里总是在害怕着什么，具体是什么他自己也不知道，但是我们传达给他们的恐惧将影射在所有的事情上。结果是事与愿违，你对孩子的爱正在无意中毁坏他的未来。

孩子应该在没有恐惧、无忧无虑的环境里长大，他们的世界应该一切都很美好，就连一颗小石子也是会说话的。你告诉他大灰狼要吃掉他，就过早地把恐惧的种子播撒在他们小小的心灵里了，而那只大灰狼也只是你的想象。

有这样一个人，在一次被好友背叛后，内心深处留下了深深的烙印，很长一段时间不曾与任何人成为真正的朋友，从不邀请客人到家里。他感觉很孤独，觉得自己非常需要一个能够彼此理解的好友，但又害怕被再次伤害。于是，他邀请了一个他认为也许会成为好友的邻居来做客。

但他想："在成为好友之前，我不能完全信任他。我不能带他去我的书房，那里有我的秘密。谁知道他会不会背叛我呢？在我确定这件事情之前，我绝不能让他进入我的书房。"

他带着戒备心与邻居建立了关系，而这位邻居从他的小心翼翼里看出了他对自己的戒备。邻居想："我又不是小偷，我也不想知道你的秘密或藏在密室里的财富，你这样戒备是对我人格上的一种污辱，下次我不来便是。"于是，当下一次受邀做客的时候，邻居说："我会是你的好邻居，但不会成为你的好朋友。"

若真遇上居心叵测之人，戒备心则会引起猜想："啊，他对我有所戒备，他一定有什么不可告人的秘密，或者他是怕我偷他的钱吗？他一定有很多财富吧。或许我应该尝试着与他交往一下，看看会不会得到一些什么东西。"这就是戒备心在人际交往中带来的效应。但是，很多人却把戒备心当成是一种保护自己的手段。

我们应当对一些人保持戒备心，譬如，对行为不善的人我们要敬而远之，因为近墨者黑；对用心不善的人更要十分警惕，因为他们有可能成为大恶，会让人在不知不觉当中进入圈套。但是，我们不能因为这少数的不善而拒绝所有的善。

戒备心应该用来防备外在灰尘的进入和内心杂草的生长，但我们拿来防备所有的人。一个明智的人，一次伤害会让他更快地成长，跌倒的地方一定是迈向更高存在的台阶。人生路不能走得太平坦！平坦的路是给平庸的人准备的。

对于生命本身来讲，我们要有彻底的信任；但对于世间的某些事，我们就不能盲目地信任，而要有最基本的常识和判断力。所以，见多识广、勤于思考才能有一个大概的准则。无论什么准则，在我看来都离不开一个"善"字：善待自己，善待他人！最贴切莫过于老祖宗的一句话：众善奉行，诸恶莫作！

俗话说"不信老人言，吃亏在眼前"。老人言并不一定是指年龄大的人说的话，孔孟的教诲、弟子规、三字经等都是老人言。相信、接受圣贤教诲并一力奉行，我们的人生一定会受益匪浅！

父母是人生中第一个导师，我们会本能地信任父母。孩子们还未成年之前，或者说在未真正明白事理之前，要听从父母的话。毕竟父母要见多识广一些，最重要的是父母都爱着自己的孩子，都希望孩子健康快乐、智慧圆满。

但是，任何人对世界的认识都有局限，都是从自己的角度看问题，父母也会做错事。所以，很多事情都需要孩子自己独立思考完成，要对自己负起责任！我们这些做父母的人，要清理掉自己的内在杂质，做一个通透简单的人。如此，才不会辜负自己的生命，同时对孩子真正负起责任。

故事很简单，人生其实也很简单。

有信任、有爱，就会很幸福。简单生活，简单爱，这是一个像猕猴桃一样看起来很简单却很有营养的故事。希望我能够讲得很清楚，没有把它说成是"倪胡彤"，也希望听到的人是真正地听懂了，不要听成"倪胡彤"。

如果听这个故事的人心里装着其他的事想要与我分享，请耐心一点，等候下一次机会来临，我会仔细聆听，请允许我先把自己倒空了，愿我能带给你安宁和喜悦。

但是，如果你内心装着你的观念，透过你的观念来看我，你将看不见我。再重复一下，请扔掉你手里的剪刀，放下你心里的尺子，清理内在的概念和观点。不要把尺子继续拿在手上，它对生命没有任何帮助，更不值得传给自己的孩子。

九、为什么你把石头戴在手上？

1. 幸福其实很简单

接下来，让我们来看看，人们在生活里，究竟已经累积到了什么程度？是不是有必要清理一下。

"妈妈，这是什么啊？"宝宝用小手摸着我的钻戒问。

"这是石头。"

"为什么把石头戴在手上呢？"

"因为……哦……它很漂亮。"

其实我内心很困惑，不知道该怎么回答。这个问题小家伙问得比较有意义，不妨在这里讨论一下。

我不想用什么"钻石恒久远，一颗永留传"这种无聊的话来糊弄孩子，我真的不知道这种与煤元素相同，但颜色相反的东西戴在手上有什么意义，或许因为它珍稀、漂亮并且发光。但事实上它并不稀有，且不论尚待开采的钻石矿藏，每座城市都有很多家卖钻饰的店，每家店里都有很多很多亮闪闪的钻石。

但是，为什么几乎所有人都对钻石有一种近乎偏执的占有欲呢？不惜高价购买，然后戴在身上。试问，戴一颗石头在手上有什么价值和意义呢？难道就没有人觉得这件事实际上很好笑吗？对我来说是这样的，至少不具备任何吸引力，我偶尔戴着它只是因为有人希望我戴着它。但是说实话，戴着这些东西让我觉得很不方便。

九、为什么你把石头戴在手上？

钻石与我们的生活似乎已经密不可分，大多数家庭都会有一两颗。现在的很多年轻人，似乎没有钻石婚都结不了。理性上说钻石与婚姻没有关系，但是，生活里绝大部分婚姻的幸福与钻石有着千丝万缕的关系——钻石已经绑架婚礼很多年了，以至于人们觉得，若是婚姻没有了钻石似乎都似乎都不圆满了。

据传，1477年，法国的玛丽公主将钻石镶嵌在指环上作为婚戒，她是史上第一个拥有钻石婚戒的女人。此后，越来越多的人开始步其后尘追捧这一行为。人们真的是太懒惰并且毫无创造力，不但重复着别人的生活，还拷贝着他人的生活细节。

商人们则趁机宣扬："因为这颗钻石，玛丽公主成为世界上第一个拥有幸福的女人。"从此以后，婚姻的幸福便被硬生生地绑架在这亮晶晶的石头上了。

大概是因为这些人为的宣传，婚姻的幸福与钻石终于扯上了关系，也导致这类石头身价倍增。难道没有人发现这其实很荒谬吗？难不成钻戒被设计出来之前的女人们从来都没有幸福过？那些居住在偏远农村里的女人也许一辈子见不到钻石是什么样子，但谁能否认她们也会很幸福？她们的"钻石"就是信任，是简单的生活。

大多数人不会想这个问题，只知道迷信"专家"，"专家"说有价值，就一窝蜂地冲上去争抢。看到别人手上戴着晶晶亮，自己不戴一个都感觉没法活了。

也许是因为都害怕活在黑暗中，我们才喜欢发光的东西吧？但是，与其让一块发光的石头决定人生的幸福，让自己的智慧发光是不是更好一些呢？

幸福与否与石头没有关系，只与你自己有关系。

呵，要我说，最好的定情物应该是相爱的男女自己动手一起完成的小手工之类的物件。两个人一起亲手完成的定情物，绝对要比买来的万千雷同的一个钻戒要有意义得多，而且在制作过程中也更容易了解并融入彼此，拥有更多美好的回忆。夫妻吵架的时候回忆一下这个小手工的制作过程，绝对有益于情感的复原。这样一来，就省下一笔不小的买石头的费用，用来旅行或做些其他更有意义的事情，岂不更好？

钻石只是众多奢侈品里"威望比较高"的一种，其他各种奢侈品稍微搜罗一下就一大筐，不乏各种奇葩：价值50万元的内裤、几十万元甚至上百万元的鞋子、包包、黄金马桶、黄金冰淇淋、水晶便盆、六七百元一双的袜子、十几万元的手机……林林总总不一而足，甚至有人花上千元美金买来用大象粪便制成的咖啡食用。

关于这个我想了半天，后来确定他并不是因为粮食稀缺才食用大象粪便提取物的，仅仅是因为这是一个非常时尚的奢侈品而已。嘿嘿，我们尊重您独特的品位。可有必要花上一千多美金来喝一口咖啡吗？有必要蹲在黄金制作的马桶上拉臭臭吗？几十元一块的手表与几十万上百万元一块的手表时间显示是一样的，前者并没有忽快忽慢让人搞不清楚时间。

东西与东西确有不同，几十元一双的袜子与十几元钱的袜子还是有一点区别的，但近千元的袜子会多出一个脚趾头吗？我们生存的这个星球上的资源已经被浪费得差不多了，还有很多人连最基本的吃住行都成问题。

如果您正好喜好奢侈品，若是看到流浪在街头的儿童、无家可归的老人，他们伸着肮脏枯瘦的手只为寻找一点果腹的东西，您在黄金马桶里的臭臭还能拉得下来？如果便秘了，去买点黄金冰淇淋来吃吃会不会管用呢？

我想关于大象粪便提取物做成的咖啡，大概是奢侈品大佬们做的一个实验，他们想知道，究竟一件物品被冠以"奢侈品"三个字之后能发挥多大的魔力。他们现在知道了，他们才是真正的赢家。当然，我更希望大象粪便咖啡能具有独特价值能与一千美金等值，譬如说喝一口就能让身体恢复到全健康状态什么的，如果是这样，相对来说一千多美金还是很便宜的。

奢侈品是世界上最高明的骗子，它先给人们一个理念，然后附加上一个物品，这个物品与其他同类物品相比较，成本会高一些，但并不会高出许多，被附加上理念后，售价却相当惊人，远远超出了物品本身的实际价值。

或者说，奢侈品实际上虚假地延长了人们对幸福生活的追求感，不然，一日三餐、一处栖身地是很容易得到的。仅仅只有这些的话，大家很容易就无事可做了，那生命岂不是会很无聊？好吧，我创造一个奢侈品出来，大家一起来追，热热闹闹岂不挺好。

奢侈品各有不同，唯一相同的都是天价，不把你兜里的钱全都吸过来，你怎么会有动力再去赚钱啊？奢侈品大佬们背后笑着："让你的钱在我这里开始轮回吧。"而你，将在赚钱与花钱之间轮回，也就是在你的欲望之间轮回。

没有指责的意思，只是觉得太多人在又多又乱的物质迷惑下走得太远，被金钱以及虚幻的身份感牵着鼻子走太远。我们的孩子生下来，就要在这些琳琅满目的各色用品里开始自己的人生路，这些天性单纯的孩子能保持心性不迷失吗？我们这些成年人究竟为自己的孩子创造了一个什么样的世界？人们的价值观是不是已经本末倒置了？我们或许应该思考一下这些问题。

作为孩子们的监护人，我们有绝对的义务为孩子们创造一个好一些的生活空间。但是，怎么算"好"呢？用黄金马桶？食用大象粪便？显然不是的！在这个物欲横流、各种废物满天飞的世界上，各种理念、各种诱惑在媒体上以爆炸式的方式呈现。

或许我们可以在自己的小空间里给孩子们营造一个稍微健康一些的生活环境，却不能把孩子们一直关闭在这个小空间里，他们终是要长大步入社会开始自己的生活，并且，探索这个世界也是孩子们的人生必修课。那么这些外来的各种信息，好的、不好的，健康的、不健康的，统统都来了，孩子们将在这些东西里做选择。本来是相对简单的事情，我们却用许多的东西来干扰他们的选择。

人人都爱奢侈品，买到一件奢侈品放在家里或拿在手上，会有充满欢喜的感觉，大概这就是幸福了？所有人都在追的东西，我拿到手了，就会有一种优越感，比你们那些拿不起的人更优越。奢侈品似乎给生活凭空添了些绚丽色彩。可是，真的是这样吗？

奢侈品相对我们的人生，它就像露珠相对于树木花草。一株花丛上闪闪发光的露珠，看起来无限美丽，但阳光会让它消失，风也会把它带走。若是花儿执着于露珠，它每天都会痛苦不堪。

2. 给生活选一张牌

我们这些理念、主义或者派别等东西，就如同魔术师手中的纸牌，孩子们要至少选一张牌才能开始游戏。不同的是，魔术师手中的牌只是个游戏，而社会给人们的牌则决定了人生路，这比游戏的风险要大多了。

假设人生有四张牌：喜悦、坎坷、虚度、悲惨，大概所有的母亲都希望自己的孩子抽到第一张牌。但是天知道，这些来到世上时紧攥着拳头的小家伙会选择哪张牌呢，任何人都没有把握。

我们的孩子会拿到好牌吗？关于这个问题，我们一定要意识到，作为种子的母亲在孩子们身上将起着决定性的作用。除了自己的选择之外，孩子将会继承父母亲手里的牌。

如果在孩子们心里种下单纯、善良、喜悦，孩子们会自然地选择正确的那张牌，走正向的路；如果母亲是混乱、暴力的，孩子们也就会走向坎坷与悲惨；如果母亲整日靠麻将、电视剧度日，放心，这位母亲的孩子人生虚度概率为百分之九十。

人们总说教育是个难题，但是难与不难取决于教育者。谁是教育者？人生的第一位老师就是监护人。如果监护人拥有正确的人生价值观、良好的生活习惯、明晰的思维模式，那根本不用刻意地去"教"孩子。只要孩子在身边安安静静地长大，就像妈妈十月怀胎安安静静地养着一样，不用刻意参与，孩子自然而然就健康地出生了。

什么是教育？先教而后育，最好的教是以身做则。育是什么，见过母鸡孵小鸡的人都知道，育是保持着那个温度，并且一直陪伴在侧。老母鸡并没有天天对着鸡蛋说教，你要如何长成一只小鸡，她只是默默地卧在那里孵育半个多月，小鸡就出来了。

教育有着异曲同工之妙，妈妈不需要告诉孩子他要成为一个什么样的人，只要做好自己，孩子们自然就学来了。即使母亲身上一些不好的习惯，譬如脾气个性之类，孩子们长大后知道不好，但他们会不自觉地将父母的习惯继承。

这就是为什么有些孩子会说："我不喜欢你，但是我却成了你。"这原是一篇文章的标题，是儿子写给父亲的，表达对继承父亲禀性的一种抱怨和无奈。孩子们能发现自己身上的不好禀性是件好事，怕的是糊里糊涂地以为自己就这德行而放任自弃的人。

若监护人是暴躁的，孩子的性格一定不会好；温婉的监护人会有比较温和的孩子，这是必然的。一些糊涂的监护人，从不在意自己在孩子们面前的表现如何，孩子嘛，他是我生的，我好好对待他便是，至于其他方面，顺其自然啊。我们该干吗干吗，想吵架，脾气上来了就吵吧，管他孩子在不在身边；想骂人，张口就来，孩子听见就听见呗，算什么大事？

若父母能好好检视一下自己的生活，思考一下对一个天真无邪的孩子会有什么样的影响，大概没有几个人愿意在孩子们面前吵吵闹闹，肆意地骂人。

孩子们出生之后要面对世界的各种病毒，如果怀孕时妈妈有正确的生活方式，孩子们的免疫力就会很强。同样的道理，孩子们从出生到成人的时间里，尤其需要正确的引导和健康的家庭环境。这样，他们在成人之后面对社会上的各种糟粕时，才会具有免疫力，才会比较强大。他们的人生将因为正确的选择而精彩，而不是死在各种垃圾理念或者糟糕的生活习惯里。

人生的成长环境分先天与后天，我们做父母的，便是孩子们的后天环境。你和我如何为人、怎样处事，世界观、人生观，以及生活习惯，都会深深地影响到孩子们。

幸福生活很简单，对于我个人来说，幸福就是"简单生活简单爱"。我相信很多人会有共鸣并体味过这样的幸福，因为对于人生来说，真的是愈简单愈快乐。

现代社会让生活越来越复杂，而且，这种生活带来的冲击力及其惯性让大多数人都身不由己。大家都怕失业，朝九晚五的工作一天赶一天就这么过来了；生意上小钱滚大钱的模式也让人无法停下来。

在欲望的驱使下，人们都快要变成机器了却不自知。要是突然有一天空闲下来，也无法面对自己，还要呼朋唤友去寻找所谓的快乐。但是，如果突然有一天不是空闲下来，而是生命的最后一天，你想要做些什么？要怎样面对最终的存在？如果明天就是最后一天，现在你戴在手上的百万元手表，它的意义何在？你还能感觉很得意吗？

我们的生活忙碌、琐碎而混乱，人们近乎痴迷地追逐权力、金钱、性、名誉，还有毫无意义的奢侈品，也不乏不择手段者。就好像一个不识真经的伪僧，在取经路上突然发现报刊亭里的报纸很有意思，于是误将路摊小报当成了真经，如是受持并融入生活。目前的生活就这个样子，人手一份报纸，喜怒哀乐愁怨烦全在上面。

我们自己的人生已经被这些报纸污染得差不多了，留给下一代的是一个千疮百孔的未来。没错，我们现在生活得很舒适，听着音乐喝着茶。可是，继续沉溺于这种所谓的享受，你并不会觉得真的很享受。

我们瞬息万变的心就像一只猴子，没有任何事情能使它真正满意。是啊，在钢筋水泥里生活，如何能使一只猴子满意呢？猴子只有回归丛林才会快乐，人类要回到本然之心才会快乐。无论钢筋水泥里的生活多么舒适，此心不安就如一只猴子。这让我们这些自称为万物之灵的人情何以堪。

喜欢这个词乍听之下是褒义词，但仔细想想就会发现，这个词会给人们带来更多的痛苦。不是这个词本身有问题，而是人的贪欲把喜欢给"带坏了"。

我们看到喜欢的东西之后，紧随而来的是"我想要"。如果只是单纯的喜欢，我见过这个东西，很喜欢它，无论它在哪里，我都很欢喜，那没有任何问题。但人的占有欲会将喜欢"拉下水"，变得不再单纯，我想要占有某种东西而不得，痛苦也随之到来。对很多奇葩奢侈品都是从最初的喜欢开始，然后贪欲滋生，开始了疯狂追逐，人性也开始扭曲。人的智商在这个追逐的过程当中衰变为零，否则怎么能做出花高价吃屎的事情呢？

3. 明天永远不会到来

是时候简单一点了，从现在开始，从你我开始！

不要期待明天！记住，明天永远不会到来！当它来了，它就是现在。

关于明天有件非常有趣的故事：

> 因为有资料说3岁之前不能给孩子吃巧克力，会影响孩子的大脑发育，所以我一直没敢给小家伙吃。
>
> 有一天，在我不注意的情况下，她偷尝了我打开之后忘记收起来的巧克力。那一定是她两岁零十个月之前吃过的最美味的东西！因为她抱着巧克力再也不撒手了。
>
> 我看着她又吃掉了一块之后，开始巧舌如簧地想把剩下的巧克力拿走，但是小家伙抱着盒子怎么都不撒手。后来我妥协了，说宝宝可以拿着巧克力，但是今天不能吃，明天才可以吃，小家伙同意了。
>
> 于是，她一整天她都拿着巧克力盒子，不时地拿小手在做成小蛋塔形状的巧克力边缘抠一点点下来，然后尝尝小手指头。后来她

放下了盒子，但拿起了一块巧克力。我趁机将巧克力盒子收起来放在宝宝够不着的地方，但忘记了她手上还拿着一块。当天晚上睡觉之前，她把巧克力放在了一个小桌子上。

第二天，当我忙完早餐坐下来，看见宝宝手上拿着那块巧克力的时候，自责怎么又忘记收起来。这时，我看见小家伙挥舞着手上的巧克力说："这个今天不能吃，明天才能吃。"我豁然开朗，哈哈哈，她不知道今天就是昨天的明天啊。哈哈，好啊，今天不能吃，明天才能吃！这块巧克力被宝宝拿了差不多一个星期，每天她都会说"明天才能吃"，其间还被她当成积木用来盖房子。小宝大概真的将它当成了积木，渐渐忘记它是可以吃的，我就让那块巧克力悄悄地消失了。

这个事件说明，明天在本质上永远不会到来，生命只有现在，我们能够拥有的、能够使用的只有现在！孩子们在面对这个问题时比我们大人要敏感多了。很多人面对一些事情的时候都会说：从明天开始……或者下一次，下一次我一定。但是，放在明天的事情一般都会不了了之，而下一次和这一次并无不同。

所以，你和我的改变，如果你决定了，或者说如果你认识到自己需要改变的话，就只能从现在开始。你改变一点点，这个世界就改变一点点。我们改变一点点，我们的未来和孩子们的未来就会不同。

每一个母亲都希望自己的孩子能脱离这世界的混乱不堪，没有母亲愿意自己的孩子吃着有毒的奶粉，在幼儿园里被无故地喂感冒药吃，被恐怖袭击迫害和恐吓。我们必须改变，并要思考如何才能彻底地改变。

但是不用着急，我们要慢慢来，一点一点地改变。简单一点生活，不要过多地扩展外在事物。否则你哪里有时间来扫除内心的灰尘。如果每个人都能做到"凡出言，信为先，诈与妄，奚可焉"，明白并一力奉行"凡是人，皆须爱，天同覆，地同载"，这些出自圣人的修身立命之教诲，人生必然会与现在大不相同。

要说现在的孩子真的是很可怜，两三岁就要开始上幼儿园，然后小学、中学、大学就一直停不下来了。想想还是古时候好啊，请个家教读几年私塾，会写锦绣文章就可以考秀才了。现在的孩子们都一勺烩，然后齐刷刷地考大学，十几年书一气读下来，然后呢？不明事理者有之，价值观、人生观颠倒者不在少数。

人们在教孩子们知识的同时忘记了做人之根本，不乱才怪。我们现在的教育和把石头戴在手上没有多大的区别，大学对于学生们的父母来说就是那颗被宣传携带着幸福的钻石，所以不惜重金也要供孩子们上大学，希望能为孩子们带来幸福。然后呢，大家都知道了，现实与理想的差距无异于地狱与天堂的距离。顺带提一句，中国流传了几千年的老祖宗们的东西绝不会错，它是深入渗透在生活中的智慧。能受到国学的熏陶对人生来说，是非常有意义的一件事。对于早晚都要入校学习却不具备选择能力的孩子们来说，我认为国学是妈妈送给孩子最好的礼物。

也许会有人问，老祖宗留下的智慧比较深奥，幼儿园就开始学习会不会太早？不是幼儿园学习这些东西太早，而是我们的孩子上幼儿园的时间太早了。有些孩子两岁多就开始上幼儿园，幼儿园的教师们给孩子们灌输一些知识或者理念，孩子被过早地开发脑力，这似乎不是一件很明智的事情。

现在父母们都很忙，要工作、要赚家用、要奔前程，哪里会被一个孩子给束缚住呢？某些幼儿园与敬老院有时候是同等意义，因为我们没有时间照顾他们，所以就让这个屁事不懂、问题一大堆的家伙去幼儿园吧，别再来烦我们了。当然，更多的家长只是盲从跟风，自己不会考虑也不会意识到这个问题。

4. 剪断心理脐带

对于初上幼儿园的孩子们来说，最重要的是克服对妈妈的依赖。同样的，妈妈也要克服对孩子们的心理依赖，有时候，妈妈对孩子的依赖要远远大于孩子对妈妈的依赖。

我清楚地记得，在宝宝还不到三个月的时候，有一次我离开她两个小时，当时就感觉好像离开了很久很久。在不到两个小时的时候，我就开始想念那个咿咿呀呀的小家伙！我知道她很安全并且舒适，但还是很想念。我想，大概是因为我们彼此心理上的脐带还没有剪断。

九、为什么你把石头戴在手上？

对于3岁左右初上幼儿园的孩子们和他们的妈妈来说，这段时间正是剪断心理脐带的关键期。对于妈妈们来说，孩子们突然不再全天候地在身后跟着了，没有了"十万个为什么"般不停地追问了，心里一定会感到空落落的。对于孩子们来说，外面的环境很陌生，会不习惯，所以想回到妈妈身边。

现实的要求却是，孩子必须与外界接触，就像小狮子出生之后需要学会捕猎一样，我们的孩子要学会适应环境，熟悉这个将要赖以生存的世界，并从其中找到最好的生存法则。所以，无论对于妈妈还是孩子，这段时期都非常重要，首要的任务都是克服对彼此的依赖。孩子的学习及适应能力非常强大，随着渐渐长大，他们自然就想脱离妈妈的世界。

依赖看似无可厚非，其实危害很大，可能比愤怒更严重，进一步发展的话就是迷恋。放眼看一下，这世界不乏各种依赖：对宠物的依赖、对食品的依赖、对网络的依赖、母亲对儿子的依赖、妻子对丈夫或者丈夫对妻子的依赖，甚至有些人会对疾病产生依赖。

医学证明吸烟有害健康，而且所有人都知道，但还是有很多人在吸烟，不畏生病，不怕死亡。即使是已经查出呼吸道有问题了，还要一边咳嗽一边抽，依赖让人欲罢不能。

我们总会发现，有一些人除了一日三餐之外，总是在吃其他东西，或者不停地想吃。他们的冰箱或者办公桌的抽屉里总是塞满了各种零食，这种人大部分看起来都很胖。这不仅仅是一个简单的吃的问题。如果有一天，你发现自己不停地想吃东西，那是你的身体在提醒你：是时候清理一下自己了。不但是生理需要清理，心理更需要清理一下。

人在内心焦虑的时候，无法安宁下来，所谓吃东西会帮助缓和情绪，实质是借着吃来发泄情绪。一位印度智者说：动物在愤怒或者害怕的时候会用指甲或牙齿对人施加暴力，因为指甲和牙齿是他们身体的自然武器。人与动物的区别是，生活在文明社会当中的人在内心焦虑不安的时候，总不能像动物一样用指甲来毁坏东西，但可以用牙齿吃食物，所以借着吃食品来发泄情绪。

而我们对子女的心理依赖，则直接影响着两代人的幸福生活。

"嫁出去的女儿泼出去的水"这样的观念历史悠久，所以对女儿依赖的父母不多。对儿子严重依赖的父母却普遍存在，尤其是在一些单亲家庭或者重男轻女的家庭中。母亲倾尽一生照顾儿子，把自己甚至全家的所有希望都寄托在儿子身上，在儿子成年以后，母亲还会以自己的标准来要求儿子。如果儿子没有做出母亲认为恰当的反应，母亲就会感觉失落。

母亲对儿子感情上的依赖也造成了中国婆媳关系的复杂性。很多人把爱变成了占有，占有是一切痛苦的根源。

在婆媳之间，有这样一段真实对话。媳妇说："谢谢您生了这么好的儿子给我做老公。"婆婆有些不悦："他是我儿子！"这种婆婆只是把儿子当成自己私有的，怕媳妇抢了去。所以听不进媳妇向她表示的感谢，以及对她的称赞。

很多老人都认为，儿子只能是自己的儿子，不能成为其他什么角色，或者根本意识不到儿子同时还是别人的老公。他们的世界很小，除了他是我儿子之外，其他的什么都看不见，或是出于某种原因不愿意看见，婆媳的敌对关系由此产生。

一些占有欲特别强的母亲认为，当儿子成为别人老公的时候，还要对另外一个人好，自然不能全心全意地只对自己好了，所谓"娶了媳妇忘了娘"。或许还有一种自私的心理：我的儿子只能对我好，因为对我来说他是全世界最重要的人，其他人也要全心全意地为我儿子服务，不可怠慢。

被母亲宠着的儿子们，一定要明了母亲的心，她们如此爱你。

我们对爱的理解如此奇怪！实际上，它大概与我们把石头戴在手上也有相同之处：那块石头绑架了幸福，而自私的占有欲则绑架了爱。

一个"心理脐带"没有剪断的母亲，必然会有一个几十岁都无法"断奶"的儿子或女儿，也必然会有一个无法沟通的婆婆。我们的一切就建立在这种混乱的概念之上，痛苦也随之而来。

但是，痛苦只是建立在混乱之上，所以要让它消失其实也很容易：让一切都静下来，澄清一切混乱，痛苦也自然会消失。

现在的年轻妈妈，就是未来的婆婆。若我们都澄清自己内心的混乱，让一切简单明晰下来，受益的将是我们和我们的下一代。

九、为什么你把石头戴在手上?

5. 让孩子自己走

　　这怀抱里柔软的婴儿,看看他们无邪的眼睛和稚嫩的脸庞,你一定想要给予他们最美好的未来。所以,我们要学习如何成为一个真正的母亲:给孩子们一个健康安稳的窝,做他们的朋友,适当地给予引导,同时完善我们自己。

　　鸟儿不学会飞是要饿死的,人不学会自立是要窝囊死的。我们这些做妈妈的,要学会放手,在孩子学会走路之后就不用一直紧紧地抓住他的手了。

　　剪断"心理脐带"之后,我们要做自己感兴趣的、对自己或者对家庭甚至对他人有意义的事情,以此来丰富生活,建立良好的生活环境,或者就做一个不断完善自己内心,并且为孩子带来良好生活环境的全职妈妈。一个拥有强大内心的妈妈带给家庭的影响也是不可小看的。

　　小孩子会把所有的事情都当真。一次我带小宝出去玩,小家伙指着广告牌上的一些水果对我说想吃。那是因为她当时很小,分不清什么是真、什么是假。成熟的人最重要的一个标志是,他应该能分清楚什么是真、什么是假。但是,有几个成年人能分清楚对于人生来讲,什么才是真的?

　　有两个小男孩玩滑梯,其中一个大概五六岁,另外一个由奶奶带着,可能两岁左右,与我家宝宝差不多大。两岁的小孩玩了一会儿之后,那个五六岁的小男孩夸张地说:"你快下来,不然我打死你。"两岁的小男孩大概没听懂,继续玩自己的。但是奶奶听懂了,她非常生气,大声地喊:"你要打死谁?你敢吗你?"这位奶奶恶狠狠地瞪着五六岁的小男生,好像他是一个天大的敌人。

　　快60岁的奶奶把一个6岁孩童说的话当真,还非常生气,显然她的内在还停留在孩童时代,这样的人有很多很多。两岁多孩童的沉默或许代表不了什么,但是,孩子长大后将失去这种非常宝贵的沉默。

　　在一个家庭当中,老人起着非常关键的作用,尤其是母亲这个角色。有一句非常有名的话,"女人是世界的源头",而我想说"女人是一切的源头"。妈妈是世界上最重要的角色,她对家庭的幸福及子女的人生肩负着重大的责任有，往大了说甚至包括社会安定，因为家庭是社会的缩影。

所以，我们做妈妈的一定要摆正自己的位置。一个婴儿呱呱落地，他将成长为一个孩子；一个女人生下一个孩子，她将成长为一个母亲。

当然，爸爸也很重要，但是我们的家庭有内外两重门，总得有至少一个人主管一扇门。我们一直以来的观念是男主外、女主内，虽然现在稍有调整，但依然深入人心。对家庭来说，女性的作用更重要一些。

现实情况往往是，一个女人生下孩子之后自己还是一个孩子，经常是一个孩子带着另外一个孩子"长大"，这种长大只是生理层面的长大，心理方面则是停滞的。于是有了一个60岁的老人对一个5岁顽童的声色俱厉，有了一大群不通情理的婆婆，继而有了普遍存在的难以化解的婆媳关系。

一个不通情理的婆婆的诞生不是偶然的，这与她在做妈妈时，与儿子的心理脐带没有完全剪断有着千丝万缕的关系。

孩子上幼儿园了，妈妈们还惦念着小家伙，左思右想，自己的孩子在幼儿园会不会吃亏、会不会跟小朋友打架、老师会不会好好照顾他，等等，焦虑与疼惜无时不在。这种情绪会一直持续到孩子成家立业，甚至一生也不会改变。儿子上幼儿园时，她会警惕老师或其他小朋友会不会欺负自己的儿子；成家后，则会注意媳妇有没有欺负自己的儿子。

母亲对儿子的依赖出自一种"爱"、一种保护的愿望、一种自家孩子不能吃亏的自私无赖心理，所以事事操心，时时看管，天天检阅自家孩子是不是得到了"最好的"。而孩子呢，在母亲这里能得到所有的安慰和毫无节制、不分对错的帮助，一个几十岁还不能断奶的儿子和一位强悍的母亲就互相依持着诞生了。

通常来说，依赖产生于内心脆弱，没有自信，想从外界寻求一种保护、一种安全感。一般来说，这种人对于自身能力非常没有自信，完成某些事对他们来说变得很难，他们会说，单靠自己的能力无法过上幸福的生活。婴儿们对妈妈的依赖是自然也是必然的，而成年人对外界的依赖则是一种病态，这种依赖在小孩子时期就开始形成了。

经历过至亲分离的人会对他人非常依赖，因为在他们的潜意识里，与至亲分离是很痛苦的事，他们想避免这样的事情再次发生，所以，对于生活里与之亲近的人会非常依赖。依赖到一定程度，就不自觉地会担心失去，然后为了避免失去，会采取一些自己认为合适的相应措施。

有新闻报道过，某个正在恋爱的人，因为逼婚或者其他事导致了血腥事件。犯罪人的行为便是基于一种依赖而不可得，他觉得自己没有能力一个人活下去，所以要用极端行为来避免失去对方。不想失去却又亲手毁灭，哪怕把她捏碎在手里也在所不惜，这就是对他人无限度的依赖所导致的悲剧。

除了病态的依赖，也有占有欲在作祟。而占有欲只是表面的东西，更深一层挖掘，你会发现占有欲是依赖的衍生物。你想占有某种东西，是因为你有赖于这个东西带给你的存在感；你想占有某个人，是因为你依赖于他带给你的某些快乐。

因为他们的人生之路上，没有正确的引导，或者经常处于被打压和被过度保护状态。而自己也没有做出过令人敬佩或令自己满意的事情。他们的自卑也由此而来，他们在内心里会觉得自己一无是处，做什么都没有把握。他们没有能力把握现在，更别谈掌控未来。他们非常自卑，所以把希望都寄托在其他人身上。

上幼儿园比较早的孩子，表面看起来独立能力会强一些。因为有很多人在教他们，所以被迫学习独立。但他的内在还是弱小的，在内心里，他们会希求有人协助。因为那个独立不是自然得来的，而是被强迫学来的。表面上他可以自己完成一些事情，但内在会受伤害。

即使一个成年人被强迫完成一件事情，心里也会不舒服，何况幼小的孩子！但是现在的孩子就这样几乎全部地都被早早送入幼儿园，在一群小孩子里抢小红花，争第一排名次。有没有人考虑过，这样的环境对孩子会有怎样的影响？

生命本可以开出花朵来的。任何一种花，都是靠自己努力开出来的，任何环境下都有花朵的存在。无论怎样的花朵，带给人的都是美丽和芬芳。花儿们之间也并不会有比较，玫瑰开在玫瑰园里飘香，野菊开在野外也一样飘香，这世界没有丑陋的花儿。如果它们之间互相依赖和攀比的话，开花就变成了一件困难的事情。

如果让孩子在身边待着，一直待到他想离开你去探索外面的世界，也许情况会好许多。总有一天他会想离开你，那正是孩子们羽翼丰满的时候。他将会是一个完整的人，就像果子成熟了会自己掉落一样。遇见事情，他会用自己比较完整的人格来应对。

父母需要做的是，当孩子在你身边的时候，给予他们正确的引导。当他们想要离开的时候，应该相信他已经具备了一个成人的基本能力，将为自己成就一片广阔的天空。因为他在你身边的时候，一直在为这个做准备。

如果孩子从小在内心里希望某些问题靠他人解决的话，这种希冀就会埋伏在心里，持续大半生。当成年之后，如果没有人强迫他去做事，他将采取逃避或者依靠他人的方式。而要改掉这个习惯，会比较痛苦且费时巨大。

幼儿园里已经有是非、好坏的判断，表现好会有小红花。我经常想，把一个懵懵懂懂的孩子送到一个有各种标准的环境里去适应，就像把融化的蜡烛倒进模具里一样。对于孩子们来说，等于还没有准备好成为自己，便已经被塑造形象了。大概这正是我们目前教育失败的源头所在。

但是，如果孩子的家庭环境很糟糕，譬如说父母三天两头就吵闹，没有一个适宜的家庭环境来教孩子的话，早点去上学也是一件好事，但只能算是无可选择之下的选择。

很多望子成龙、望女成凤的家长直接导致了孩子的自卑。这些父母就像赌博似的，把自己的希望寄托在孩子身上，一直敦促自己的孩子：不能输给其他小朋友，一定要赢！

他们之所以这么说，是因为自己已经输了，再也输不起了，所以把自己的一切都压在孩子们身上。家长是这样，老师也这样，大多数老师会喜欢听话的、成绩好的孩子，很少关注成绩差、比较调皮的孩子。大家都要做第一，那谁来做第二呢？

在教育孩子们的问题上，母亲担当着更重要的角色。你要求孩子们对你有一个好态度，尤其是在你蛮横的时候还要求孩子有一个好态度，这无疑就是在培养孩子们的奴性。

老祖宗说"三岁看大，七岁看老"，童年对人生的影响至关重要。但是，灵魂工程师们究竟能给孩子塑造一个怎样的灵魂？正人先正己，就目前看来，比孩子们更需要上课的是某些工程师。

6. 你笑了，世界就笑了！

很多成年人的心智不足以支撑成年人的身份，但就是这样一些心智并不成熟的人在教导着天使一样的孩子们。我们深受局限却又自以为是。

每件事都有好坏两面性，但是我们只透过自己的经验和感受来判断事物，并且绝对相信已然死去的经验，固执得可笑。要知道事情好的一面固然令人愉悦，但是对生命来讲，坏的一面更有价值。

譬如一个沉迷于网络游戏的人，我有个小方法：停止一切事情，什么都不做，试着让心安静下来。如果自己能够停止玩游戏，那很好，也停止做其他事情，正常生活除外。

为什么其他事情也要停止呢？因为我们要直接面对那个停止游戏的空档，面对内心想要游戏的想法，那想法一定会很强烈。如果这个时候去做其他事情，事情本身或许会成为一个逃避的手段。

除了正常生活外，可以听听音乐，因为它对静心会有所帮助。但是，最好还是什么都不要做，像个白痴一样生活一段时间，还可以分析一下为什么那个游戏对你那么重要，它真的有那么重要吗？

一个星期之后，或许用不了一个星期，就会渐渐忘记那个游戏。当再次看到游戏的时候，就会发现那游戏根本不重要了。

如果那游戏天天摆在面前，也不会再受到它的打扰，那么，就超越了之前痴迷游戏的那个自己。战胜了自己，向前迈了一步！

或许，自己根本无法停止游戏，也没有外人的帮助。那么，还有一个笨办法：停止其他一切事情，但是不要停止游戏。

试试看！人们的头脑总是叛逆的，当游戏变得毫无障碍的时候，如果继续玩，慢慢地兴趣将达到一个点，头脑就会开始厌烦，这个游戏会折磨自己，或许会厌烦到吐。到这个时候，还得继续玩，但是用不了多久，头脑就再也不想玩游戏了。

这种方法不一定适用于每一个人，但可以试试。第一种方法能使心智成长，你是主动的；第二个方法只是被动地接受。

我们要成长，不单单是身体、年龄的增长，更重要的是心智的成长！身体靠吃饭吸取营养成长，那心智靠什么？靠学习、思考、实践，靠正确地学习、正向地思考、不怕困难地实践，课本会教给我们很多有用的知识，思考会拓宽人的思路，而实践出真知！

学会做人，学会快乐地做人，你快乐，这世界就很快乐；你笑了，世界就笑了！

所以，我的孩子，没有黄金马桶也用不着悲伤；没有亮闪闪的钻石在手上闪耀，就让你的智慧在生命里发光。不管你有什么，或者没有什么，那都不会妨碍阳光照在你身上。如果你有了黄金马桶，不要让它妨碍智慧的成长。生命里最重要的拥有不在于外在，而在于你的内心。

为什么世界如此复杂？

因为你是复杂的。

一颗狭隘的心看到的人都是瘪的，是病态的，因为它看不完全。不是不具备看完全的功能，而是被偏见所左右，不是这样就是那样，不是左就是右。如果没有了偏见，你会明白，哪里有左右啊，真正的存在是完整的。

在久远以前的荒蛮时代，人们生活简单，过多定义是多余的。慢慢地，我们简单的人类祖先们生活需求多起来，也出现了一些从未见过的新事物。假设事情是这样的：

> 一直在冰天雪地里生活的人类祖先们发现自己有了更多的需求，于是，走出洞穴，发现前面有一个不知道叫什么的东西，奇形怪状张牙舞爪，站在那里一动不动，总之与我们人不一样。这个不知道叫什么的东西困扰了他们很久，因为没见过所以很害怕，不敢接近。

> 后来，有个很好奇敢冒险的人接近并触摸了它，发现它对我们根本无害，还有好处。于是想让其他人一起来分享。但是别人没见过啊，怎么对他说呢？给这个不知道叫什么的东西命个名，叫面包树。告诉大家这是面包树，可以乘凉，结的面包还能吃。

> 这样一来，大家都开始管它叫面包树，并执着于树这个概念。他们不知道这棵树差一点被命名为石头，或者是小河。嗯，这只是譬如说，面包树不结面包，它可能会结个啤酒出来。

九、为什么你把石头戴在手上?

我们还要去更远的地方,拓展更广阔的空间,于是有了东南西北和上下、左右、前后;我们分出高下、好坏、对错、是与不是,乃至东西南北、前后左右,都是为了方便生活,方便解释给别人听。于是,我们创造了这世间的种种分别,一山一水,一草一木,也包括你和我的分别。

如果这个世界只有你一个人,哪管它东西南北、前后左右,往前走便是了。但是,一个人是无法生存下去的,人的存在就像细菌的存在,单个细菌会被环境给消灭掉。但是,全身遍布细菌的话,细菌会将人吃掉。人要在这里活下去,就得依靠他人,大家一起才能活下去。人与人之间需要沟通,沟通需要借助概念。

被人命名的东西越来越多,被人接受的概念也越来越多。人一生下来就要学习辨认这些概念,并借着这些概念与其他人交流沟通,我们的社会活动就是以这些概念为基础的。

但当人们开始局限于这些概念的时候,世界变小了,路上变得拥挤了,生活里各种琐事也来了,我们更清楚地感受到了痛苦的存在。痛苦会带来一些连锁反应,而基于痛苦之上所做的事情,会带来更多、更大的痛苦。

为了避免某些事情的发生,为了更有序、更幸福地生存下去,大家认为应该有一些更明晰的生活理念。于是,人类开始制定规则,可以做的事情称为好,不可以做的事情叫作坏;大好为善,大坏为恶。于是我们有了是非、对错、善恶等概念。尤其是现代社会，因为生活需要，人们会创造出更多的概念，概念这个东西已经可以用来换真金白银了。

现有的概念名目太多，比一棵树要复杂多了。单单辨认这些概念也要花费很多时间和精力。有些人很幸运，他们明白这些只是概念而已，他们会使用这些概念很好地生活下去。另一些人觉得，一定要把那些枝枝蔓蔓都搞清楚才行。我们的世界越来越小是因为概念和系统越来越多。长此下去，将会把自己困死在里面。我们用了太多时间、太多精力来死啃这些概念，也没有机会去看看树被命名之前是怎样的存在。同时也因为对概念倾注了过多的心力，所以，这些概念也显得越来越真实了。

人们说的是非、好坏、对错，与它们被定义之前没有多大区别。之前只是相对的存在，之后变成了一个绝对的存在。我们需要从一个相对简单的角度来了解这些概念的由来，并且要明白它们是怎么运作的，而不要让自己死在某一个教条里却不自知。

现在的很多公务机构，譬如像户籍、计划生育等部门，本是为了民众方便而设立的。可是现实是，孩子都快生了，却办不下来准生证；办个户口要跑来跑去很多趟；办事需要身份证，拿着户口本去都不行，身份证复印件也不行；一纸证明差一个字都不行，或者相同的意思不同的表达也不行。

有一件发生我很尊敬的前辈身上的事情：某个展览只要出示身份证就可以进去，这对多数人来说是没有问题的，大家都有身份证，连小偷也有，一些不怀好意的人也有。有个外国人想进去看看，但没有身份证。看门的人无论如何就是不让他进，外国人只好在外面徘徊。这位前辈正好目睹了这一切，就用自己的身份证换了一张门票，给了那个外国人，让他进去了。

我们现在情形就是这样，很多事情本末倒置，令人哭笑不得。一些为民众办事的机构成了为难民众的机构，这些机构里不懂得如何方便人的人，硬是被绑死在教条上面，可不可怜？

7. 即时清扫

人生是一个圆,经历的每件事也是一个圆。圆满的人生是喜悦的人生,圆满的事情最终是喜悦的结局。若有某件事情停在一个痛苦的层面上,那是因为它没有完成。不要让它停止在这里,再进一步,去完成它,让它走向圆满。

人与人之间的感情比较微妙,尤其要处理得圆满些,别让事情结束在恨的层面上。当然,也不一定非要让它结束在爱的层面上。

如果某件事情没有完成,那个没有完成的空缺将会一直存在,打结时的情绪也会一直存在。这就是当你看到一个讨厌的人时,那种讨厌的情绪会再度升起的原因。它会变成一种死结,人们将一直背负着它,打扰未来的人生。

它不像一件东西一样是装在包里随身携带的,它将会成为深入内心的灰尘。所以,任何事情,尤其是人与人之间的事情,只要事件开始,就要完成它,不要半途而废。否则,浪费的不仅仅是时间和精力,它还会丢一粒坏种子到内心深处。

譬如离婚之后,一般情况下,彼此会成为仇人,见面就黑脸。这说明彼此之间还没有完结,还有未完成的事情存在,就像在某个地方打了一个结,要解开才行,否则就顺畅不起来。这种结存在于任何一种关系里。

有句话叫作"心有千千结",不得了,这得有多少未完成的事情啊!假设,如果小一和小二之间事情未了,然后在怨恨当中分开了,那小一和小二心里都会有个结。这个结以后不单单存在于这两个人之间,它还会存在于小一、小二和后来遇见的其他人之间。

小一带着一个未解的结,这个结随时会在小一与他后来的另一半当中起作用。小二也一样。这个结需要小一与小二一起来打开,这样会比较容易并且彻底。这也就是解铃还须系铃人的意义所在。

若是让第三方来开,除非他能明了所有的细节,然后引导小一和小二打开这个结,否则那是不大可能的。这个结不一定在夫妻之间才有,在父子、母女、朋友、同学、同事、上下级等任何关系里都会出现。只是夫妻之间的结因为关系过于紧密，尤其不容易打开。由此看来，这世界上真正亲密的关系就是夫妻了。也正因为过于亲密，那个结打得太死，所以难以开解。

怎么样才算是解开了？就是要在心意上彼此都了解对方，没有怨恨，没有误会，愿意真正考虑对方的需要，明了彼此出于某种需要而不是一己自私才分开，这样的离婚才算是真正的结束。但是，如果每个人都擅长于打开心结的话，离婚将变得没有可能。

譬如，你自己卡在恨这个层面上，那是因为另一部分还没有被看见、被经历，并不是它不存在。就好像一个万花筒，你不能用一个单一的颜色来形容它，它还有很多种其他颜色。或许再简单点，熊猫是黑白两色啊，我们看得清清楚楚。你不能说它只是白色，或者只是黑色。

一样的道理，爱有个对立面是恨，讨厌还有个对立面叫喜欢，怨烦暂且给它个对立面叫清净，或直接叫不怨不烦也行。我们看黑白看得清清楚楚，但是看爱恨却没那么大本事，只能看到一个单面。用你的行动，把它转到对立的面来，或者你自己转过去到它的那面儿去。

在我们的世界里，总在你面前说好听的来讨你欢心的那个人，不会成为你真正的朋友。真正的朋友会帮助你成长，或许看起来，真正的朋友更像是你的敌人。看问题要看得透彻，不要只看表面。不然，你将迷失在各种假象当中。不要恨你的"敌人"，要祝福他们，同时完善自己。最终你会发现，这世界上真的没有所谓的"敌人"。

让每件事情都圆满地结束，是一种即时清扫的方式。同时，也是完善自我的过程。

8. 认识你自己

让事情圆满，沟通是非常必要的，在任何一种关系里，沟通都像阳光之于生命，没有阳光万物都不生长，我们过的可能就是另一种生活，吃石头或者土才能活下去。无论是朋友、家人、同事、同窗或者夫妻，没有沟通就没有彼此的了解，没有了解关系要如何深入？沟通是认识自己与他人的快捷途径。

九、为什么你把石头戴在手上？

有些人说，可以意会不可言传，更有甚者大声责问："你是我老公（或老婆）连我怎么想的都不知道？"这实在是高得离谱的要求，他们自己能够看一眼别人就能知道对方的想法吗？遇见这种人你就会很惨，你得做他们肚子里的蛔虫。

做自己很轻松很简单，但很多人就是不愿意做自己。大人如果迷糊起来，真的是很奇怪的动物。为什么只说大人呢？因为在可爱的孩子世界里，所有的东西都是纯真简单的。小孩子也就只是想想自己长出翅膀飞起来，但是大人可以做出翅膀真的让自己飞起来。总之，大人们很厉害，有一些自大的人就更厉害了。

如果你恰巧碰上这么一个人，你必须粗线条，必须大度，要允许他撒谎。你要爱自己，不要被他的谎言所伤害；别指望他会爱你，因为他连自己都不爱，更没有能力爱别人。

他的爱是他欲望的投射，他会表示出极为强烈的亲近的愿望。但是，这愿望是来自他心中那个并不存在的人，而不是他自身。或者说，他本人有一些爱的成分在里面，却透过一个假想的身份把爱表达出来。表面上看十分绚丽，就像是一颗普通的糖，把它放在一杯水里融化了，再加上一些颜色，看起来就像一杯鸡尾酒了。没错，看起来是！如果不尝一口，你会觉得自己错过了，但是尝过之后就会觉得自己上当了。

怎么办？上当了就上当了，你没法找警察，没法跟他论理。因为在不同人的世界里，大家的理都不一样。就好像同样是摇尾巴，猫用来表示不高兴，而狗却用来表示高兴。

同样的行为，在两个不同的人那里，有着截然不同的意义，没有什么理论是固定不变的。在相对的世界里，相对的东西多了，就会变得很混乱，更不必提一些认假为真、以偏概全的个人或组织。

譬如，猫咪身上的细菌在开会，其中两只细菌在打架，来自尾巴的细菌A说："我们的食物是细细长长的。"来自肚皮的细菌C说："不对，我们的食物很柔软，就像一个平平整整的大草坪。"各执一词，打得死去活来。如果猫咪知道了，一定会很生气，猫咪会说："你们都错了，我本身长得更像是一只老虎。"

有时候我们无法找到一个平衡点，因为大家是如此不同，各执一端。在这样的环境里，公平也只能是相对的。

所谓"公平"，只是人们心里的一杆秤，并不是说苏珊吃了七个草莓，倪妮就同样能够吃到七个，也许倪妮只能够吃三个呢。没有什么事情是理所当然的，任何事情的发展都与自己有着千丝万缕的关系。苏珊吃了七个草莓是因为她伸了七次手，而倪妮只伸了三次手。

同样的，如果一个人很成功，另一个人很落魄，那并不等于上天不公，而是自己的作为造成的。成功的这位一定付出了相应的功力，才能达到"成"的境地。而失败的人呢，与其嗟叹上天不公，不如自己找找原因去。这世界其实是真正公平的，你想吃七个草莓就得伸七次手。所以，不要羡慕别人的蛋糕大，因为人家付出了相应的代价。

作为人，如果不具备智慧，是看不见自己的。

就像一只猫会说自己长得像老虎，若是场合需要的话，譬如遇见一只饿极的狐狸要吃它时，为了保全自己，说自己是老虎也未可知。一个连自己都看不清楚的人，又怎能看见他人呢？我们的周围有很多人，相互之间的交往也很密集，但很难有真正的相遇。因为我们既不了解他人，也不认识自己。

如果我们能真正看见自己的话，就不会希望孩子成为与我们一样的人。我们希望孩子们将来能翱翔宇宙，那也是我们送孩子们上学、希望他们有出息的原因。另一方面，我们却在用一种无形的绳索来捆住孩子们的手脚，这些绳索的名字就叫"不可能、不存在，这是对的，那是错的；这是好的，那是坏的；你应该如何如何……"

或许，我们并不是有意要告诉孩子们这些概念，一副围棋放在这里，我们总得教他们知道哪个是黑子、哪个是白子吧？事情确实是这样。但是，你还要教会他迎着光去看一颗黑子，若是正宗云子，那里面是透着墨绿色的，白子也一样透着浅绿。要教孩子去看事情的全部，而不是一部分。

如果我们看不到全部呢？没错，我们只看到了黑色和白色，我只看到了这一部分，那怎么办？或许闭口不言要好许多，没准儿孩子们自己会去发现呢。我们不用说什么，不要在信念上束缚孩子，一个聪明的家长应该知道，你的沉默会让孩子们对你的信任更加稳固。因为孩子们总是好奇的，他们终有一天自己会发现，原来云子里面还透着美丽的墨绿色。如果你曾对他说过它绝对是黑色的，你就会成为一个笑柄，会失去孩子对你的信任。

除非你有把握知道全部，才可以用绝对的话来告诉孩子们这是一个什么样的世界，然后给孩子们定出一个行为准则。否则的话，你将成为一个很糟糕的家长。事实上，我们现在给孩子所呈现的世界已经是很糟糕了。

也许，你觉得这世界之所以是这样，都是其他人如何如何的结果，与你无关。因为你只是一个不起眼的小职员，或只是一个保洁大妈、一个送快餐的勤杂工，你觉得这世界的大问题诸如环境、战争、社会的浮躁、食品安全、满天飞的垃圾信息等都与你没有关系，都是别人的事情，那些总统、国王、首相、能左右股市的人或者有权力的人才是真正该负责任的人。真的是这样吗？我们应该非常认真地去思考这些问题，它比你的饭碗和娱乐要重要得多。

如果真的与你无关，那真是太好了！食品安全是自私、贪婪导致的结果，与你无关，你一定是个无私的人，并且内心没有贪婪的存在。无论任何情况下，你都不会做妨害他人的事，你待他人如待自己一样。战争是愚蠢的野心家发起的阴谋，而野心家基于绝对自我的理念，要扫平其他理念不同的族群，或是想掠夺其他民族的财富和土地，所以发动了战争。它与你无关，那你一定不会偏执于某一个理念并强加于人，你会看透这个理念背后真实的存在，也不会产生窥视他人财富的念头，更没有能力把它付诸行动。满天飞的垃圾信息是因为人们无节制、无底线的自我展示带来的，不会考虑另一人是不是愿意看到这些垃圾信息。它与你无关，那你一定是一个行为有度并尊重他人的人。社会的浮躁也与你无关，那你一定是一个遇事冷静、做事明理、内在宽容的人。那些垃圾理念与你无关，那你一定是一个摒除了一切教条，并明晰地看到一切事物本质的人。如果都不是，那就说明了一个问题，你只是一个无能的坏人罢了，如果你有能力成为野心家或执权者，你也会与他们一样，或许有过之而无不及。

我和你一样，也是一个无能的坏人。我的内心有很多坏的种子，如果有一天我成为一个国王，我也会像一些野心家一样把这个世界弄得一团糟。但是我现在没有这样的能力，所以就在自己力所能及的范围里把这个世界弄得一团糟，慢慢用我内心的"杂草"影响着周围的环境。

我用我的贪婪、偏见、自私、嗔恨心、自以为是等来影响周围的人和事。我的贪婪使得我不顾身边人的利益，从而让他们觉得我见利忘义，所以他们也不会顾忌我的利益；我的偏见使得身边的人觉得我不可接近，并且在我这里得不到认同感，所以他们也不会给我认同感；我的自私让身边的人觉得我很冷漠，所以他们也会对我很冷漠；我的嗔责之心让我总是讨厌身边的环境，也使得身边的人同样讨厌我；我的自以为是使得我认为他人都不如我，当别人看到我高高地翘着尾巴，他们也会斜着眼睛看过来，并翘着脑袋从一旁绕过去。

我甚至卑鄙地利用了"爱"这个字眼，透过爱来获取我想要得到的。所以，你会听我这样说，因为我爱你，所以你要对我如何如何；因为我爱你，所以，你要按照我说的去做；因为我爱你，所以，你要使我满意……

我是如此的糊涂，如此的自以为是。还好，现在我们看到了这一点。所以，我的孩子们，你们要保持自己的好奇心，不要把我说的话绝对化。因为我爱你们，而这种被困在偏狭、自私当中的爱，会使人变得愚蠢。保持自己的纯真，不要被这声色世界所污染。你要自己去寻找真理的所在，你将知道什么是好的、什么是坏的，因为我们天生就有羞耻之心，不需要他人来教。这是生命给我们的最后一层保护，要感谢它、听从它。

我的意思是，你在年轻的时候，若无法辨别什么事情可以做，什么事情不可以做，也没有一个可以信任的人来教导你的话，唯一要听从的，就是这颗知羞耻的心。若是某事使你感到羞耻，那就去避免它。不然，你将受到伤害，而且，要自己去买单。譬如，出卖他人会使人感到羞耻，背信弃义也会使人感到羞耻，不守人伦道德也会使人羞耻，这些事情将会让人背负一生的罪恶感，它在你内心里的存在感，比你现在手里捧着的书更加真实。

或许我应该庆幸自己只是一个无能的坏人，所以，我还没有来得及做出一些规模较大的伤害事件。所以，我现在才能心安理得地坐在这里享受与你在一起的时光。不然的话，作为一个有能力的坏人，当我伤害了他人的时候，那个伤害对我自己的影响绝不会小于那些受我伤害的人。

9. 简单生活简单爱

生活本似闲鱼戏水，优哉乐哉。我们的世界很公平，所有人使用的空气是一样的，山川河流是一样的，阳光也并没有因为谁长得好看或难看，就多一点或少一点。大家看到同样的晨露、同样的晚霞、一样的花草树木、一样的城市、一样的农村、一样的你和我。

但境遇千差万别，有人喝小米粥觉得滋养身体，有人吃着咸菜心里却惦记着鲍鱼、燕窝，有人喝白开水就觉得解渴，有人得喝功能性饮料才觉得痛快。于是，一粥一饭、一茶一水之间有了天地之别。

生活本是简单的，自食其力赚得一日三餐，除了小屁孩儿们，是个人都做得到。现在的世界没有谁能被饿死，倒是听说有被撑死的。之前有"生的伟大、死的光荣"，现在只剩"生得糊涂、死得冤枉"。

很多人都喜欢钓鱼，鱼儿很傻很可爱，就是有那么一点小贪婪。哈，想吃泥鳅嘛，鱼之本性。若能不费力气得来，岂不妙哉？鱼的脑子素来简单，据说只有七秒钟记忆，但是它却知道泥鳅很美味，胡萝卜不好吃，可见还是聪明的。

想钓鱼，那得要泥鳅才行。人类的泥鳅就是金条、权力、美色，以及虚荣，等等。鱼是知道有可能被钓走的，但是，不还有另外一种可能嘛，就是吃了鱼饵就跑。钓鱼的都知道，很多时候鱼吃了饵却并不上钩。侥幸心理人人都会有，没有几个入狱的人是抱定了入狱之心才去做某些事的。以前有，那是革命志士。

当然，并不是说所有入狱的人都是坏人，监狱也并不是绝对的一无是处！记得一位名人说过："如果有两种选择，让我住进监狱里，但是可以读书；或者拥有自由可以享用任何物质，但是却不能读书，那我一定会选择住进监狱里。"好吧，这也是我的选择。

生活遭遇不幸，或者是在日常生活里感觉不幸福，不妨反省一下自己是不是咬着钩了。外面的世界很精彩，外面的世界鱼饵多。人们的鱼饵可以是任何东西，可能是具体的黄金、白银，也可能是看不见、摸不着的内心情绪，譬如愤怒、吝啬、嫉妒、暴力、傲慢甚至是个人偏好，等等，都有可能使人咬钩。

君子爱财，取之有道，若是贪婪无止境，不计后果、无法无天，成为案板上的鱼也只是早晚的事情。侥幸之心不可有，大智之人取之有道，黄金、权贵是小聪明之人的饵，愤怒、嫉妒是愚痴之人的饵。饵是诱惑，是机关。当愤怒成为机关，一按便开，自己的生活变得昏天黑地，也影响身边人不得安宁。以此类推，咬着什么样儿的钩，对生活便起什么样儿的作用。

孩子你要知道，社会已然是个大染缸，若你能保持本色，不随环境流转，时时自省，多做反思，大染缸又如何？你且污浊我自清白，邪总难胜正。且说围棋，黑子先走，白子后来居上有非常大的可能哦，它在于执棋之人的围棋造诣如何，不在先后。邪不胜正也是自古就有的事情，不然哪里有今天的太平盛世？就在这天，我想我找到了幸福的所在。虽然这个真实小事件与本章没有直接的关系，但是，我想把它分享在这里：

下午，我与宝宝在一家快餐厅吃饭，与邻桌的距离很近，没有任何私密性。从我们的位置上，不用东张西望，抬头就能看清楚对面两张桌子上客人的一举一动和他们脸上的表情。宝宝在吃饭的时候，我在旁边发着呆，顺便将这两桌的情况收在眼底。

左边这桌比较吸引我。那是一位胸前背着看起来很廉价的粉红色背包的女士，我不知道是不是该叫她女孩。她之所以吸引我是因为她很丑，而且很黑，不是非洲人的那种黑，而是一种黑黄色，且肤色不匀。她点餐之后没有马上吃，而是用一种很温和的眼光看着那些食物，恬静地坐在桌子旁边。这个时候我发现她变得很美，好像有某种光显现在她脸上，她本人则显现出一种慈爱和温婉。有时候她会抬头看看四周，当她看到我的时候，我就不能继续盯着人家看了，于是移开目光，然后就看到了右边这桌。

右边是一对中年夫妻。妻子体态雍容，戴着一块劳力士手表，一直埋头在吃，不曾抬头，只是胖胖的长了很多痘的脸上似乎在强忍着一种愤怒，眼圈有些发红。丈夫面无表情地坐在那里一动不动，一直不错眼珠地看着妻子在吃。

他们中间一定发生了什么事情。从两人的气质来看，这种事情一定经常发生，因为他们给我一种很不清爽、很纠缠的感觉。他们不缺物质的东西，但缺了一种安宁、一份喜悦。至少现在看来可以确认：他们不幸福。虽然他们衣着亮丽，还戴着劳力士。

九、为什么你把石头戴在手上？

我还是乐意多看一下左边这位衣着寒酸、长相丑陋，但是气质娴静的女士。我第二次看她的时候，她依然没有开始吃东西。她看着那些食物，所以我也仔细看了她餐盘里的食物：一份蛋炒饭、一份紫菜汤、一份五块钱的小份蔬菜沙拉，都是这家餐厅比较便宜的食品。

也许，纵然是这么便宜的餐厅，她也很少光顾。她正在看着周围的装饰，带着一种欣赏的眼光。她的脸上有一种看不见的笑容，眼神有某种亮光，她的内心一定充满了喜悦。她的外表看起来像个仆从，但气质上像个公主！

她看起来很独立，或许也没有什么人能让她依靠。但是，她显得很快乐。后来，她开始双手交叉放在额前，闭上眼睛，嘴里似乎在说些什么。我不确定她是不是在祈祷，感恩上帝赐给美味的食物什么的。我始终没有看见她吃东西，因为宝宝这个时候碰翻了碗，把粥洒到了桌子上……我想，这位有着公主气质的女士一定知道幸福的所在——"简单生活，简单爱！"

10. 清除障碍物

我们都有冬天暖洋洋地晒在太阳底下的经验。如果要晒到太阳的话，一定要在没有障碍物的地方。如果把幸福比做是光的话，那同样的道理，去往光的方向，越简单越容易些。在简单的环境里，障碍物一定比较少，更容易感受到光的亮度和温度，好像在平原上比在森林里更容易看到光一样。

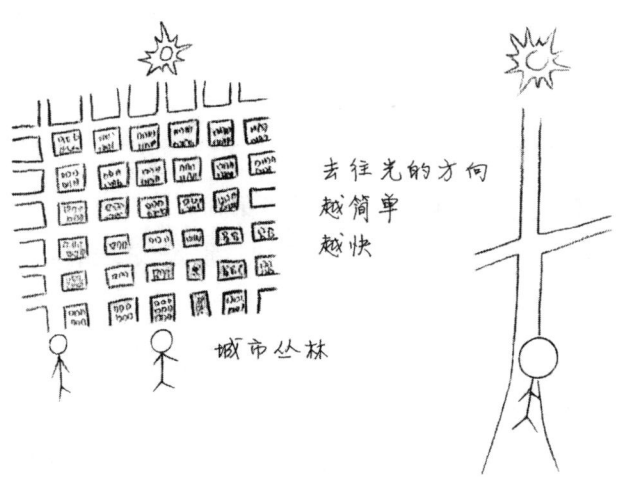

人是非常渺小的，渺小到无法承受过多的贪念。这些贪念就像遮住阳光的乌云一样，让我们难以感受到幸福之光。相反，如果减轻自身的重量，倒是一身轻松来去自如。

但凡贪心一起，就有一条鱼钩在等我们去咬了。痛苦就在不远处，浑浑噩噩几人知？与其追逐贪念到精疲力竭，倒不如"清水养闲鱼，宁静待荷开"。这样的人生貌似是消极，却蕴藏着非常有力的、正向的积极能量。

种子种下了，条件适合的话一定会发芽，而从发芽到开花一定会有一个过程，这就是等待花开。其实说等待并不正确，种子发芽长大并未停下来等待花开，准确地说那是一个努力的过程。如果植物没有从根部向顶部努力输送营养的话，花儿是开不起来的。所以要让孩子们知道，做任何事，都要靠正确的努力来达到那个目标，脚踏实地，不要妄想什么捷径。

我们都有一个梦想，至于能不能实现，那就看各人的造化了。外界似乎没有任何东西能满足我们不断追寻、永不餍足的心，人们对外在事物的追寻，就像河里的鱼一样游来游去，不曾停留过。

那么内在呢？有没有什么东西可以让人心满意足呢？

先看看我们的内在有些什么，不是心肝脾肺肾，是那些每天都影响我们生活的各种情绪。这些情绪不必定义，每个人都清楚地知道它们起着什么样的作用。愤怒无法让你满足，只会让你疯狂；嫉妒也无法使你满足，它就像条虫子撕咬着你的心；吝啬就像一个卡着喉咙打劫你的人；贪婪分明是胃口很大的穷鬼心态；快乐也无法使人满足，因为它总是短暂的，譬如玫瑰花使你快乐，但你每天都在玫瑰花园里生活的话，很快也会变得淡然无味。

夫妻之间，当一个人的快乐不再被另一半所影响，并不意味着两个人之间没有感情了。情况正好相反，在这两个人之间，束缚将会消失，嫉妒将会消失，两个人之间的摩擦也必然会减少或者消失。他们会有更多美好的分享、更好的生活环境、更自由的成长，并会更忠诚而长久地相伴。因为只有在这种环境里，爱才可能存在。

如果恰好你是其中一个，就会发现，除了你们彼此，外面的任何人或事都无法影响到你们。当一个人知道如何去爱，在这世间他将立于不败之地，无论是在家庭里还是在社会团体里。没有哪个小三能够破坏真正有爱存在的家庭，也没有谁能打败与员工订立爱之同盟的公司。我的意思是，如果公司能真正从员工的角度出发考虑问题，那就没有动不动就离职的员工，大家都会很乐意地为公司服务。

当一个人的快乐与外界无关，也就是说他不必依赖于他人或环境才能得到快乐时，他自己本身就很快乐，那么必然的，他会将快乐带给身边的人，对事情的影响力也会增大。一个快乐的人，影响力必然比一个悲伤的人要大。快乐地做事会使事情容易许多，若是愁眉苦脸地做事，本来没有问题也会制造出问题。为什么有些人很容易成功，因为他喜欢自己所做的事情，他很快乐。

人与人之间的谅解、宽容或者慈悲。我们应该清楚，原谅他人便是原谅自己。若有人犯了错，你还要紧追不放，用愤怒去指责他，或者在一种虚假的平静之下，向对方追讨一个"公平的结果"，在这个过程当中，你究竟在做什么？你与你所指责的，又有什么不同？同时你还失去了自己应有的优雅，经历了一个并不美好的过程，何必呢？

我们很容易原谅自己，对他人却难以做到，好像别人都是我们的敌人，哪怕最亲密的人之间也是这样。我们高举着指责的矛头，将身边的人一个个驱遣到遥远的境地，然后又抱怨他人不关心你。到底想要怎么样？我们都是精神病院里标准的病人。

慈悲一些吧！我们都喜欢慈悲，但只是希望他人能慈悲地对待自己。我们不懂得，对他人慈悲最终受益的人将是自己。我们都花钱买保险，却不知道最保险的东西是你自己能够掌控的，是你的慈悲、你的爱。当你自己成为爱，整个世界都会来爱你。世界上最厉害的商人，一个永远不会失败的商人，必然是一个拥有真正慈悲之爱的人。

所以，慈悲的力量并不仅仅是为他人着想，不是完全的奉献。慈悲更像宇宙间的一种公平法则：如果慈悲地对待周围的每个人或物，必然会得到来自周围的更多回报。同时，在持续的慈悲之中，这个人的力量会越来越强。我猜是因为当周围的人认同你的时候，他们就愿意为你所用，所以这个人的能量会越来越大。反之，若是一个原本强大的人用自己的所作所为去伤害他人，无论他原本有多么的强大，也必然会衰败下来。

这也验证了我们老祖宗们说过的一句话："成全别人就是成全自己。"所以，若想圆满自己，首先要成全他人。

对于人来讲，没有任何东西是能够以"自私的方式"得到的。这件事就好比一株植物开花了，而我从它旁边经过时伫立了片刻，欣赏了花儿的美丽，嗅闻了它的芳香。这样，我能说"我得到了一朵花"吗？根本就说不通，我并没有"得到"这朵花。

对那朵花来讲，它并没有属于你，或者它根本就没有这个意识，它只是以自己的方式开花了。就算我把这朵花摘下来，泡在花瓶的水里，它也不会说"我是属于你的"，顶多只能算是它对我比较慈悲，美化了一下我的环境，我怎么能好意思说得到它了呢？

在这个世界上，所有眼睛可以看见的东西，都是无法被"得到"的。譬如买了台电脑，或是买了喜欢的衣服、劳力士，或者其他各种奇葩奢侈品，你可以使用它，把它们穿戴在身上，或者炫耀它们，但你不能说"得到"它们了，顶多只是使用它们而已。

得到了，意味着它成为了你的一部分，你去任何地方，它都会和你在一起。就像两个相爱的人，其中一个去了较远的地方，另一个会觉得自己的心也随之去了。

有些东西，你死了之后，它们也会与你在一起：一个邪恶的人死了，他的邪恶还会祸害人间；一个慈悲的人死了，他的良善也必然还会造福这个世界，这就是它们存在的方式。当然，这只是我们能知道的一点点，或许它们还有另外一种方式存在，谁知道呢？

我们喜欢将价值最大化，是不是也可以将人生的价值最大化呢？在这个世界上，你真正能够得到的东西，不在外界。你得到了，自己会知道，别人看不见摸不着，更无法将它拿走，这才是真正属于自己的！如果你在魔术师手中抽到了正确的一张牌，然后以正确的方式坚持下去，你必将得到它。它就像是一道光，会照亮你的人生路。

十、人生是一场修行

1. 最美的相聚

世界上每一个人与其他任何人之间,都逃不掉两种关系,或说是两种状态:相聚、分离。任何两个人之间,一直在做的事情便是相聚、分离,然后再相聚、再分离,如此往复。

我们母女亲密无间,但也只是一个相聚和分离的关系。在这个时空里,我们相遇在她成为一个胎儿、我成为一个母亲的时刻,我们唯一能做的就是这样了。这个相遇很美,再也没有比这更美的了!

家庭是个相对稳定的状态,我们每天在这里一起吃饭、学习、睡觉,我们爱着对方,做一些彼此安慰或者伤害的事情。然后,下一次的相聚下一次的分离会一再上演。

相遇的结果必然是分离。对于相遇,人们很乐观,因为有很多种无限美好的可能:一起分享快乐,分担忧愁,一起创造未来。不管有没有未来,人们都会想要创造一个美好的未来。好像生活会没有休止地持续下去。几乎所有人都在这一点上体现出无以复加的执拗。

老子一直生活在人们中间,大概看起来也就是一个平常的老头,当知道自己快要死了,就一个人骑着驴子去很远的地方准备死去。这是他展示给世人最美的地方!

所有人最终要面对的只有自己,而不是我们的妈妈,不是我们的爱人,不是某个知心好友,仅仅是我们自己。那么,我,或者你,将遇见一个什么样的自己？

如果有一天你突然发现，这看似喧闹的生活里不乏各种苍白之处，那么，不妨离开自己所栖息的树枝去看看，也许会看到更多的分支，以及分支的分支。只要没有在茂密的树枝间迷失，只要坚守内心最真实的声音，或许，我们就会幸运地看到埋藏在深处的充满生命力的庞大根系。这充满能量的所在，有可能就是人们终其一生寻找的无尽宝藏。

庞大的根系，在我们的生活里，往往意味着母亲，她是一切的来源，是我们的种子！对于每个家庭来说，她就像是佛在世间的显现。

有时候我会从自己的母亲身上看到这一点。她辛苦地操持家务，我从来没有看见她游戏或是浪费时间在毫无意义的事情上。只要其他家庭成员高兴，她就会展露自己的笑。她总是把自己放在最卑微的地位，即使是有些不公平的对待，母亲也毫不在意，从来不会影响下一刻的轻松谈笑。

2. 改变在当下

这世间有千千万万个母亲，她们也一定像我的母亲一样，像是某种修行人，舍弃自己成全大家。但是，最难能可贵的是，她不认为自己是个修行人，只是无意识地努力做好每一件事，甚至可以说是在无意识中很神圣地生活着。

每个人都要知道，带孩子是这个世界上最辛苦的事情。我们每一个人都曾经给自己的母亲带来一段很辛苦的生活，这是我们必须要感恩的地方。

对一位刚刚成为妈妈的年轻女性来讲，尤其是一件非常不容易的事情。她的生活发生了不同以往的很大改变，生活硬生生强迫她登上了一个台阶。她会不习惯，会感觉有些盲目却无法自主，并且无法停下来休息一下。那个小小的柔软家伙会推着自己的妈妈成为一位真正的母亲，使得她没有时间也没有精力去考量其他的事情。

有很长一段时间，年轻的妈妈会感觉是失去了自由。但是，或许这也正是每一位真正的母亲要感谢小天使的地方。因为，如果你像以往一样"自由"，想干什么就能干什么，你会继续被外界事物所吸引，你的心会随着外境转来转去，把时间用在交友、赚钱、找乐子上面。而这些事情已经毫无意义

十、人生是一场修行

地重复了很多年，再继续重复的话，也是毫无意义地浪费时间而已。

这只"监狱兔"的到来，会束缚你的自由，但使你专注。或许在这专注之中，你会有机会一窥真正的生命之美。所有的母亲，都要感谢降临到你身边的小婴儿，是他让一个女人成为一个母亲，真正面对生命之美！让她成为你的老师，用你的安宁和喜悦来安抚她的哭声！

事实上，当一个母亲开始要哺乳时，她必须是安宁和喜悦的。否则，她不但会将毒素带给自己的孩子，也无法应付这个降临到身边的小婴儿，因为她内心的混乱使她无法面对一个孩子的哭声和一大堆事务。这个随时会有状况发生的小家伙真是不好惹呢，只有内心的安宁和喜悦能够帮助人们很好地应对各种状况。否则的话，当小家伙处于"小魔鬼模式"的时候，有可能会让一个内心混乱、没有力量的人疯掉。

在自然界，所有的植物都向着光生长，这是天性。生存法则对所有生命都相同，对人来说也是如此。人也会被光所吸引，而最滋养的是心灵之光。只有没有灰尘、没有杂草的心，光才能够照进来。就像在杂草丛生的花园里，拔除杂草之后花儿才能生长，我们的心也需要不时地检视、修剪一番。

无论处于怎样的一种环境，我们都希望在光的照耀下枝繁叶茂。或者，就像璞玉要经过雕琢才会完美一样，人也要经过一番雕琢才会成为一个真正的人。这个雕琢的过程，就是修行。

为了你，我可以禅修！

如果你对一个姑娘或一个小伙说这句话，充其量是一个很美的情感故事。

但是，这句话如果是你对自己说的，那将会是人生里唯一重要的事情！

不一定去庙里，也不一定非要去某个山洞，就在这里，在你我生活的地方，有这么多对你不舍不弃的大师，你要如何抛开他们去隐到一个狭小的山洞里呢？况且，他们一直在帮助你走着修行之路，我们完全可以在这里，借着他人完善我们自己。

每个人都会有适合自己的方法，去找到它，除非你不是真的想改变。你将会知道，如果真的需要迫切改变的话，在任何环境里，你都会找到自己的方法，而自己的方法也一定适合你。

人生无所谓顺境、逆境。什么是顺境呢？不缺钱财不缺友，想去哪里随时走。若是诸事不顺，哪儿都去不了，生活还有诸多不如意，喝口凉水都塞牙缝儿。哈，真有这样的事情吗？那真是太好了，这正是清理内在的好时候，也正是生命成长的好时机。

借着你哪里都去不了，什么事都做不成的时候好好反省，让智慧生根发芽，让阳光照进来。等过了这段时间，你会感激这段时期的"不顺"。若是一直顺的话，你哪里有时间、有心情反省自己？所以，从某种意义上讲，不顺正是大顺。

修行并不是一定要放下一切事务，找一个垫子打坐，念"嗡嘛呢叭咪吽"。或许那个太简单了，而我们未必做得到，我们这些凡夫也没有如此高的境界，更没有如此大的福报。我们不必盘腿坐在无人的山洞，也不必写下醒世的诗篇，如果你不是一个诗人，甚至都没必要会写字，但并不妨碍你使自己圆满。

我的意思是，你不必是一个诗人，也不必是一个人人皆知的禅师。你只需要在生活中保持觉知，专注于内心想要做的事情。尽可能简单地生活，这对你会有所帮助。不要被外境牵着走，永远要做自己的主人，不要被他人的一句话或某件事带入伤心的境地。反过来说，你也是自己的仆人，你所做的一切都要服务于自己的灵魂。

对我们来说，修行就在生活里，在处理各种事务的时候、在吃饭的时候、在做事的时候、在你赚钱的时候，任何时候都是好时候。你可以赚很多钱，但不执着于它们；你可以收集很多亮晶晶的奢侈品，如果突然间碎了，你也不会伤感。

这不是一件容易的事，可也不会很难，若是你做到了，你便是自由的，没有什么能束缚你，你便成为这世间最大的赢家。不要散乱地活在这美丽的世间，保持善于觉察的智慧，汲取一切来自善的能量，清除内心的杂草，去除你的执着与无止境的贪欲，让你内在的真正力量、你的慈悲和爱长成参天大树。这就是我们在这个世界里的修行。

每一个妈妈或者父亲，都可以从自己的孩子这里打开一扇门，借着对小宝贝的爱，找到爱的真正含义。让孩子成为我们的上师，他们有资格，因为他们具备纯净无染的灵魂，尚未建立起这个世界的所谓"秩序"。

十、人生是一场修行

在这个世界上,最有意义的问题往往都是孩子提出来的,成年人已经失去这种能力了。譬如:我是从哪儿来的?为什么来呢?为什么要把石头戴在手上?为什么要有光?如果一个成年人问这些问题,一定会被大多数人"另眼相看"。可是,难道这些问题不值得我们思考吗?

作为母亲是幸运的,老子说:"天地所以能长且久者,以其不自生,故能长生。"有调查说男性比女性普遍活得时间短一些,是不是因为女性可以"不自生"呢?母亲具备了大地的品质,大地能生万物,母亲孕育着新生。作为母亲若能正其意、修其身、厚其德,实在是天下福祉之所在。

如果能深入地去体会成为一个母亲的荣耀,就能有机会被天性之中深深的母爱所引导,然后去打开来自生命源头的慈悲,懂得每一个人都像自己的孩子一样。没有谁是不能被原谅的,无论这个人做了什么事,哪怕是一个杀人犯,也没有十恶不赦,一定有值得谅解的地方。

要知道,每一个生命的成长都与我们息息相关,而我们每一个人也同时能够对身边的人产生影响。这一点在生活中很容易看到。假设你长了一张苦瓜脸,你身边的大多数人一定是皱着眉头的;若你长着一张好看的红扑扑的苹果脸,身边的人就很容易喜笑颜开。这就是说,我们平时在生活、工作中毫无意识地影响着很多人。

每一个人,都对他人具有影响力,没有谁是微不足道的。若是你能够改变,或者我能够改变,那么这世界就一定能够改变。但是,这所谓人生的修行,却并不是要去改变世界,仅仅是改变我自己,仅此而已!

为了你,我可以禅修!

为了我们所爱的、所敬重的以及爱我们的人,为了这世间所有美好的一切,为了世间所有会流泪的动物,为了我们自己的眼泪,我们有必要借着生活完成一场修行,找到宁静而美好的生命源头。

也许,有这样美好的世界,母亲功不可没,所以上天才赐予母亲最美好的礼物:一个小婴儿。他们携带着来自生命本身的讯息,为我们疲惫不堪的生活、为即将到来的夜晚打开了一扇窗,并在黑暗中点燃一盏灯,连结上充满生命力的脐带。去听懂他们的哭声,去看懂他们的笑,并认真地回答他们的问题,向他们学习,你会找到来时的路。

3. 见到自己

在找到路之前，我们很像一个人。我来隆重介绍一下这个人，假设你还没找到路，你就能从他身上找到自己的影子，就像我从他身上看到我的影子一样。这是人生修行的第一步：见到自己。

此人姓井，名底蛙。整天翘着两只大鼻孔，自以为非常了不起，也确实啊，在井底，他可是一位至高无上的国王呢。

它的领地潮湿温暖，有一洼水、两块大一些的石头和一些小鹅卵石、一些淤泥、一些藻类植物、几根草。这里的居民除了这只蛙之外，还有一些浮游生物、两条鱼、几只蜘蛛和一些小飞虫，偶尔会有一只乌龟探出头看看，然后走开。

井底蛙对这里熟悉得就像是自己的手掌一样，不用伸开手就知道有三个手指头。它是这里最大的常住居民，并且处于食物链的最顶端，在这儿拥有绝对的权力，奴役着其他小动物为它做事，谁让它不顺心，它就吃掉谁。没有谁能挑战它绝对的权威，更没有谁能超越它绝对无上的智慧，它所说的一切都是不容辩驳的。

井底蛙经常坐在其中一块最大的石头上，当年它出生的时候，就是在这块大石头下面靠近水的地方。后来它长大了，靠自己的努力和探索，来到这块大石头的上面。

这里视野很好，几乎能看到整个井底，于是它把权力的宝座建立在这里，每天发号施令，对犯了错的浮游生物和小飞虫们处以刑罚，并亲自吃掉它们。

至于那两条鱼，嗯，它们在水里生活，并且从来不上岸，对于井底蛙并不构成威胁。所以，井底蛙"默许"了他们的存在，并且摸着自己的大肚皮对它的臣民小飞虫说："在我们的世界里，有一种体积很大的生物，它们很神秘，与我们有着完全不同的外表和完全不同的生活环境……"

每当它这么说起的时候，那些从未见过鱼的小飞虫就很崇拜自己的国王，觉得它非常有智慧。是啊，它懂得那么多闻所未闻的事物，智慧和王座非它莫属！

井底蛙也会在另一块大石头上休息，那里长着美丽又舒适的苔藓植物。它不需要抬头，眼睛只向上翻看一下，就能看到整个天空。偶尔会看到一只鸟儿飞过，如果有口渴的鸟儿，还会下来喝一口水，并且向井底蛙表示感谢。

井底蛙很同情那些鸟儿，它想，鸟儿的生活一定很艰苦，喝口水都很困难。所以，每次它都会表现出自己的大度和仁慈，劝那些鸟儿多喝几口。如果运气好，它还能看到太阳和月亮经过，有时候还能看到星星。每当这个时候，它就会有更多的新奇事物来讲给自己的臣民们，而它们会因为自己国王的博学多识而更加钦敬它。

有一天，一只乌龟爬到了岸上，并且在那里多待了一会儿。作为这里的国王，井底蛙很客气地问候了一下乌龟："呱呱呱，请问您今年几岁了啊？"

那只乌龟摇头晃脑了一会之后才说："哦，大概有300岁了。"

井底蛙见乌龟摇头晃脑，并且说得不十分确切，300岁，呱呱，怎么可能？自己是这里活得最久的生物，最多也就十几年，一只乌龟怎么可能活到300岁？井底蛙很同情地看着那只乌龟，心想这只乌龟大概是老糊涂了。

然后那只乌龟似乎是自言自语地又说了一句："我得回到海底了，那里的水是咸的，很好喝，海底还有非常美丽的珊瑚，真是太想念了。"

井底蛙瞪着眼强忍着笑说："呱呱？咸水？呱呱呱，您不怕被腌着了？珊瑚？您是说像我的王座一样大的山吗？"

乌龟看了一眼它的王座，又看了一眼井底蛙说："我见过比你的王座要大一千倍的鲸鱼。"

井底蛙看着乌龟慢慢地调头进入水洼，然后消失在水底，不禁哑然失笑。它想，那只乌龟或许是又猫在水底某块石头下面睡觉了吧。

呱呱呱呱呱，呱呱，它回去把自己的见闻讲给臣民们听，大家都哈哈大笑，对于那些只活几个月甚至几分钟的浮游生物和小飞虫来说，能活三百年简直无法想象，无疑是不可能的事情。比王座要大一千倍的鲸鱼？那可怜的乌龟一定是老花眼了，哈哈哈……

井底蛙享受着自己的生活，并且相信自己是这个世界的主宰，而对于那些鱼，它们是与自己同在的另外一个环境的存在，与自己无关。就像太阳和月亮一样，它们只是这个世界的一部分，仅此而已。

有一天，一只飞过千山万水的花尾鸽来到井底喝水。喝完之后它想在这个地方稍事休息一下，于是和井底蛙攀谈起来。花尾鸽告诉井底蛙自己的见闻："在绵延不绝的山后面，有一片广袤无垠的平原，长着很多开着美丽花朵的参天大树，当花朵凋谢之后，就会结出美味的果实。"

井底蛙眯缝着眼睛，看着这个毛色亮丽的花尾鸽，心里想，若是有如此美味的果实可以吃，它干吗还要来我这里喝水，该不是个骗子吧？打扮得花里胡哨的，可不像个正经鸟。哼，它想干吗？想要骗我走，然后得到我的王位吗？井底蛙吊着嗓子说了句："呱呱呱，您喝完水可以走了，去吃那美味的果实吧，这儿的水可不太好喝呢。"

花尾鸽走了。井底蛙看着它远去的背影"哼"了一声，心里想这家伙真是不正常，拿什么树上的什么果来骗我，还死皮赖脸喝我这里的水。哼，它对这只花尾鸽表示了极大的不屑。

然后它回到自己的王座上，一只浮游生物来向它报告，说自己发现了一种从未见过的物种。这只浮游生物极小，非常小，小极了，但是它活动的速度非常非常快。

它将发现的新物种装在一个小容器里给井底蛙看，井底蛙用它的大眼睛屈尊向下看去，可是什么也没看见。它看了又看，最终还是什么也看不到。因为那个生物太小了，小到它的眼睛根本看不见。

井底蛙感到很愤怒，连一只小小浮游生物都来戏弄它，这是无法容忍的。于是，它一口吃掉了那只浮游生物，连同那只浮游生物手里的小容器，以及容器里更小的新生物种。

这只井底蛙慢慢地老了，在它的生平传记里面，记载着它不可一世的辉煌一生。这个世界没有任何物种能超过它的成就，它始终是个不可一世的国王，至高无上，不可侵犯。

当它快要死的时候，生命之神也只能看着它悲悯地落泪，因为井底蛙根本无法相信还有另外一个世界的存在，它的灵魂无法超过头顶上那圆圆的一片天空。于是，它只能继续在这口井里开始它另外一种生命形式的存在。

你和我比这个井底蛙要大一千倍，它也根本不相信还有你和我的存在，我们也无法与它沟通，因为它只会说"呱呱呱……"它有至高无上的权力和绝对不可能出错的思维方式，你能对它说什么呢？如果真的有事情必须对它说的时候，你只能哭。

譬如你对它说着火了，它怎么能明白着火是什么呢？它甚至连火是什么都不知道，只会说那是不可能的，而你是不正常的。它会让你看心理医生，或者直接把你关进精神病院里。好吧，你可以哭了。

在人类世界里，越是年轻的人，越是见识、经历都不多的人，说话越绝对，非黑即白，非对即错。最糟糕的是那种有了一点点见识但不知道整体的人，那些没有见识的人开始崇拜他的时候，会跟着他一起把他的一点点见识当成全部，这叫作自误误人——我见识过，我是对的，我要巩固自己的位置，谁敢来挑战我，我就灭了谁。

这就是我！你也可以看看你自己是不是这个样子？如果不是，那真是值得庆贺一番了。

黑是黑，白是白；日出东方月落西，花开朝上花落下，这就是我所看见的世界。在我活过的所有时间里，它们就是这个样子；在我祖上活过的所有时间里，它们也是这个样子；在我未来的子子孙孙活过的时间里，它们还将是这个样子。

谁要是想将这些事物打个问号求个为什么，那都是神经病干的事。我们有正事要做，吃饭、睡觉、赚钱、呼朋唤友……这个地方我待烦了，换个地方走走看；这颗石头挡了路，我就一脚踢开它。走马观花，报国安家，足够我们忙碌一辈子了。

4. 此心一安，即是归处

你的人生是走马观花，可是还惦念着报国安家，这自然是好事。可是此心不安，何以安家？更别妄谈报国了。不信试试看，你自己整日心里忐忑上下，身边的人也无法安宁下来。如果你执着于某一个理念，或愚蠢到想要推翻其他不同的理念维护自己，并用尽一切方式来防止他人篡改它，那你做的事情正与报国安家相反，仅仅是添乱而已。而且，终会有一个新理念出来把你更新掉，整个人类史就是这样，一个理念接着一个理念延续下来。

在我们出生的时候，树就是树，花就是花，石头就是石头。妈妈会告诉我们，这是对的，那是错的；这是好的，那是坏的；左西右东，上北下南；花是红的，草是绿的。如果不是科学证明了光谱之外还有一些颜色我们看不见，我们一定会认为这个世界只有赤橙黄绿青蓝紫，怎么会有看不见的颜色存在呢？，同样的，怎么可能还会有一种声音我们听不见呢？我们既不聋又不瞎。

接受是困难的，虽然我不太明白为什么。我们无法接受外界的声音，无法接受一些自己不曾经历过的事情。所以我们把一些"奇谈怪论"封存起来，若有人想碰触或了解一下，我们就会马上警告对方那是危险的，或者是不可能的。我们的生活就在这里，吃饭、睡觉，然后死去。

不要对你的孩子说什么是不可能的，不要对你的孩子说走路应该先迈哪条腿，不要对你的孩子说看不见的就是不存在，不要对你的孩子说我们的世界只有头顶上的这一片天空。

但是，我内心有这样的种子在，你也一样。这些种子搅扰得我无法安宁，时时陷入情绪陷阱，遇事犹如猫爪挠心，也许你也会有同样的体会。自心不宁，若脚踩火炭，外境带来的快乐，犹如镜花水月，幻而不实。若执意抓取，落水抓空是必然的。有些人觉得一生很漫长，有些人则认为人生如白驹过隙，且无论长短，若此心不安，生有何欢？

幸好，我们拥有完善自我的机会。生而为人，无疑是非常幸运的，我们确实要优于大自然的其他生灵。猫咪、小狗也会争会抢，也比我们更会玩，像我们一样有害怕、嗔责之心。但是，它们不懂得反省，不懂得省悟，更不懂得什么叫了悟。但也许，它们本身就是悟了的，谁知道呢？

人生就是一场修行。修行道场无处不在，不是一定要在深山或者檀香满溢、祥瑞庄严的庙里剃光了头才叫修行，我们完全可以蓄起长发在日常生活里修行。且修行环境绝不次于钟声回荡的宗庙，庙里或许环境清幽，可以让人潜心修行，但是喧闹的世间生活又何尝不是潜心修行的绝佳场所呢？

生活中有庙里面绝不会有的助你修行的大师，而且有很多个，他们就是你身边的人，你所遇见的任何人。他们的恨和爱、虚伪或真情、执着的占有欲，甚至是恶毒的语言，都是一个真正的修心之人需要的东西。所以，你要真正修行的话，应该感谢遇见的每一个人，尤其是那些拿着利剑将你逼到角落里的人。他们无论是拿着利剑，还是使用爱或恨，或虚伪或真情，甚至用恶毒的语言，都是在帮助你去掉附着在你身上的那个虚假的自我，逼着你的真正的自我出现。

当真正的你出现，贪婪、愚痴、执着、偏见都消失之后，所有的事情就都完美了。然后，你身边的人也不会再有任何问题，他们也会成为完美的人，会对着你笑，因为你在笑。

孩子，你所遇见的任何人，都是你的恩人！

蓄起你的长发，保持它们的清洁。行走在社会的丛林里，省观自我的内心，擦除一切遗留的痕迹，除去杂草，让真正的你长成参天大树。这正是人生的意义所在！

修行，修而行之，只修不行，修来何用？先修好自己，再与人行方便。借着身边的人，借着所有发生的事情，反省自己的内在，擦掉积累的灰尘。这个复原的过程，便是我们的修行。你所遇见的人，都是来帮助你的人。你所要做的，只剩下感恩！

此心一安，即是归处！